翡翠
价格研究

吴烨 ◎ 著

图书在版编目（CIP）数据

翡翠价格研究 / 吴烨著 . -- 昆明 : 云南大学出版社, 2022
ISBN 978-7-5482-4508-7

Ⅰ. ①翡… Ⅱ. ①吴… Ⅲ. ①翡翠—价格—研究
Ⅳ. ①F768.7

中国版本图书馆CIP数据核字(2021)第242771号

策划编辑：李俊峰
责任编辑：李俊峰
封面设计：王嫄一

翡翠
价格研究

吴烨◎著

出版发行：云南大学出版社
印　　装：昆明理煌印务有限公司
开　　本：787mm×1092mm 1/16
印　　张：16.5
字　　数：284千
版　　次：2022年3月第1版
印　　次：2022年3月第1次印刷
书　　号：ISBN 978-7-5482-4508-7
定　　价：68.00元

社　　址：昆明市一二一大街182号（云南大学东陆校区英华园内）
邮　　编：650091
发行电话：0871-65033244 65031071
网　　址：http://www.ynup.com
E – mail：market@ynup.com

若发现本书有印装质量问题，请与印厂联系调换，联系电话：0871-64167045。

前　言

翡翠是一种新兴玉种，原料主产于缅甸，加工、流通和消费的主要市场均在中国。翡翠作为玉种新贵的历史有600余年，其声誉已远超传统的"四大名玉"（新疆的"和田玉"，陕西西安的"蓝田玉"，河南南阳的"独山玉"，辽宁岫岩的"岫玉"）。翡翠产业当前的年销售额约为2000亿人民币，从业人数超过100万人。翡翠产业主要集中在云南、广东等地区，翡翠矿石出口是缅甸创汇和税收的四大支柱之一。

玉石是中华传统文化中不可或缺的元素，它先后由神权、王权的象征世俗化为权贵贤达阶层的信物饰品，现在逐渐成为玉文化崇尚者或投资人身份表达和身份认同的价值符号。

翡翠作为新兴玉种，在中国文化消费市场和投资市场地位显赫，但其发展中存在五大致命问题：一是翡翠定价机制和体系缺失；二是翡翠价格机制不清；三是翡翠价格混乱进而导致税源流失；四是行业存在负能量；五是翡翠产业在我国国民经济发展中的选向迷失。在这些问题中最关键的问题是"翡翠定价机制和体系缺失"。中国翡翠产业现在面临着两种选择和命运。一种选择和命运是继续因循守旧，随自由市场的发展而发展的模式；另一种选择和命运是以马克思主义价格理论为指导，以翡翠身份识别为基础的价格治理与政府干预相结合的国际化、现代化翡翠产业发展模式。

本书主要从翡翠产业发展的历史和现状分析入手，找出问题所在，然后运用政治经济学的观点和方法探求翡翠商品本质及其价值的产生，找出翡翠价格运动的规律，最后从该产业健康发展的角度出发，提出构建"在政府（税收）干预下行业协会引导的企业自主定价"的中国翡翠价格治理机制和体系的主张。

本书分为三个部分，共六章。

第一部分为提出问题，包括第一章、第二章。第一章绪论，提出了选题研究的背景、研究的理论意义和实践意义，为翡翠价格研究的必要性和重要性作出解释。通过对翡翠价格相关理论、价格理论研究前沿、翡翠价格相关研究文献进行综述，探寻翡翠价格研究的理论支撑，并以此为研究的基础和切入点，对课题的研究思路、研究方法，研究的重点、难点和创新点进行说明。第二章为中国翡翠产业发展的历史、成就、问题和产业发展的选向。从翡翠在中华文化中的地位、中缅合作交流中的地位、产业发展的历史及现状入手，分析翡翠产业在我国国民经济中的重要地位以及现实中存在的9大问题，厘清了翡翠产业的发展方向。

第二部分为分析问题，包括第三章、第四章。第三章通过对翡翠特性的认识，在马克思主义价格理论视阈下探讨翡翠的价值与价格，并从马克思主义价格理论观点、西方经济学价格理论观点、符号价值学理论观点、消费经济学理论观点、资源稀缺性理论观点对翡翠价格的形成进行理论上的探讨。第四章对翡翠价格波动的特征、机理和影响因素进行深入分析,为有针对性地提出策论奠定基础。

第三部分为解决问题,包括第五章、第六章。第五章为翡翠价格形成机制的建议,依据价格机制理论,构建翡翠定价机制、翡翠投资参照体系、消费者风险控制体系,并详细阐明其应用范围和应用方法。第六章为价格调节机制,提出构建"在政府(税收)干预下行业协会引导的企业自主定价"的中国翡翠价格治理机制和体系的主张,得出总括性结论,并对课题的不足与前瞻性做了说明。

在学术价值方面,本书致力于本书深入探讨了翡翠价格波动的特征、机理和影响因素,为同类型产品的价格研究提供了范本;在马克思主义价格理论视阈下探析中国翡翠的价值与价格,并对中国翡翠产业的发展方向作出判断:改变当前自由市场的发展模式,以政治经济学价格理论为指导,建立以市场配置资源为主与政府干预相结合的国际化、现代化翡翠产业发展模式。

在实践意义方面,本书致力于破解翡翠定价难题,在深入分析翡翠的生产价格的基础上,运用较为成熟的珠宝资产评估理论,提出构建翡翠定价机制的具体方法和使用方法,有助于解决企业自主定价、税收、资本流通等现实问题。

本文的创新之处有以下四点。

一是详细阐述了翡翠市场的历史及现状,为以后的相关学术研究提供了资料依据。通过对昆明、广州、瑞丽、腾冲等地就市场、加工基地、经营企业、从业人员等方面进行实地走访考察、抽样访谈调查，掌握了翔实的第一手数据，内容全面系统，数据丰富具体。

二是运用现有经济学理论阐述了影响翡翠价格的主要因素和次要因素，以及翡翠价格波动的机制，为同类型商品价格研究提供参照。

三是建立了具有一定科学性、实用性、可操作性的翡翠定价指标体系，构建了翡翠价格形成机制和调控机制。运用本书提出的翡翠定价指标体系和合理投资与理性消费的消费者对照系统，可以为企业自主定价提供理论支撑，解决企业生产、销售、制定企业发展规划问题；为法院、海关、边检部门，银行、资产评估等部门，保险公司、拍卖行、投资者、消费者等进行评估、清算、征税、理赔、收购、抵押等经济行为提供理论支撑，使翡翠具有可流通性，实现翡翠的赋税功能、金融功能、财富功能。

四是提出构建"在政府（税收）干预下行业协会引导的企业自主定价"的中国翡翠价格治理机制和体系的主张，为中国翡翠产业以翡翠身份识别为基础的价格治理与政府干预相结合的国际化、现代化翡翠产业发展模式提供政策建议。

目 录

第一章 绪 论 ··· 1

  第一节 选题背景及研究意义 ··· 1

    一、选题背景 ··· 1

    二、研究的意义 ·· 3

  第二节 文献综述 ··· 7

    一、翡翠价格相关理论综述 ··· 7

    二、价格理论研究前沿综述 ··· 17

    三、翡翠价格相关研究综述 ··· 21

    四、文献研究评述 ·· 25

  第三节 研究的思路与主要内容 ·· 26

    一、研究思路 ·· 26

    二、主要内容与研究框架 ·· 26

  第四节 研究方法 ·· 28

    一、文献研究法 ·· 28

    二、规范研究与实证研究相结合的方法 ························ 28

    三、定性研究与定量分析相结合的方法 ························ 29

    四、调查研究的方法 ·· 29

  第五节 重点、难点和可能的创新点 ································· 29

    一、重 点 ··· 29

    二、难 点 ··· 30

    三、可能的创新点 ·· 30

第二章 中国翡翠产业发展的历史、成就、问题和产业发展的选向 ……… 31

第一节 中华文化中的翡翠 …………………………………………… 31
一、翡翠文化概念的出现 …………………………………………… 31
二、翡翠文化的确立 ………………………………………………… 32
三、翡翠短期内形成巨大的影响力 ………………………………… 34
四、翡翠文化价值源于中华玉文化 ………………………………… 35

第二节 中缅交流和合作中的翡翠 …………………………………… 36
一、翡翠"缅甸身,中华情"的中缅胞波情与文化共通 ………… 36
二、"玉出云南"与"玉回云南"的中缅地缘经济 ……………… 37

第三节 翡翠产业发展的历史及现状 ………………………………… 38
一、翡翠形成商品的历史进程 ……………………………………… 38
二、早期翡翠市场的形成 …………………………………………… 40
三、近现代翡翠市场的变迁 ………………………………………… 41
四、当前翡翠市场概况 ……………………………………………… 42
五、当前翡翠市场的主要特征 ……………………………………… 44
六、翡翠产业链 ……………………………………………………… 44

第四节 翡翠产业在国民经济中的地位和价值 ……………………… 47
一、我国珠宝玉石产业发展迅速,体量巨大 ……………………… 47
二、中国已成为世界上最大的翡翠消费市场 ……………………… 48
三、翡翠产业在区域经济里具有先导性 …………………………… 51
四、"一带一路"视角下发展翡翠产业的重要意义 ……………… 52

第五节 翡翠产业发展中存在的问题 ………………………………… 55
一、原料问题 ………………………………………………………… 55
二、产品质量问题 …………………………………………………… 60
三、产品价格问题 …………………………………………………… 62
四、流通监管问题 …………………………………………………… 65
五、产品审美和艺术创作问题 ……………………………………… 70
六、资本流动性问题 ………………………………………………… 72
七、财税贡献问题 …………………………………………………… 73
八、行业负能量问题 ………………………………………………… 76

九、翡翠产业链运行存在的问题 ………………………………… 81

　第六节　翡翠产业发展方向的选择 ……………………………………… 82

第三章　中国翡翠的特性、价值及其本质 ………………………………… 83

　第一节　中国翡翠的特性 ………………………………………………… 83

　　一、自然属性 …………………………………………………………… 83

　　二、文化属性 …………………………………………………………… 86

　　三、商品属性 …………………………………………………………… 88

　　四、符号价值 …………………………………………………………… 94

　第二节　马克思主义价格理论视阈下翡翠的价值与价格 ……………… 95

　　一、翡翠的使用价值和价值 …………………………………………… 95

　　二、翡翠价值的本质 …………………………………………………… 96

　　三、翡翠价格的实现 …………………………………………………… 101

　第三节　翡翠价格的理论探析 …………………………………………… 102

　　一、基于马克思主义的理论分析 ……………………………………… 102

　　二、基于西方经济学价格理论观点的分析 …………………………… 106

　　三、基于符号价值学理论观点的分析 ………………………………… 108

　　四、基于消费经济学理论观点的分析 ………………………………… 109

　　五、基于资源稀缺性理论观点的分析 ………………………………… 111

第四章　翡翠价格波动及价格影响因素 …………………………………… 114

　第一节　翡翠价格的历史与现状 ………………………………………… 114

　　一、翡翠价格的历史演进 ……………………………………………… 114

　　二、翡翠当前价格状况 ………………………………………………… 115

　第二节　翡翠价格的波动分析 …………………………………………… 117

　　一、翡翠价格长期波动情况分析 ……………………………………… 117

　　二、翡翠价格短期波动情况分析 ……………………………………… 118

　　三、翡翠价格剧烈波动的后果分析 …………………………………… 118

　第三节　翡翠生产价格与价格波动机制 ………………………………… 120

　　一、翡翠的生产价格 …………………………………………………… 120

二、翡翠价格波动机制分析 ··· 125
第四节　翡翠价格波动的影响因素分析 ·· 127
一、货币价值对翡翠价格的影响 ··· 127
二、市场供求关系对翡翠价格的影响 ·· 128
三、国家政策对翡翠价格的影响 ··· 135
四、国际贸易趋势对翡翠价格的影响 ·· 137
第五节　翡翠价格波动及影响因素的总体分析 ·· 138

第五章　翡翠价格形成机制 ··· 140
第一节　价格机制基础理论 ··· 140
一、资源类产品价格机制 ··· 140
二、文化艺术类产品价格机制 ··· 141
三、钻石价格机制 ··· 141
四、贵金属价格机制 ··· 142
五、专卖规制下的烟草价格机制 ··· 142
六、各类型产品价格机制的启示 ··· 142
第二节　翡翠价格形成的机制 ··· 144
一、以市场配置资源为基础 ··· 144
二、以政府宏观调节手段为辅助 ··· 144
三、翡翠价格形成机制的形式 ··· 145
第三节　翡翠定价机制的构建 ··· 145
一、建立翡翠定价机制的目的和意义 ·· 145
二、建立翡翠定价机制的原则 ··· 145
三、建立翡翠定价机制的标准和依据 ·· 146
四、翡翠定价机制基础理论 ··· 149
五、翡翠定价指标体系的构建 ··· 152
六、翡翠定价机制的应用实例及构建 ·· 165
第四节　翡翠投资参照体系的构建 ··· 169
一、基于各项指标与价格相关性曲线参照体系 ·· 169
二、"赌石"投资风险控制参照体系 ··· 176

第五节　翡翠价格形成机制的应用 ················· 179
　　　一、翡翠价格的决策主体及其关系 ················· 179
　　　二、翡翠定价机制的应用 ····················· 179

第六章　翡翠价格调节机制 ······················· 181
　第一节　翡翠价格调节的对象 ····················· 181
　第二节　翡翠价格调节的目标 ····················· 182
　　一、翡翠价值提升目标 ······················· 182
　　二、提升税赋贡献，加强市场监管的目标 ·············· 182
　　三、供求关系的调整目标 ····················· 185
　第三节　翡翠价格调节机制的功能和实现路径 ·············· 187
　　一、翡翠价格调节机制的功能 ··················· 187
　　二、翡翠价格调节机制的实现路径 ················· 187
　第四节　研究结论与前瞻 ······················· 195
　　一、研究结论 ·························· 195
　　二、研究前瞻 ·························· 196

参考文献 ······························· 197

附　件 ································ 211

第一章 绪 论

第一节 选题背景及研究意义

一、选题背景

翡翠作为新兴玉种,传入我国已有600余年,但作为重要玉石被社会各阶层广泛接受不过200余年。翡翠由于其产地的神秘性、资源的有限性以及本身所具有的独特的审美价值、艺术价值,兼具玉石与宝石特性而备受喜爱,目前已发展成为我国珠宝玉石行业的第一大产业。同时,中国是世界上最大的翡翠消费国,其原料100%需要进口,以腾冲、瑞丽、姐告等边境城市和口岸为主要原料集散地,在广东形成加工、批发产业集群,在云南形成集散、旅游零售主力消费市场,在北京、上海、天津、杭州、重庆等城市形成高端消费、收藏市场,在香港、台湾形成主要拍卖市场。历史上,泰国清迈、缅甸仰光是国外翡翠原料的中转市场、"公盘"交易的主要集散地,是海外华人、欧美收藏家购买、收藏翡翠的主要市场。据《2021年翡翠行业消费白皮书》,翡翠已成功超过钻石成为中国第二大珠宝消费品类,市场份额占比14.8%,仅次于黄金。

翡翠出口是缅甸出口创汇的第二大产业。如今,在缅甸、俄罗斯、哈萨克斯坦、危地马拉、瑞士、日本和美国等国家都发现了翡翠原矿,但只有缅甸北部的帕岗地区出产的翡翠能达到宝石级,其产量占世界翡翠原料产量的95%。"缅甸出产的翡翠原料中,约92%出口至中国,是缅甸出口创汇的第二大支柱产业。"[1]

---

[1] 陈蔚来. 缅甸玉石出口发展的策略研究 [D]. 桂林:广西大学,2016.

翡翠定价问题一直是困扰业界和学术界的一大难题。因种、水、色、内含物、工艺等千差万别，每一件翡翠的价格都不相同，即使同一造型的产品定价差距都十分巨大。因此，翡翠被称为世界上最难鉴定和估价的宝石。关于翡翠与和田玉、岫玉、蓝田玉、独山玉等自古就有"黄金有价，玉无价"的说法，翡翠的定价也因此被视为理论界和行业的难点。因此，翡翠产业在发展中存在着一方面由于价格难以确定，翡翠代表的资本无法流动，直接导致企业评估、抵押、清算、融资难，资金积压，行业退出门槛极高等问题；另一方面由于定价难，翡翠产业税负贡献极低，国家调节分配的能力弱化，投入整顿市场的力量和资金难以保障，市场流通监管问题突出。

翡翠行业负能量问题开始凸显。改革开放 40 多年来，随着我国经济的高速发展，以及对物质文明、精神文明的双重需求，人们对以翡翠为代表的这一类凝结中华传统文化而又充满时代意义的商品产生了巨大的需求。由于在"赌石"暴富的赌徒心理而产生的商品拜物教错误思想的影响下，商家和企业盲目投资、扩大规模，造成其价格在短期内急剧抬升的局面，供需失衡，近几年价格达到历史最高位后市场迅速萧条，有形成局部泡沫经济的隐忧。

翡翠产业在我国国民经济发展中的方向选择一直定位不明。至今，政府仅将珠宝玉石行业纳入政府宏观调控，由市场自主配置资源的消费性行业，因而我国翡翠市场一直具有高度的自主性、平等性、竞争性、开放性、法治性、自发性等市场经济的特征，其市场价格因供需两旺而一路飙升。若将翡翠划分为高档、中档、低档三个等级，低档翡翠 40 年来价格上涨了 30~50 倍，中档翡翠价格上涨了 50~100 倍，高档翡翠价格上涨了 10~20 倍，严重脱离了我国社会经济发展的实际。翡翠行业发展的正确方向选择，成为当前我国实现国家治理体系和治理能力现代化的迫切需要。

目前关于翡翠价格的研究，有的仅从其使用价值，即自然属性方面论述；有的运用西方经济学的基本原理，即供求均衡理论进行论述，或者博弈论的观点进行论述，但都无法全面地解释翡翠价格产生的根源，更无法论述翡翠价值的本质。本书拟运用政治经济学的研究方法，在马克思主义视阈下，从翡翠的生产及生产关系入手，探求翡翠的价值，对比分析钻石、烟草等特殊商品的价格机制，探求翡翠价格的形成机制和价格调控管理机制，促进翡翠及相关产业的良性健康发展，也能为和田玉、岫玉、黄龙玉等其他玉种的定价机制研究提供有益参考；

同时，还原翡翠作为商品在我国经济社会发展中所应具有的理性价格和社会功能，对加强翡翠税赋监管，增强流通性、财富功能等具有重大意义。

二、研究的意义

（一）理论意义

1. 践行、运用推进国家治理体系和治理能力现代化理论

党的十九届四中全会，研究了坚持和完善中国特色社会主义制度、推进国家治理体系和治理能力现代化若干重大问题，指出"中国特色社会主义制度是党和人民在长期实践探索中形成的科学制度体系，我国国家治理一切工作和活动都依照中国特色社会主义制度展开，我国国家治理体系和治理能力是中国特色社会主义制度及其执行能力的集中体现"[①]。翡翠行业作为区域经济的支柱产业之一，在地方国民经济的发展中起着举足轻重的作用，但由于管理和引导的问题，目前出现了一些诸如税收、流通监管和行业负能量的问题，只有践行、运用推进国家治理体系和治理能力现代化理论，提高治理能力，建立起现代化的翡翠行业治理体系，才能使翡翠行业获得健康良性发展，巩固中国特色社会主义经济发展的基石。

2. 探索翡翠价格波动的理论根源

我国的拍卖市场，长期以来以珠宝、字画、瓷器为主力，在香港、台湾、北京、上海、杭州、深圳等城市，翡翠在拍卖市场的份额逐步扩大，常常有上千万甚至上亿元人民币的拍品出现。其中，美国传奇名媛芭芭拉·赫顿于1933年收藏的，由著名珠宝公司卡地亚定制的一件翡翠项链，在1988年香港拍卖会上以200万美元（折合港元约为1560万）成交，1994年再次在香港拍卖会上以420万美元（折合港元约为3300万）成交，2014年第三次在香港苏富比"瑰丽珠宝及翡翠首饰"春季拍卖会上以2.14亿港元成交（含代理费），26年间涨幅达到了十倍有余，诸如此类的拍卖交易新闻时常见于各大媒体。然而，自2014年翡翠价格达到顶峰后，市场一直处于不景气的局面，2017年前后市场虽有小幅回

---

① 习近平. 中共中央关于坚持和完善中国特色社会主义制度、推进国家治理体系和治理能力现代化若干重大问题的决定[N]. 中国共产党第十九届中央委员会第四次全体会议，2019-10-28.

暖的迹象，但至今仍无较大改观。

纵观翡翠市场近40年来的整体局面，其价格呈现长期上涨，短期剧烈抬升，到达高位后市场迅速萎缩，但价格仍然居高不下，处于有价无市的困难局面。一方面，翡翠行业受到重创，大批门店关门歇业，商家改行退出；另一方面，大量翡翠商品囤积、资金积压，消费者和投资人利益受到损害。

要破解以上翡翠价格剧烈波动的困局，需要从翡翠价格的制定入手，分析翡翠价格大幅波动的理论根源，进而探究科学可行的定价机制理论和价格调控机制理论，使翡翠价格透明化、可控化。探究翡翠价格波动的理论根源，必须从翡翠原料的"赌性"入手，进而探究因其原料交易过程的"赌石"行为和高价格双重作用产生的商品拜物教，以及由翡翠商品拜物教思想引发的一系列盲目投资行为，最终探索出翡翠商品价格波动的理论根源。

3. 在马克思主义价格理论视阈下探析中国翡翠价值与价格

运用马克思主义的世界观和方法论，从翡翠的使用价值、机制及其价格的实现入手，分析翡翠价值的本质，探究中国翡翠产业在国民经济发展中的方向选择；分析劳动创造翡翠的价值过程，以及在劳动过程中的社会生产力和社会关系尚需改进的方面，提出解决价格问题的根源，发挥价格的作用，促进翡翠产业健康良性发展，实现翡翠产业结构中分配结构的优化，在"一带一路"建设中作为先导产业，带动区域经济发展，彰显战略支点的作用。

（二）实践意义

1. 破解翡翠定价难题

在供给端，由于翡翠资源的有限性、缅甸国内政局的动荡等因素的影响，翡翠原料供应呈现逐年下降的趋势，原料价格一涨再涨；在需求端，由于资本炒作、文化需求、炫耀性消费、商品拜物教及演变而来的拜金主义思想、替代乏力等因素的影响出现需求旺盛、价格暴涨的状况。

由于供给与需求的失衡，翡翠市场形成价格居高不下、有价无市的局面，但也有随时崩溃甩卖的危险。这种局面，基本符合经济泡沫发生的特征，具有危害局部经济的隐患。

通过对翡翠价格机制的深入分析，明确其作为资源稀缺型商品，建立起有效监管的价格机制，使价格控制在合理的范围内，将有助于防止经济泡沫，有助于提高我国经济安全与社会稳定。

2. 建立和完善中国翡翠的定价机制和体系

国家层面出台国家标准，云南省出台地方标准，对翡翠进行鉴定、分级已经有据可依，但形成翡翠价格机制还需要进一步深入研究。翡翠价格可为和田玉、独山玉、岫玉、蓝田玉四种名玉以及黄龙玉、南红玛瑙等普通玉种的定价机制提供参考，增加翡翠等特殊商品的投资价值和商业价值。

翡翠玉石既是在区域旅游经济中发挥重要作用的核心商品，同时又是资源稀缺型商品，其价格理应由市场决定，政府将发挥引导和监管的作用。翡翠的价格由其价值决定，受供求关系影响，反过来价格又会对生产和消费产生影响，若没有合理的价格调控机制，将产生严重的危害：一是造成严重的两极分化，造成社会潜在不安定因素；二是价格虚高，容易造成泡沫经济；三是价格刺激消费，造成生产与销售一哄而上，不利于资源的合理配置；四是价格涨落幅度过大，易伤害抗风险能力较弱的中小企业等从业者，不利于产业的健康发展。

鉴于上述状况，2009年11月云南省地方标准《翡翠饰品质量等级评价》颁布实施，2010年3月国家标准《翡翠分级》颁布实施，同时，还颁发了中国首批"高档天然翡翠饰品质量检验证书"，证书还标明了交易记录，对翡翠的定价给予了技术上的支持。然而，由于翡翠玉石独特的文化背景，其交易价格的最终确定是极其复杂的过程，其影响因素也是多方面的。总的来说，翡翠玉石本身的内在因素，包括颜色、透明度、质地、净度、加工工艺、造型等；外部因素，包括稀缺性、炫耀性、消费地域收入效应，B货、C货及相近玉石的替代效应，文化艺术品等因素均会影响其价格。

在我国逐步建立和完善社会主义市场经济的同时，价格机制亟待丰富和完善，对翡翠玉石这类具有较长产业链、影响广泛，对地方区域经济具有举足轻重作用的商品，要分析其价格波动根源，找出其重要影响因素，建立合理的价格机制，利用价格对生产和消费的传导作用，通过市场这只"看不见的手"和政府"看得见的手"对稀缺资源进行合理开发，促进产业的良性发展。

3. 实现翡翠产业的良性健康发展

"党的十九大报告指出，中国特色社会主义进入新时代，我国社会主要矛盾已经转化为人民日益增长的美好生活需要和不平衡不充分的发展之间的矛盾。"[①]这一表述的前提是经历改革开放多年来的改革与发展，我国的经济社会发生了巨大而深刻的变化，显著地提高了社会生产力总体水平，改变了过去供给不足和经济短缺的现象，人民的生活水平也随着经济社会的高速发展而快速提高；社会需求也随着生活水平的显著提高而发生转变，人民群众对美好生活的向往日益强烈，需求呈现出多样化、多层次和多方面的新时代特点。

"我国社会主要矛盾已经转化为人民日益增长的美好生活需要和不平衡不充分的发展之间的矛盾"，而矛盾是事物发展的动力。因此，现行的价格形成机制和价格管理机制还存在一些不适应、不完善之处，稀缺资源配置还不尽合理，定价科学性和透明度不足，尤其是翡翠玉石这种稀缺资源型产品的定价难以反映市场供求关系，定价的科学性、透明度严重不足。而使万千人民群众手里的翡翠玉石凝聚的千万年来的人类劳动不能转化为财富，或有价无市，或待价而沽。杨自文调研得出"高端翡翠的流动率仅为1.28"。[②]没有流动性就不能发挥金融、财富属性，不能实现资产变现、抵押贷款、财产分割、遗产继承税评估、保险评估、收藏估价等财富功能，而制约翡翠流动性的根源就是翡翠定价和价格调控管理机制的缺失和不完善，这一局面的改变具有紧迫性，翡翠价格极具研究价值。

4. 为我国"一带一路"建设提供产业支撑

2013年我国提出共建"新丝绸之路经济带"和"21世纪海上丝绸之路经济带"的倡议。本书提出以翡翠为旅游产业的先导产业，打造国际翡翠交易系统，整合社会资源，带动区域经济发展，为"一带一路"提供战略支点的建议，并从理论上分析其可行性。

[①] 刘威. 学习贯彻十九大精神——新时代中国特色社会主义思想初探[J]. 兵团党校学报，2017（5）.

[②] 杨自文. 金融创新：解决高端翡翠流通的最佳途径[N]. 云南经济日报，2013-12-31.

第二节 文献综述

一、翡翠价格相关理论综述

（一）马克思主义经典理论综述

1. 马克思主义的劳动价值理论

马克思主义的劳动价值理论从价值形式的历史演变入手，详细分析了从简单价值形式→扩大了的价值形式→一般价值最后演变成货币形式的历史过程，厘清了价格的起源，揭示了价格的本质，即价格表面现象下面隐藏着的"价值"这个本质，深层次地看清了形成价值的人类一般劳动即抽象劳动，解开了价格的千古之谜，为人类进一步认识价格、探索价格理论，在实践中解决价格的种种问题提供了思路，并发现了价值规律"供求关系的改变引起价格上涨或下跌，引起高价或低价。当供过于求时，价格就低于其价值；当求过于供时，价格就高于其价值。但是，价格的这种波动并不是脱离价值的，而是以价值为基础围绕价值而上下波动的。从一个较长时期和全社会来看，价格高于价值的部分和低于价值的部分会互相抵消。因此，从总的趋势看，商品的总价格和总价值仍然是相等的"①。

价值价格理论是在继承古典经济学的基础上，是建立在劳动价值论的基础之上的，是对劳动价值理论的创造性发展，是在明确了商品的价值本质后，以价值规律为核心建立起来的价格理论，阐述了商品的价格在不同条件下的决定基础问题。

首先，定义商品是用来交换的劳动产品，凡是商品都具有使用价值和价值两个因素，商品是使用价值和价值的统一体。其次，凝结在商品中的一般的无差别的人类劳动，就是商品的价值，指出商品价值的实体是劳动，因而它的量只能由劳动的量来计算。最后，指出商品是使用价值和价值的统一。使用价值和价值是商品的两个因素，二者缺一不可，否则，就不能构成商品。商品、价值都是历史

---

① 马克思．资本论（第一卷）[M]．郭大力，王亚南，译．北京：人民出版社，2004．

范畴，只有在一定的社会历史条件下，劳动产品才成为商品，人类抽象劳动才表现为价值。价值是商品的社会属性。

在厘清商品的价值是劳动以后，马克思科学地总结出价格和价值的关系"价格是对象化在商品内的劳动的货币名称"①。也就是说，商品的价值的货币表现，便是商品的价格。

在总结出价格和价值的关系后，马克思进一步分析成本价格，指出：商品的价值＝成本价格＋剩余价值，从而揭露了资本家赚钱的秘密，就是获取剩余价值；在揭露了资本家攫取剩余价值后，马克思又科学地分析出剩余价值是向利润转化的，科学推断出：商品价值＝成本价格＋利润，并且还引入利润率概念，利润转化为平均利润，使得资本家赚钱的途径更为隐秘。

在阐述清商品的价值是成本价格加利润后，马克思接着论述了随着利润转化为平均利润后，商品的价值就转化为了生产价格，生产价格成了商品交换的基础，价值规律开始发挥作用，价格围绕生产价格随着价格影响因素的变化而上下波动。

马克思主义是科学的世界观和方法论，其理论体系是开放、不断发展的，是我们分析问题和解决问题的科学指导。我们要充分遵循马克思主义的基本原理、基本观点、基本方法，批判性地运用各种学科的理论，并运用这些科学理论指导我们的理论创新和实践探索。

2. 生产价格理论

"价格是实现在商品内的劳动的货币名称。"② 成本价格是生产商品所耗费的不变资本和可变资本的总和，也就是商品价值中必须用来补偿为生产商品所耗费的不变资本和可变资本部分。资本主义商品的价值包括三个部分，即：

$$W = c+v+m$$

其中 m 是资本家无偿占有的剩余价值，c+v 是资本家在生产中耗费的资本。

由于（c+v）"商品价值的这个部分，即补偿所消耗的生产资料价格和所使用的劳动力价格部分，只是补偿商品使资本家自身耗费的东西，所以对资本家来

---

① 马克思. 资本论（第一卷）[M]. 北京：人民出版社，2004.
② 马克思. 资本论（第一卷）[M]. 郭大力，王亚南，译. 上海：三联书店，2011.

说,这就是商品的成本价格"①。成本价格通常用 K 来表示。在实际生产中,预付总资本作为生产的物质条件,全部进入生产过程发挥作用,所以,资本家在判断投资是否赢利时,不是将剩余价值与所费资本相比,而是与预付总资本相比,即把剩余价值看作预付总资本的产物,从而使得剩余价值停留在了全部预付资本的观念层面,利润因此成为剩余价值的转化形式,商品价值从由成本价格与剩余价值相加转化成由成本价格与利润相加。因此,利润成了资本家掩盖无偿占有工人剩余价值的真面目的工具,由于掩盖了利润的真实来源,资本主义的剥削关系就被掩盖了。

利润率是剩余价值和预付总资本的比率。马克思指出:"用总资本来计算的剩余价值的比率,叫做利润率。"② 利润率用公式表示:

$$P' = m/C$$

其中,P′代表利润率,C 代表预付总资本。

不同部门资本有机构成的不同,使利润率高低不同。对利润率的追求引起资本在各部门间的自由转移,即由利润率低的部门流向利润率高的部门。"资本运动的结果使不同部门的利润率趋于平均化,形成平均利润率。平均利润率是全社会剩余价值总量与社会预付总资本之比,它是各部门资本家为争夺有利的投资场所而开展竞争的结果。"③

商品的价值是成本价格加利润。当利润因竞争等因素而转化为平均利润时,商品价值随之转化为生产价格,即商品价值=成本价格+平均利润。"首先,生产价格的形成是以利润转化为平均利润为前提的。这是通过部门间的竞争实现的,结果是等量资本获得等量利润。其次,生产价格是价值的转化形式,但他们具有不同的特征。再次,生产价格形成后,个别资本家获得的利润与其工人创造的剩余价值相背离;但从全社会总量上看,两者是一致的。最后,价值规律通过生产价格规律发挥作用。生产价格成为商品交换的基础,调节商品价格的变动。"④

3. 价值规律

---

① 马克思. 资本论(第三卷)[M]. 郭大力,王亚南,上海:三联书店,2009.
② 马克思. 资本论(第三卷)[M]. 郭大力,王亚南,上海:三联书店,2009.
③ 马克思. 资本论(第三卷)[M]. 郭大力,王亚南,上海:三联书店,2009.
④ 周俭初,孙耀武.《资本论》学习与探索[M]. 北京:人民出版社,2012.

价值规律包括商品的价值量由生产商品的社会必要劳动时间决定，同时指出商品交换以价值量为基础，实行等价交换原则。价值规律既有积极作用，也有消极作用。积极作用表现在能够自发地调节生产资料和劳动力在社会各生产部门之间的分配比例、自发地刺激社会生产力的发展以及自发地调节社会收入的分配；消极作用体现在导致社会资源浪费、收入两极分化、阻碍技术进步。因此，价值规律要求在考察商品的劳动量的时候，既要考察生产单个商品所需要的劳动量，也要在全社会范围内考察生产不同商品种类所需要的劳动量，有计划、有比例地分配劳动量。

"在商品经济条件下，价值规律支配着商品生产与流通全过程，影响和制约着商品经济的运行，起着最主要、最基本的作用，是商品经济的基本规律。"[1] 商品价格因生产成本和受供给、需求关系等因素的影响，围绕商品市场价值而不断涨落的过程，称为价格波动。首先，价格波动是一种动态的平衡，只有供给与需求达到一致时才能达到平衡，这时的价格称为均衡价格，但因为供给与需求是受诸如收入、消费水平、政策、税收、文化等因素制约的，其中的变量发生变化，就会影响供求关系，从而产生波动，变量的变化是时时刻刻发生的，所以平衡是相对的、偶然的，波动是绝对的、经常的；其次，价格波动是有规律的，简单来说当供给大于需求时，价格下跌，市场将信息传递给生产者，于是生产者减少生产，需求又逐步超过了供给，导致价格开始上升，如此循环往复，形成价格的波动；再次，价格是商品价值的货币体现，实质上价格由商品价值决定，按照等价交换的原则，要求价格与价值相符，由于商品的供求总是不断变化的，价格与价值经常是不一致的。以上价格波动的规律，归结起来，就是价值规律。

4. 稀缺商品与工矿产品的定价理论

马克思以钻石为例，论述珍稀资源型商品的价值和价格。"因为稀有，在寻找、开采、提炼、加工的过程中，要花费更多的劳动，从而使钻石的价值更高，用于交换货币的能力更大，价格就更高。"[2] 随着生产力水平的提高，生产同样的产品耗费的劳动少了，生产效率提高了，产品的价值就降低了，价格也会降低，所以生产力与商品价值量呈反比。因此，马克思对稀缺商品与工矿产品的定

---

[1] 朱方明，张衔. 政治经济学[M]. 成都：四川大学出版社，2001.
[2] 马克思. 资本论（第一卷）[M]. 郭大力，王亚南，译. 上海：三联书店，2011.

价理论是基于稀缺性与生产力的关系决定价值,受供给与需求的影响而产生围绕价值的波动,价格背离价值的程度是确定的。

5. 地租理论

(1) 资本主义地租

首先,地租存在的前提是所有权。马克思指出,"土地所有权有一个前提,就是:由若干私人独占地体的一部分,排除其他任何人,使他成为专属于自己私意的领域,而将其支配"①,"接着的问题,就是立脚在资本主义生产基础之上,确定这种独占的经济价值。现实的土地耕者,为资本家(即地租农业家)所雇佣,对于他们所利用的土地所有者即地主,必须在一定期间内支付契约所确定的一定的货币额,这些货币额,不管用于建筑地、矿山、渔场、森林等,统称为地租"②。

从本质上讲,资本主义地租来源于雇佣劳动者创造的剩余价值,这部分剩余价值是农业资本家为取得土地使用权而付出的超出平均利润的部分,它体现了"农业资本家从雇佣劳动者身上榨取剩余价值,土地所有者凭借土地所有权从农业资本家那里瓜分到平均利润以上的超额利润"③这样的阶级关系。

(2) 级差地租

资本主义制度下的地租,分为级差地租与绝对地租。级差地租的产生,是由于土地资本主义经营的垄断而产生的超额利润转化而来的。由于土地的优劣的存在,这种地租是存在级差的,在优质土地上投入等量资本,产出的产品的个别生产价格低于社会平均价格和在中等、劣等土地上投入等量资本生产的产品的生产价格,从而获得更多的超额利润。在工业生产中也存在着个别生产价格低于社会平均生产价格的情况,因而工业生产中也存在着超额利润。

马克思在《资本论》里以拥有瀑布的水力条件的企业和使用蒸汽为动力的企业之间的生产价格的差异为例,说明级差地租的存在。"显然的,这种地租,常是一种级差地租,因为这并不当作一个决定因素,加入商品的一般生产价格里面,而仍是以商品的一般生产价格为前提。它的发生,常是因为对于被独占着的

---

① 马克思. 资本论(第三卷)[M]. 郭大力, 王亚南, 译. 上海: 三联书店, 2009.
② 马克思. 资本论(第三卷)[M]. 郭大力, 王亚南, 译. 上海: 三联书店, 2009.
③ 朱方明, 张衔. 政治经济学[M]. 成都: 四川大学出版社, 2001.

自然力享有支配权的个别资本之个别的生产价格,和投入在该生产领域的一般资本之一般生产价格间,有一种差额。"①

(3) 绝对地租

绝对地租是指无论何种质量的土地都必须支付的并在概念上与级差地租相区别的地租,它不以土地优劣为转移。绝对地租的产生"是由于土地所有权垄断的存在,在土地所有权存在的前提下,无论土地有多低劣,如果没有地租收入,土地所有者宁愿任其荒芜,也不会无偿让别人耕种,由此造成市场上的农产品的价格必然上涨到由劣等地的生产条件所决定的社会生产价格以上"。② "这种地租,必须在概念上,和级差地租相区别的,我们把这种地租叫做绝对地租。"③

(4) 矿山地租

有地租存在的地方,总有级差地租,并且那种地租总是依照农业级差地租的法则来规定。"任何一种自然力,不管它是瀑布,还是丰饶的矿山等等,只要它能够被独占,能够对产业家保证一个剩余利润,那些对地球一部分享有所有权而变为这种物品所有者的人,就会在地租形态上,夺取资本的这种剩余价值。"④因此,矿山地租是指资本家为了取得地下财富的挖掘权,通过租赁的方式向土地所有者缴纳的地租。马克思认为"真正的矿山地租的决定方法,和农业地租是完全一样的"⑤。因为,矿山也存在贫矿与富矿的区别,也就产生了级差;开采条件的不同,加剧了这种级差的存在;另外经营矿山还要缴纳绝对地租,同时缴纳垄断地租。

(二) 西方经济学相关理论综述

1. 均衡价格理论

1890年,英国经济学家马歇尔出版了《经济学原理》一书。在该书中,他把供给需求理论、边际效用理论以及边际成本理论等融合在一起,首次形成了均衡价格理论。

---

① 马克思. 资本论(第三卷)[M]. 郭大力,王亚南,译. 上海:三联书店,2011.
② 朱方明,张衔. 政治经济学[M]. 成都:四川大学出版社,2001.
③ 马克思. 资本论(第三卷)[M]. 郭大力,王亚南,译. 上海:三联书店,2011.
④ 马克思. 资本论(第三卷)[M]. 郭大力,王亚南,译. 上海:三联书店,2011.
⑤ 朱方明,张衔. 政治经济学[M]. 成都:四川大学出版社,2001.

供需理论认为，商品价格由商品供给与需求的力量决定，当商品供给与需求相等时形成的价格就是均衡价格。在均衡价格点，商品的供给力量等于需求力量，此时市场处于均衡状态，即商品的供需双方都没有改变价格的动力。如果市场受到某种力量的影响，出现了供需失衡现象，如供给过多或不足、需求过多或不足，则商品价格就会产生变化。具体而言，商品价格与供给力量成反比关系、与需求力量成正比关系。

边际效用理论认为，消费者购买商品的目的是为了提升自己消费的效用水平，并且随着消费数量的增多，消费者获得的单位效用是递减的，如果某种商品的消费量超过了消费者意愿消费量，此时消费者新获得的效用就成了负值。这种现象也被称为边际效用递减规律。

2. 效用理论

"效用是指消费者从一个给定市场篮子中得到的满足程度"①，效用价格理论由 N. 巴本、F. 加利亚尼、H. H. 戈森、门格尔、庞巴维克等提出及完善。效用价格理论认为，消费者购买商品的目的是满足自己的欲望，因此，商品价值由商品效用的大小决定，并以稀缺性为条件，商品价值则是买卖双方对商品效用水平的主观评价达到一致时的结果。

3. 相对价格理论

相对价格理论兴起于 19 世纪 70 年代，其通过利用边际工具研究以相对价格表示的资源配置问题。相对价格理论以新古典资源配置理论为代表，主张不同生产要素根据其在生产中的贡献获得报酬，而报酬率即价格则是在其他生产要素不变的前提下，增加或减少一单位该要素投入所带来的产出的变动，也就是该要素的边际产品。相对价格理论认为，均衡价格是商品的稀缺性的体现，背后是生产技术关系。要素稀缺程度会反映到相对价格上，拥有不同资源的所有者会按照相对价格索取报酬，从而实现资源的有效配置。

4. 投资风险控制理论

投资风险是指投资者预期投资收入和投资回收不确定性的风险，换言之，是一种未来现金流量不稳定的风险，包括投资者的经营风险和财务风险。从类型上

---

① Rorbert S. Pindyck，Daniel L. Rubinfeld. 微观经济学（第八版）[M]. 北京：中国人民大学出版社，2018.

分，投资风险可以分为实业投资风险和金融投资风险。现代投资风险控制是指投资者通过风险识别、风险衡量、风险评估和风险决策管理等方式，对风险实施有效控制和妥善处理损失的过程。1952 年哈里·马科维茨在《金融杂志》上发表《资产组合选择——投资的有效分散化》一文，标志着现代投资风险控制理论的诞生，虽然马科维茨研究的重点是二级股票市场，但该理论对其他市场的投资风险控制产生了深远影响。马科维茨认为，投资风险可以通过组建有效的投资组合分散出去，从而实现风险的有效控制。投资风险控制理论认为，在开启风险控制行动之前应确定风险控制目标，风险控制行动不能脱离风险控制目标，风险控制目标由两部分构成：损前目标和损后目标。损前目标是指风险事故对企业可能造成的损失成本最小，并达到最大安全保障的目标，如债权人可以要求债务人提供担保或购买保险；损后目标是指损失发生后的企业至少在一段合理的时间内才能恢复部分生产，这也是风险管理工作的最低目标。

  投资风险控制理论认为风险控制应遵循科学的步骤、周全的措施，具体而言，风险控制第一步是风险识别，即对投资者面临的和潜在的风险加以判断、归类和对风险性质进行鉴定的过程。第二步是风险估测，即在风险识别的基础上，通过对大量相关的资料进行评估，估计和预测风险发生概率及可能的损失程度。第三步是风险评价，即在前两步的基础上，全面评估风险发生概率以及可能损失程度并决定是否需要采取相应的措施，即通过对风险的定性定量分析和比较风险处理费用来决定是否处理风险以及处理程度。第四步是选择风险管理技术，即根据风险控制目标和风险评估结果，选择最佳风险处理技术进行处理。这一环节是风险控制最重要的环节，直接决定着风险控制的效果。第五步是评估风险控制效果。在完成控制技术实施后，需要及时地对风险控制流程和效果进行评估，评估对象包括风险识别的及时性和准确性、风险控制技术选择的对错、风险控制目标的实现程度等。

  5. 泡沫经济理论

  按照《新帕尔格雷夫与金融大辞典》的定义，泡沫是指在一个连续的金融运作中，一种或一系列资产价格的突然上升，并且随着最初的价格上升，人们产生对远期价格继续上升的预期，从而吸引更多新的买者。也有学者认为泡沫经济是一种经济失衡现象，可以定位为某种价格水平相对于经济基础条件决定的均衡价格的非平稳性向上偏移（王子明，2002 年）。"其实质是资产价值超越了实体经济，有丧失持续发展能力的宏观经济状态。"① 完整的泡沫经济理论包括产生机制、存在性分析、影响以及治理等内容。关于泡沫经济，最具代表性的是玥斯基（1972年）通过研究债务对经济行为的影响而提出的"金融不稳定性假说"，他将经济主体分为"抵补型、投机型和旁氏型"三个类型。抵补型经济主体以股权融资为主，能够及时偿还债务；投机型经济主体在短期内无法按时偿还债务，只能依靠债务滚动来维持，但长期内可以按时偿还债务；旁氏型经济主体不能依靠生产经营来按时偿还债务，无论短期还是长期都需要依靠变卖资产或借新还旧来偿还债务。如果一个经济体系中投机型和旁氏型经济主体占比较大，该经济体就容易偏离均衡，出现泡沫。此外，一些学者（SarnoL 和 Talor，2003；Coleman M D，Lacour-Little M，Vandell K D，2008年）则从制度经济学角度提出政府过度管制是导致泡沫经济的重要原因。他们认为，如果政府过度控制资源，在维护自身利益的激励下，政府为了增加税收、扩大经济规模、增加就业等往往会使用一些刺激过度的政策，从而催生泡沫。

泡沫经济的产生具有双重影响：一方面，泡沫经济增加了投资者作决策的难度，加重了市场的不确定性，在羊群效应作用下，泡沫越来越大，而一旦破裂则容易造成需求短期内急剧下降，从而引发经济危机，不利于国民经济的长期发展。另一方面，在泡沫经济中，货币贬值加速，这会促使每个人都通过减少货币存量来增加消费，因此从该角度看，泡沫经济是有益的，但过度的泡沫经济无疑是有害的。

治理泡沫经济应根据泡沫经济的产生原因、存在条件等具体情况进行。具体而言，治理泡沫经济的对策可大致分为两类：一是针对投机需求以及羊群效应；二是针对信贷增长过快、高杠杆等问题导致的泡沫。对于前者，应注重采用紧急措施或宣传手段加以"降温"；对于后者，则应采取合理的货币政策和财政政策等组合政策，如适当紧缩货币供应、加强资金流动监测、增加信息供给降低信息不对称程度等。

---

① 单克强．论住房资本化定价博弈及泡沫风险[J]．河北金融，2019（4）：37-45．

（三）符号价值理论综述

1. 符号价值理论概述

符号价值理论是法国思想家让·鲍德里亚于1972年正式提出的，该理论从符号学的角度重新思考了商品的价值。符号价值理论除了关注生产领域外，更加关注传播领域，而且对马克思关于商品价值的理论进行了批判、发展和补充。

让·鲍德里亚在《符号政治经济学批判》一书中，把符号价值作为与商品使用价值和交换价值不同的、独立的概念提出来，当然他并没有明确符号价值是商品的第三种属性，但其在逻辑上已经蕴含了这种观念，并且得到了一部分人的认可，被翻译为"象征价值""意义价值""附加价值"等。其主要观点是："符号价值是指同类别的产品在使用功能和制造成本上没有区别，但由于符号意义的不同，而具有了价值高低的差异。符号价值代表了商品之间的差异。这种符号上的差异构成某种商品的独特性，使得同类商品之间相互得以区分开来。"①

2. 符号价值理论综述的批判和应用范畴

首先，让·鲍德里亚的符号价值理论是建立在对马克思商品价值学说误读基础上的，是以偏概全的，不能全面地解释符号价值的内涵，也不能科学地界定符号价值的归属问题，而是进入仿真、非实等虚拟概念的探讨中，离马克思的商品价值论越来越远，所以并没有使马克思的商品价值论过时。

其次，让·鲍德里亚的符号价值理论还具有整体视角缺失的缺陷。由于缺乏整体性研究的视角，让·鲍德里亚认为马克思的价值理论只是反映了商品的自然属性。其实马克思并不否认消费领域中存在的人们之间消费层次之间的差别，也就是说并不否认其社会属性，正因为如此，使得让·鲍德里亚对马克思的拜物教理论产生了怀疑。

尽管让·鲍德里亚的符号价值理论有着明显的缺憾，但其对当代资本主义社会的分析是深刻的，是具有借鉴意义的。让·鲍德里亚的符号价值理论揭示了符号价值消费当代资本主义控制社会的新特点；符号价值还为现代商品价值的考察、衡量和量化提供了新的研究视野和维度。

---

① [法] 让·鲍德里亚. 符号政治经济学批判[M]. 夏莹, 译. 南京：南京大学出版社, 2009.

（四）消费经济学概述和主要内容

消费经济学最早出现于西方，早期由马歇尔、凡勃仑等经济学家提出，后期代表人物有凯恩斯、弗里德曼、安东·莫里格安尼和布鲁贝格等，他们都曾提出过个人的见解。消费经济学主要研究与消费有关的人们的经济活动关系问题，其中生产如何适应市场需求的问题成为研究的主要课题。但由于西方经济学家都站在以资本主义制度为背景的立场下，未能全面考察和科学分析资本主义生产关系和过程，还存在为资本主义辩护的非科学内容，因而不可能完全揭示资本主义生产与消费这一矛盾的对抗性，存在着严重的局限性。但作为一门独立的学科，消费经济学为资本主义国家的政府和企业提供了许多建议，一定程度上促进了社会的发展。

改革开放以后，西方主流经济学价格理论研究成果被逐步被引入，它开阔了人们的眼界，使中国出现了一些独创的新型价格理论。1983 年，中国著名经济学家，中国消费经济学的主要创始人和学术带头人尹世杰，在由其主编的《社会主义消费经济学》一书中，对消费需要、消费水平、消费结构、消费市场、消费方式、消费效果和消费模式等重要概念进行了深入研究，并对国内的消费问题提出了许多重要见解。总体来说，在 20 世纪 80 年代初，随着改革开放的不断深入，生产和消费的问题成了影响我国社会主义建设战略的实质性的问题，因此中国经济学术界展开了探讨，目前消费经济学已经作为一门独立的学科，理论范畴和理论体系逐步得到完善。我国消费经济学的主要观点，一是运用马克思主义的消费原理，总结出我国社会主义消费的实践经验，尤其是改革开放以来的实践经验，阐明其在社会主义生产中的作用和地位，提高认识，建立起理论基础；二是广泛借鉴各种社会制度下的消费经济学说，针对消费过程中出现的各类问题，为国家制定发展方针、政策、计划和措施提供理论依据，为国家产业合理化发展提供依据。

二、价格理论研究前沿综述

（一）当代国际价格理论研究前沿

杨小凯（1948—2004 年），曾经被两次提名诺贝尔经济学奖（2002 年和 2003 年），被誉为"离诺贝尔奖最近的华人"，提出超边际分析，被普遍认为是

"新兴古典经济学"的代表。2003年,其著作《发展经济学——超边际与边际分析》用现代分析工具复活古典经济学,使关于分工和专业化的古典经济学思想变成决策和均衡模型。

保罗·萨缪尔森（Paul A. Samuelson，1915—2009年），于1970年获得诺贝尔经济学奖,是当代凯恩斯主义的集大成者。其主要成就是论证了斯托尔珀—萨缪尔森定理（Stolper-Samuelson Theorem）："发生国际贸易后,由于生产要素报酬（价格）是产品价格与要素边际生产率的乘积,所以生产要素报酬的变动会超过产品价格的变动。"[1]

米尔顿·弗里德曼（Milton Friedman，1912—2006年），于1976年取得诺贝尔经济学奖。他在消费分析、货币供应理论及历史和稳定政策复杂性等范畴做出杰出贡献,其著作《价格理论》指出"产品价格引导资源配置,要素价格决定收入分配"[2]。

罗纳德·哈里·科斯（Ronald H. Coase）是新制度经济学的鼻祖,1991年诺贝尔经济学奖的获得者。科斯创造了"交易成本"（Transaction Costs）这一重要的范畴,"所谓交易成本,即'利用价格机制的费用'或'利用市场的交换手段进行交易的费用',包括提供价格的费用、讨价还价的费用、订立和执行合同的费用等"[3]。科斯定理的核心是市场的真谛不是价格,而是产权。"只要有了产权,人们自然会'议出'合理的价格来。"[4]

博弈论又被称为对策论,策梅洛、波莱尔及冯·诺依曼等最早开始研究,其代表性学者约翰·福布斯·纳什在其1950年发表的论文《n人博弈的均衡点》和次年发表的论文《非合作博弈》中分别提出了纳什均衡的概念和均衡存在定理。自1994年诺贝尔经济学奖由3位博弈论经济学家共享后,至今共有7届诺贝尔经济学奖授予了从事与博弈论相关研究的经济学家,博弈论在经济学界产生了极大的影响力,也是研究价格的重要理论基础。

---

[1] 花千树. 萨缪尔森,影响一代人的钱袋子[J]. 西部广播电视. 2009（12）.
[2] 米尔顿·弗里德曼. 价格理论[M]. 蔡继明,苏俊霞,译. 北京：华夏出版社,2011.
[3] 庄才钱,谢作渺. 科技型小企业的成长理论综述[J]. 工业技术经济,2013,32（5）.
[4] 约翰·康芒斯. 制度经济学[M]. 赵睿,译. 北京：华夏出版社,2013.

随着现代数学、计算机技术的发展，以一定的经济理论和统计资料为基础的计量经济学开始发展起来，"以建立经济计量模型为主要手段，定量分析研究具有随机性特征的经济变量关系。"① 其中应用计量经济学是用经济计量方法研究经济数学模型的实用化，并且探索实证经济规律。如在探索艺术品价格时，国外学者建立了算术平均价格指数模型、梅·摩西价格指数模型和特征价格模型等价格模型，并在其他商品价格的探索上也有广泛的应用。总体来说，价格理论在国际理论界是以计量化、模型化趋势发展的。

（二）国内价格理论研究前沿

自1978年改革开放以来，价格改革一直伴随我国以市场为取向的改革，并成为我国经济体制改革成败的关键。"建设中国特色社会主义没有成功的经验可以借鉴，价格改革同样没有成功的经验可以照搬，适合中国国情的中国特色社会主义价格理论也没有照抄照搬的范本。"1999年，白暴力的《价值与价格理论》在坚持马克思劳动价值论的基础上、综合现代价值理论的基础上构建了较为系统的价值价格理论。白暴力认为："完整统一的价值价格理论应该包括最抽象的价值本质到具体表象和运行机制，包括六个层次，即价值价格的本质、价值实体、交换价值、市场价格运行、价格总水平、价格制定与管制。"② 其在价值价格理论体系上有所创新，在研究方法上也有所创新，分析研究了从特殊到一般的演进，建立了更一般的价值价格理论。2008年，王振霞在《价格理论体系研究综述及其发展新趋势》一文中运用行为经济学理论，分析了价格运行机制的新趋势。王振霞认为："在坚持劳动价值论的基础上，研究价格运行机制出现了新的趋势，建议把价格参与者分成不同的类型，找出关键参与群体，运用经济数学手段，分析不同群体在既定经济政策下的不同反映，找出价格稳定点，以确定价格水平的具体位置，为达到价格平稳运行提供政策建议。"③ 2005年，王俊燕与徐强应用要素市场理论的新观点阐述了自然资源价格理论的补充思考。他们认为：

----

① 张成虎，孙陵霞，王雪萍．复合型金融信息化人才及其培养[J]．金融教学与研究，2012（2）：60-64．

② 胡红安，杨波．白暴力：《价值与价格理论》评介[J]．中国特色社会主义研究，2002（3）：93-94．

③ 王振霞．价格理论体系研究综述及其发展新趋势[J]．价格月刊，2008（1）：21-23．

"按照现有自然资源价格理论,为了使自然资源价格上涨、消耗下降、效率提高,需要引入自然资源代际成本和外部成本;但事实于此理论相悖,为解决实际问题,需要建立要素市场价格模型,得出结论要综合考虑消费需求、技术提高,进而使资源使用效率提高。"① 2014年,范晓《我国价格预测方法文献研究》一文表明,"对能源价格预测进行评价为使用成熟价格模型进行预测;对农产品价格预测国内研究文献多于国外,有整体预测,也有单项预测;对金融工具的预测,由于其复杂性和多变性成为研究热点;对消费者物价指数预测是控制通货膨胀的必然选择,重视程度较高。从预测方法来看有单一预测法和组合预测方法体系,其中单一预测法中数学模型预测方法成为当代预测方法的主流,包括层次分析模型、特征价格模型、马尔科夫链、Logistic模型、神经网络模型。每种预测方法都有其适用领域和局限性,要根据实际需要,尽可能接近实际,也不宜抛弃传统的预测方法,建立起多层次科学的预测方法"②。

2009年,蒋和胜认为在价格改革方面:"1979—1984年是我国价格改革的初始阶段,1985—1991年是展开与巩固阶段,1992—2000年是建立社会主义价格体制的阶段,2001—2009年是完善社会主义市场价格体制的阶段,并且在这一实践过程中价格理论取得了突破,逐步形成了具有中国特色的社会主义价格理论体系,并且前瞻性地认识到只要坚持稳步前进的方针,我国价格改革会越来越完善,在这一实践过程中价格理论会取得更大突破。"③ 2018年,王磊和伍业君认为:"在逐步完善社会主义市场价格的基础上,2012年至今是健全完善社会主义市场价格体制的时期。这一时期的核心是处理好政府和市场的关系,市场在资源配置中起决定性作用,因此要完善主要由市场决定价格的机制;建立起更加完备合理的价格调控体制,由过去的以行政手段为主完善为以经济手段和法律手段为主;成功实现国内外市场价格挂钩并轨,增强国际竞争力;采取渐进式的价格改革,逐步适应市场经济需求,保障民生,为进一步改革发展奠定基础。"④

---

① 王俊燕,徐强. 自然资源价格理论的补充思考——应用要素市场理论的新观点[J]. 价格理论与实践,2005(8):37-38.
② 范晓. 我国价格预测方法文献研究[J]. 开发研究,2014(5):105-109.
③ 蒋和胜. 我国价格改革三十年的回顾与前瞻[J]. 天府新论,2009(3):62-66.
④ 王磊,伍业君. 我国价格改革的历程及展望[J]. 价格理论与实践,2018(12):22-28.

三、翡翠价格相关研究综述

（一）翡翠的流传及应用的历史研究

2005 年，杨伯达撰《勐拱翡翠流传沿革考》一文，对翡翠的首先发现和使用进行考证，"凡史前出土文物、西汉至南北朝文献记载、隋唐五代文献、宋代文献、蒙元文献皆不足采信，唯有明代徐霞客所著《徐霞客游记》及腾冲城郊中绮村署'崇祯十九年立'（1646 年，时明旧部败退云南，仍沿用明旧年号）墓碑出土翡翠玉镯等可印证明代腾冲已使用和流传翡翠原料及制品，时称'翠生石''碧玉'"①。2002 年，杨伯达通过查证文献记载，考证了翡翠在中国的流传。史料记载："翡翠在我国最早出现于西汉墓葬，及至明朝通过茶马古道经云南进入我国，到清朝时作为贡品进入宫廷，被誉为'珍玩'，价格开始走高。翡翠作为新兴的玉材资源，清末北京等地就开始依据其颜色与质地开始进行分级，价格最初类比于碧玉、白玉，在京城为权贵阶层所喜好后，价格逐步远远高于其他玉种，成为玉石之冠。"② 2008 年，丘志力、吴沫等在《从传世及出土翡翠玉器看我国清代翡翠玉料的使用》一文中，通过新发现的广州海关玉石进口记录，推断出我国清代已通过进口大量使用翡翠原石为材料制作玉器；在考证国际著名拍卖公司拍卖的清代翡翠制品中，推断出："清代翡翠材料的使用以高质量翡翠为主，与当今流行玉材使用有一定差别。通过以上两点确定翡翠具有明显的投资价值。"③

（二）翡翠的资源状况研究

2014 年，王文景在《滇西缅北宝玉石资源分布和开发现状》一文中提道："滇西缅北是一个宝石带，出产的主要宝石矿物有红宝石、蓝宝石、玛瑙、玉髓（黄龙玉），并且缅甸北部的勐拱是宝石级翡翠唯一产地；提出要在地质勘探资

---

① 杨伯达. 勐拱翡翠流传沿革考[J]. 中国历史文物，2005（3）：4-17.
② 杨伯达. 从文献记载考翡翠在中国的流传[J]. 故宫博物院院刊，2002（2）：12-24.
③ 丘志力，吴沫，谷娴子，等. 从传世及出土翡翠玉器看我国清代翡翠玉料的使用[J]. 宝石和宝石学杂志，2008，10（4）：34-38.

料完备,资源储量清楚的前提下,以环境保护为前提的情况下合理开发,善加利用。"① 2005 年,邹怀强讨论了历史上腾冲与缅甸的翡翠开发和贸易关系:"以翡翠贸易为例,从历史发展的角度说明腾冲乃至于中国与缅甸的商品贸易随着中缅两国的外交关系而发生变化,时至今日,翡翠玉石出口已经成为缅甸的第二大经济支柱,更推动了缅甸北部交通和腾冲及周边城镇的发展。"② 2015 年,丘志力讨论了宝玉石资源定价权形成及其价格传导机制,认为"部分贵重宝石资源钻石、红蓝宝、翡翠等具有金融属性和投资属性,并从战略矿产资源及大宗商品研究的视角分析出我国严重依赖进口的矿产资源的定价权归纳为资源垄断模式,对其价格形成及传导机制进行深入研究,有助于掌握其价格及其变化规律"③。

(三) 翡翠检测及分级情况研究

2010 年,李济提出:"翡翠的鉴定与价值评估需要使用红外光谱等手段对其成分、晶体形态、分子结构、物理性质等进行品种、品质鉴别,还要从种、水、色、包裹体、质量大小、工艺等方面分级,进而进行价值评估,从而确定价格。"④ 2009 年,孙静昱等探索翡翠的量化方案认为:"传统的评估方法依赖的是评估人员的经验与眼光,具有很大的人为因素,使用拉斐尔法判断翡翠各因素权重,判定'因素重要程度',与市场价格相对比,修正参考价格,从而部分给出价格指数。"⑤ 2009 年云南省地方标准《翡翠饰品质量等级评价》(DB53/T 302—2009)引入权重概念,"从量化的角度,用数据来评定翡翠的质量,就可以从专业的角度清楚的区分翡翠的不同的档次"⑥。2009 年中华人民共和国国家标

---

① 王文景. 滇西缅北宝玉石资源分布和开发现状[J]. 中小企业管理与科技, 2014 (22): 118-119.

② 邹怀强. 历史上腾冲与缅甸的翡翠开发和贸易关系[J]. 学术探索, 2005 (6): 130-133.

③ 丘志力. 宝玉石资源定价权形成及其价格传导机制——基于战略矿产资源及大宗商品研究视角的分析[J] //中山大学地球科学与地质工程学院, 中山大学宝玉石研究鉴定(评估)中心. 2015 年中国珠宝首饰学术交流会议文集, 2015: 361-367.

④ 李济. 翡翠的鉴定与价值评估[J]. 山东国土资源, 2010, 26 (1): 11-14.

⑤ 孙静昱, 胡爱萍, 李红军, 等. 翡翠评估价格的量化探索[J]. 资源调查与环境, 2009, 30 (11): 72-78.

⑥ 云南省质量技术监督局. 翡翠饰品质量等级评价(DB53/T 302—2009)[S]. 北京: 中国标准出版社, 2009.

准《翡翠分级》（GB/T 23885—2009），界定了翡翠的定义及分类"为天然未镶嵌磨制抛光翡翠、天然未镶嵌及镶嵌抛光翡翠分级"[①]。2010年，王雪冬在《翡翠国标能帮多大忙》的采访报道中表示，消费者和从业人员都盼望有统一的行业分级标准，然而在分级标准颁布实施后仍然有许多实际问题亟待解决，即分级与价格的形成机制仍未形成，价格运行机制仍未建立，要以国家、地方两级标准指导翡翠统一定价，仍然有很长的路要走。2015年，施加辛在《关于翡翠鉴别标准问题的讨论》一文再次就翡翠鉴别标准问题进行探讨并认为："翡翠鉴别标准仍然落后于市场需求，并对翡翠定义、命名等进行新的诠释。认为新的定义与其总结出来的5C2T新定级标准更能体现翡翠的价值，从而使翡翠的统一定价成为可能。"[②] 该文最后建议有关部门与缅方合作，重新考察、核实缅甸翡翠矿区地质资料，实现资源有效管控。

（四）翡翠市场及原料供应情况研究

2014年，包德清讨论了翡翠原石交易与翡翠市场发展趋势认为："以翡翠原石投标为主要手段的缅甸珠宝玉石交易会即"公盘"控制了绝大部分翡翠原料的供应，兼部分玉商为了自身利益采用违规行为哄抬价格，造成价格大幅上扬的现象。为促进翡翠行业的良性发展，应规范翡翠原石交易，加强监管，重新激活市场活力。"[③] 2009年，戴铸明对行业瞩目的缅甸"公盘"予以详细介绍：缅甸"公盘"的全称为"缅甸珠宝玉石交易会"，是以公开拍卖的形式进行珠宝玉石原料的交易，"其中以翡翠原石交易为主，其组织和控制者是缅甸政府。缅甸'公盘'始于1964年，主要目的是控制税款，自2003年开始，缅甸政府规定所有玉石场口出产的玉石原料必须经过'公盘'交易才能出口，此举完全控制了翡翠原料的供应，造成翡翠原料价格急剧飙升，进而影响成品市场翡翠价格，引发新的一轮投资热潮"[④]。他最后建议，面对"公盘"这种贸易方式，国内投资

---

① 中华人民共和国国家质量监督检验检疫总局，中国国家标准化管理委员会. 翡翠分级（GB/T 23885—2009）[S].北京：中国标准出版社，2009.
② 施加辛. 关于翡翠鉴别标准问题的讨论[J].云南地质，2015，34（1）：22-32.
③ 包德清. 从翡翠原石交易看翡翠市场的发展趋势[J].宝石和宝石学杂志，2014，16（15）：81-83.
④ 戴铸明. 行业瞩目的缅甸"公盘"[J].宝石和宝石学杂志，2009，11（2）：55-57.

者应该保持理性,并呼吁政府相关部门加强监管。

(五) 翡翠价格形成研究

1989年,许世新认为:"珠宝玉石原料价格与成品的价格比例,在国际市场保持在1 5左右,是较为经济的,其中税收、工资、经营管理费、生产成本等环节耗费较大,是造成价高的主要原因。"① 2012年,周维丽、高伟在《翡翠的玉文化及行业文化特征对其分级的指向性》一文中指出,"翡翠玉石玉文化影响深远,在分级及市场定位中一定要考虑文化因素,但2009年发布的国家标准中文化因素考虑较少,导致国标的应用性减弱。应该在与市场结合的过程中加大对于文化的发掘与提炼,更好的指导行业的发展"②。2012年,戴铸明在《经济发展大趋势和市场规律决定翡翠价格走势》一文中细谈了翡翠价格的变化,他提道:"翡翠价格的上涨可以分为4个阶段,20世纪七八十年代为价格大幅上涨时期,1990—1994年处于价格下降、调整、平稳上扬时期,1994—2004年为价格飙升时期,2004—2012年为资本带动价格平稳上升时期,并分析各时期价格涨落与我国整体经济发展的关系与趋势。"③

(六) 翡翠产业发展及政策研究

2005年,张丽萍呼吁出台有力政策规范珠宝价格,在北京许多商场采用高标价、低折扣、返代金券等手段吸引顾客,针对这一价格乱象,其呼吁:"宝玉石协会、工商局、发改委等部门出台相关法规,规范价格,稳定市场秩序。"④ 2010年,孙丽丽、葛虹等以淘宝网现代翡翠手镯拍卖数据为例进行在线拍卖成交价格影响因素的实证研究。研究运用偏相关以及多元逐步回归分析方法,实证分析了网络交易各影响因素及其重要程度,得出结论:"起始价格是重要因素、鉴定证书、消费心理、消费人群、卖家服务等因素同为次重要因素,丰富了在线

---

① 许世新. 宝玉石成品与原料的价格关系[J]. 矿物岩石地球化学通讯,1989 (3):201-202.

② 周维丽,高伟. 翡翠的玉文化及行业文化特征对其分级的指向性[J]. 中山大学研究生学刊(自然科学与医学版),2012 (2):22-29.

③ 戴铸明. 经济发展大势和市场规律决定翡翠价格走势[J]. 中国宝玉石,2012 (2):82-89.

④ 张丽萍. 出台有力政策 规范珠宝价格[N]. 中国黄金报,2005-08-19.

拍卖价格理论"①，并提出相关政策性建议。2013年，杨自文认为金融创新是解决高端翡翠流通的最佳途径，他指出："100万元以上的高端翡翠，目前处于有价无市的尴尬境地，变现困难，使企业缺乏流动资金，发展无力。提出创新金融模式，解决翡翠行业流动资金难题的建议。"②

四、文献研究评述

本节对于翡翠价格研究涉及的基础理论做了综述。在马克思主义经典作家的理论中，价值价格理论、生产价格理论、地租理论、价值规律、珍稀资源价格理论为探究翡翠价格的本质和形成机理奠定了理论基础；西方经济学的均衡价格理论、效用理论、相对价格理论、泡沫经济理论则对解释现实中的一些经济现象提供理论基础；消费者风险控制理论则为本书提供了部分理论基础；在对符号价值理论批判认识的基础上，对翡翠价值的本质的认识有一定的帮助；从消费经济学理论的视角分析我国当前的消费市场，对分析翡翠价格和产业发展选择有一定的借鉴价值。

通过对国内外价格理论前沿的梳理可以得出两个结论：一是随着现代数学、计算机技术的发展，以一定的经济理论和统计资料为基础的计量经济学开始发展起来，价格研究广泛的使用数学模型已经成为一种趋势；二是国内价格理论研究的重点仍是完善主要由市场决定价格的机制，建立更加完善合理的价格调控体制，以增强国际竞争力，改善民生。

笔者关于翡翠价格的专门研究主要从翡翠的流传及应用历史、翡翠的资源状况、翡翠检测及分级情况、翡翠市场及原料供应情况、翡翠价格形成、翡翠产业发展及政策等方面进行，资料相对丰富，并且应用珠宝玉石价值评估理论对珠宝的市场价值和非市场价值研究已经较为成熟，运用层次分析法研究珠宝定价指标体系已有先例，但是对翡翠价值的本质的剖析、翡翠产业中的生产关系、翡翠价格成因、翡翠价格机制、翡翠交易平台等方面未有研究文献，翡翠价格系统研究依然缺失。

---

① 孙丽丽，葛虹，冯玉强. 在线拍卖成交价格影响因素的实证研究——以淘宝网现代翡翠手镯拍卖数据为例[J]. 信息系统学报，2010（1）：34-42.
② 杨自文. 金融创新：解决高端翡翠流通的最佳途径[N]. 云南经济日报，2013-12-31.

第三节　研究的思路与主要内容

一、研究思路

首先，运用文献研究方法，从中国翡翠产业发展的历史、成就和问题着手，提出翡翠价格问题以及由此引发的社会经济问题；从翡翠的历史文化、中缅合作与交流中的翡翠、翡翠产业发展的现状、翡翠产业在国民经济中的地位和价值、通过实地走访及抽样调查访谈，发现翡翠产业当前存在原料问题、产品质量问题、定价问题、流通监管问题、产品审美和创作问题、资本流动问题、财税贡献问题、行业负能量问题等现实问题。

其次，在马克思主义视阈下，运用其方法论对中国翡翠的特性、价值及其本质进行探索。通过了解翡翠的自然属性、文化属性、商品属性、符号价值探索翡翠的价值本质和翡翠产业在国民经济发展中的方向选择。

再次，对中国翡翠价格的形成进行理论探析。一是对翡翠价格形成的理论基础进行详述；二是对翡翠价格形成的机理和机制进行深入分析。

最后，提出建立和完善中国翡翠的定价机制和体系的思路。从完善原料的国际合作机制和体系、完善产品加工和流通中的艺术分类及质量监管机制和体系、政府干预下行业协会引导的企业自主定价机制和体系等三个方面提出解决方案。

二、主要内容与研究框架

（一）主要研究内容

第一章绪论。本章提出了研究的背景、研究的理论意义和实践意义，为翡翠价格研究的必要性和重要性做出解释。通过对价格理论的形成、价格理论研究前沿、国内外价格理论研究现状、翡翠价格相关研究现状进行综述，探寻翡翠价格研究的理论支撑，以此展开研究的前提和切入点；对论文的研究思路、研究方法、研究的重点、难点和可能的创新点进行了说明。

第二章中国翡翠产业发展的历史、成就、问题和产业发展的选向。本章为全书提出问题的章节，明确了后续章节展开及分析的目标。通过对翡翠的文化渊源及其现实意义、翡翠在中缅交流与合作中的重要意义、翡翠产业发展现状、翡翠在国民经济中的地位和价值以及在产业发展中存在的几个方面的问题的探讨，得出翡翠价格难题是当前翡翠产业面临困境的突出因素。

第三章进一步展开分析中国翡翠的特性、价值及其本质，探讨中国翡翠价格形成的理论。本章为问题部分的展开，分析了翡翠的自然属性、文化属性、商品属性和符号价值，从而为在马克思主义价格理论视阈下分析翡翠的价值及其本质、价格的实现和翡翠产业在国民经济发展中的方向选择奠定基础。其中，本章的第三节为全文方法论和理论基础部分，重点对马克思主义价格论和西方经济学价格理论进行介绍，参考符号价值学理论、消费经济学理论、资源稀缺性理论等对翡翠价格形成的机理和机制进行深入分析。

第四章为翡翠价格波动于价格影响因素的分析。本章对翡翠市场和价格形成的历史进行回顾，对翡翠价格现状进行描述，进而分析翡翠价格长期和短期波动的特征；从翡翠的生产价格的实证入手，分析翡翠价格波动的机理和影响因素，探索翡翠价格波动的主要影响因素和后果。

第五章为翡翠价格形成机制研究。本章依照价格机制理论，对比资源类、文化艺术品类、钻石、黄金、烟草等产品的价格机制，确立翡翠价格机制应该是"市场主导，政府引导"的机制，进而分析翡翠价格形成的机理，提出翡翠价格形成机制的形式。

第六章叙述了翡翠价格调节机制的具体化和实现路径。通过完善原料的国际合作机制和体系、完善产品加工和流通中的分类、分级及质量监管机制和体系、政府干预下行业协会引导企业自主定价机制和体系，实现翡翠产业良性健康发展，为全文研究目标的实现画上句号。

（二）研究框架

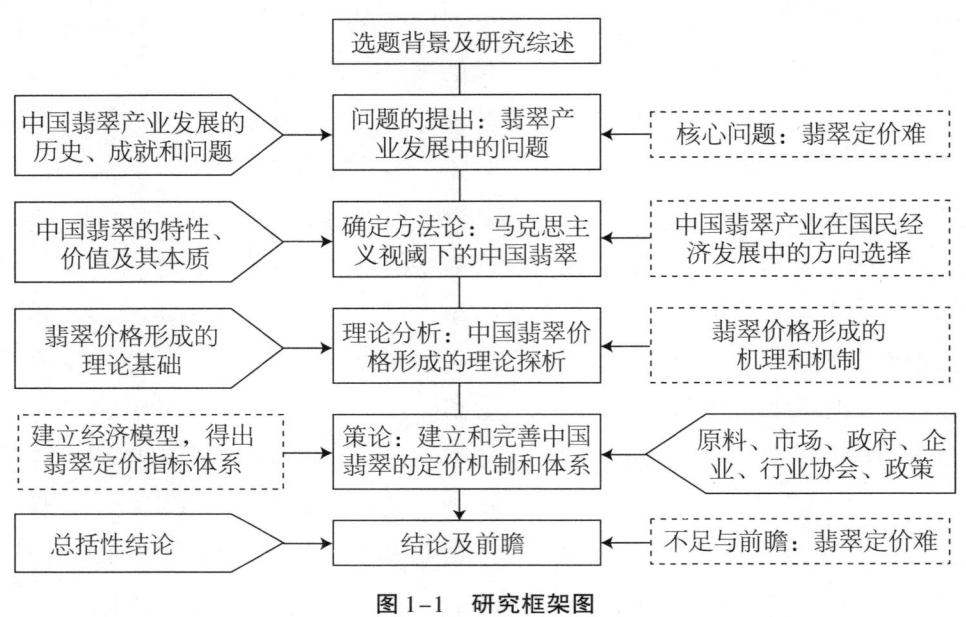

图1-1 研究框架图

第四节 研究方法

一、文献研究法

通过利用校外图书馆、知网、现代媒体、访谈等手段，收集、整理相关文献，对翡翠的物质属性、市场状况、前景、价格、当前面临的问题等事实形成科学的认识。文献研究法经历5个基本的环节：一是提出研究翡翠发展历史上一直未能完全解决的价格问题，确定其是可知的；二是进行研究设计；三是开始查阅文献、整理文献，对文献分类进行综述；四是依照现有的理论进行研究构思；五是确立研究目标，从而开展研究。

二、规范研究与实证研究相结合的方法

在对翡翠价格形成机制研究上，需要从理论上回答影响翡翠价格的主要因素

与相关理论,即回答经济现象"是什么"的问题;但是在涉及翡翠的定价方法研究时,需采用实证分析方法,通过假设一个或多个条件出发,分析市场经营主体的经济活动,建立数学模型,通过数学运算做出后果预测,可以发现经济现象背后隐藏的内在规律,从而解决"应该怎么办"的实际问题。

三、定性研究与定量分析相结合的方法

定性研究是尽可能多地收集与翡翠相关的资料,诸如市场规模、产业链、政策法规和从业人群等,通过与被研究对象进行互动,使用归纳法分析价格形成理论,从而对其行为和意义的解释性理解。定量分析是对翡翠产销量、价格和市场规模等可以量化的部分进行测量和分析,用以检验定性研究所推断出的价格形成理论、定价机制等的研究方法。具体方法包括层次分析法和德菲尔预测法。

四、调查研究的方法

调查研究主要采用了实地走访考察方法和抽样调查访谈方法。

实地走访考察方法。没有调查就没有发言权。因此,为了掌握翡翠交易中价格以及影响价格因素的第一手材料与真实数据,作者走访了多家翡翠交易市场和翡翠专卖店,并对考察的对象进行详细记录。

抽样调查访谈方法。在考察多家翡翠交易市场和翡翠专卖店的过程中,选择一些具有代表性和典型性的商家进行访谈,访谈内容包括翡翠当前的价格、近几年的价格波动、成交量以及影响价格的一些现实因素等等,并对访谈内容进行详细记录。

第五节 重点、难点和可能的创新点

一、重 点

本书的重点部分:一是运用马克思主义的价格理论与研究方法,找出翡翠价值的本质、价值与价格的决定以及影响因素;二是运用西方均衡价格理论,探究翡翠价格的微观影响因素;三是对翡翠价格问题引发的再次分配问题、税收问

题、市场管理、产业定位问题进行深入分析；四是提出建立翡翠原料要素交易市场，掌握定价主动权，优化监管机构，实施价格保险制度，规范市场行为，为翡翠产业健康良性发展奠定理论基础，为"一带一路"倡议提供支点。

二、难 点

一是翡翠鉴定难、分级难一直是难以建立完善的价格机制的难点；二是收集数据难，翡翠行业价格一直不透明，许多交易信息都是行业内部资料，需要通过长期的收集、积累、整理；三是可参考、借鉴的理论、文献并不多，系统研究翡翠价格问题的相关文献较少，给研究带来一定难度；四是属跨学科、跨专业研究，需要具有丰富的知识储备，收集样品信息难度极大，请专家评分也有一定难度。

三、可能的创新点

一是详细阐述了翡翠市场的历史及现状，为以后的学术研究提供资料依据。通过对昆明、广州、瑞丽、腾冲等地的市场、加工基地、经营企业、从业人员等的实地走访考察、抽样访谈调查掌握了翔实的第一手数据，内容全面系统，数据丰富具体，具有一定的学术参考价值。

二是运用现有经济学理论阐述了影响翡翠价格的主要因素、次要因素以及翡翠价格波动的机理，为同类型商品价格研究提供了研究的蓝本，具有一定的借鉴价值。

三是建立了具有科学性、实用性、可操作性的翡翠定价指标体系，构建了翡翠价格形成机制和调控机制。本书提出的翡翠定价指标体系和合理投资与理性消费的消费者对照系统，可以为企业自主定价提供理论支撑，解决企业生产、销售、制定企业发展规划问题；还可以为法院、海关、边检部门，银行、资产评估等部门，以及保险公司、拍卖行、投资者、消费者等进行评估、清算、征税、理赔、收购、抵押等经济行为提供理论支撑，使翡翠具有可流通性，实现翡翠的赋税功能、金融功能、财富功能。

四是提出构建"在政府（税收）干预下行业协会引导的企业自主定价"的中国翡翠价格治理机制和体系的主张，为中国翡翠产业以翡翠身份识别为基础的价格治理与政府干预相结合的国际化、现代化翡翠产业发展模式提供政策建议。

第二章　中国翡翠产业发展的历史、成就、问题和产业发展的选向

第一节　中华文化中的翡翠

一、翡翠文化概念的出现

"翡翠"一词是多义词，大体有四种含义：一是鸟名，指翡翠鸟；二是指颜色，翡翠鸟羽毛艳丽多彩，红、蓝、青、绿、紫相映生辉，娇艳动人，古人多以翡翠称美丽的颜色，如翠色、翡色；三是指饰品，因古人常将翡翠鸟羽用于装饰，如翡帷、翠帐、金翠、翠华、翠翘、翡翠衾、金翡翠等，说的都是翡翠羽毛饰品；四是将拥有翠色和赤色的美玉称为翡翠、翡翠玉，后专指缅甸出产的硬玉。以上说法在我国许多文学典籍里都有记载，例如东汉许慎的《说文解字》关于翡翠的解释为："翡，赤羽雀也。翠，青羽雀也"；楚国屈原在《楚辞·招魂》里写的"翡翠珠被，烂齐光些""翡帷翠帐，饰高堂些"，就是使用翡翠的羽毛与珠玉一起装饰被服、帷帐等生活用具；东汉班固《西都赋》则曰"翡翠火齐，流耀含英。悬黎垂棘，夜光在焉"，用于描述当时堂皇奢华的皇宫，在这里"翡翠"一词与火齐、悬黎、随侯珠等珠宝玉石并称，开始将玉称为翡翠。

随着社会生产力的进步，使用翠鸟的羽毛来装饰物品、制作饰品的现象逐渐消失，而其用于形容美丽颜色的功能则一直保留了下来，如形容嫩绿的颜色会用"青翠欲滴"，见到碧绿的玉石会称为"翠玉""碧玉"等。渐渐地，"翡翠"一词成了一种文化概念，其演变逻辑大体可以推演如下：发现一种羽毛美丽的鸟，称"翡翠"→将鸟的羽毛用于装饰，称为"点翠"→将类似于用鸟羽装饰过的饰品称为"X翠""X翡翠"等→称绿色玉石为"翠玉"，而红色和绿色同时出

现的玉石称为"翡翠"。从而，历经2000多年，"翡翠"成了玉的代称。

二、翡翠文化的确立

在珠宝玉石规范分类名称中，硬玉是矿物名，翡翠是玉石名。翡翠玉石的定名有多种说法，根据缅甸、中国的传说及学者考证，本书总结出至今较为可信的有以下两种：

其一，联想自鸟类名称。古时人们常用翠鸟鲜艳的羽毛进行装饰，将翠羽粘在器物上做装饰，称为"点翠"，还将或绿或红的石头喻为"翡翠"以示其美丽。当人们发现产于明万历年间永昌府的勐拱、密支那地区，经腾冲、大理至昆明流入中原的"翠生石"既有深邃碧绿的翠色，其皮壳因铬（Cr^{2+}）、铁（Fe^{2+}，Fe^{3+}）致色离子的作用又显现出鲜艳的红色这一特有的矿物性质，进而联想到"翡翠"这一历史名词，久而久之，人们就接受了这一玉石名称，称这种玉石为翡翠。

其二，源于"非翠"谐音。中国玉文化历史悠久，以中原文化为主体的中化民族文化历经上千年，融合西域、百越、古滇、古印度、古暹罗等文化而形成。

中原玉文化以今天考古发掘的出土玉料来看，无论是"良渚文化"还是"红山文化"皆属新石器时代晚期，以陕西蓝田所产"蓝田玉"、河南的"独山玉"等为主，皆因其因水流搬运，多采于河床砾石中，其造型古朴，工艺及线条粗犷，颜色以白、绿、蓝、黄、紫、红间杂色反映出当时的加工能力与工艺水准；春秋及战国时期随着社会生产力的发展，社会分工的初步形成，出现专门的玉器作坊，这一时期随着儒家思想的出现，玉料以纯洁无瑕、单色为尊崇，与人的品行道德联系在了一起，蔺相如的智慧体现在一句"璧有瑕，请指示王"而完璧归赵。

及至汉唐，打通西域及东北部沿海，产于新疆的和田玉、产于辽宁的岫玉开始进入中原玉文化用料范围，和田玉及碧玉、岫玉皆以其温润、细腻、色纯且丰富而受到普遍重视；又因社会生产力进一步发展，社会分工进一步细化，逐步出现了坑采、井采、石包玉、河磨玉等采矿技术，原料供应充足，"四大名玉"渐渐形成，尤以纯白、纯绿为上品，羊脂白玉称为"真玉"（谐音"珍玉"），绿色者称为"碧玉""翠玉"。这一时期偶有北方周墓、汉墓出土少量硬玉，经鉴定

第二章　中国翡翠产业发展的历史、成就、问题和产业发展的选向

为今之翡翠，"专家推断其来源为今俄罗斯及哈萨克斯坦所产，通过北方古丝绸之路过来，以及日本产翡翠通过海上及朝鲜进入中国内地，史料无专门记载"①。

北宋时，金石学兴起，宋、辽、金玉器空前发展，尤其以北、南宋两朝城市经济大繁荣，玉器开始进入市民阶层，其工艺相对成熟，造型开始生活化、世俗化，玉料仍以"四大名玉"为主。元朝两次征服缅甸，带回大量珍宝玉石，其中就有以硬玉为材料制作的器物，然而并未引起重视，但"元朝开滇"，设置腾越府，强征大批边民、军人、商贾、地方官员开发缅北地区，为硬玉材料的开发和使用奠定了社会基础。早在公元前8世纪就有南方丝绸之路古称的"蜀身毒道"，已经连通阿富汗、印度、缅甸、尼泊尔等国。明朝统一后，加大对腾冲以西地区的开拓，史称"三征麓川"，当时华人在勐拱所属野人山（帕岗）发现多处玉矿，开始设厂采矿运至腾冲等地加工，并通过南方丝绸之路的"茶马古道"运到昆明、成都等地销售，仅有部分作为"滇省藩篱"的勐拱赠德土司作为贡品进贡明皇室，至此中原硬玉材质的玉石渐多，逐步为人所识，此时硬玉材质色虽碧绿，但因其硬度、光泽、透明度与传统碧玉相区别，故名为"非翠"，民间称为"翠生石"，以与新疆的碧玉、辽宁的岫玉、陕西的蓝田碧玉相区分。明中叶，明朝廷派太监驻守腾冲，专事采购珠宝玉石，在密支那—腾冲一线设置"玉石路"，供朝廷享用。清乾隆年间，国力达到全盛，且因乾隆嗜好玉石，上行下效，加之满蒙大都信奉佛教，一时之间官员顶戴翎管必以红翡为料，朝珠、扳指必以绿色翠生石为料，此时"非翠""翠生石"正式被定名为"翡翠"，因绿色硬玉与红色硬玉不能分开，合在一起才能称"翡翠"。

对于以颜色鲜艳的鸟名与玉石颜色对应而命名的说法，是对人类社会发展的一般规律的认识，体现了人类认识自然，进而随着生产力的发展而推动社会发展的方式，属于对唯物史观比较浅陋的认识和运用。

对于以"非翠"谐音而定名翡翠的历史过程的分析，是站在历史发展的时间线索上，对社会生产力以及由生产力决定的生产关系做了科学的分析。翡翠的定名，实则为社会各阶层的话语权的一个注释，也是不同阶层利益诉求的博弈，推动了阶级社会的发展，合乎逻辑与历史相统一的方法，是唯物史观分析问题的

---

① 摩休．摩休识翠：翡翠鉴赏、价值评估及贸易[M]．昆明：云南美术出版社，2006．

成熟运用。同时，也是翡翠文化确立的标志。

三、翡翠短期内形成巨大的影响力

2002 年，杨伯达通过大量古籍文献考证翡翠的流传、定名、价格等，认为"民国地质学家章鸿钊所著《石雅》分析汉时以'翡翠'指玉者较为公允，但其矿物来源无考古实物支撑；《后汉书》所记载中原王朝与缅甸掸国发生联系是真，但进贡'珍宝'含翡翠却无从考证"[①]；宋欧阳修《归田录》所载翡翠玉罂及翡翠盏曾为内廷收藏，但经清学者唐荣祚考证所述与今翡翠物性甚不相合，不足采信；明徐霞客《徐霞客游记》所记翠生石，提供了明代晚期有关翡翠的名称、产地、分类、碾治、工价等线索，较为可信；清廷内务府造办处的档案资料可确证缅甸所产翡翠大量进入内廷，最早记录见雍正十年（1732 年），其名称为"永昌碧玉""云南玉""滇玉"，正式名为"翡翠"始于乾隆三十六年（1771 年），翡翠由石进到玉；纪晓岚《阅微草堂笔记》记述了乾隆—嘉庆年间，京城翡翠价格上扬的情况，在这五六十年间，翡翠价格远出于真玉之上，成为"珍玩"，虽因传世时间不长，文化底蕴尚属浅薄而不被文人收藏家青睐，但却广泛受到皇室、贵族、富商、士绅赏识；及至清末，清王朝处于风雨飘摇之中，北方玉路不畅，其他玉种产量有限，缅甸所产翡翠陆路经腾冲、大理、昆明运至北京、上海、天津等大城市，水路经广州海关进入，进一步加大了翡翠玉石毛料进入数量，迅速得到包括清廷实际统治者慈禧等权贵的垂爱，这一时期翡翠制玉工艺迅速发展，需求旺盛，价格飞涨。

2008 年，丘志力、吴沫等通过对广州海关清同治、光绪（1873—1878 年）年间玉石进口记录的考证，结合博物馆、拍卖会等流传、出土翡翠玉器的考证，从资源开发、材质特征等方面得出结论："翡翠在这一时期通过进关口岸玉料数量相当巨大，材质与现代使用有一定差别，但高质量翡翠比例并未明显变动。"[②]

通过以上学者对翡翠作为新兴玉种的考证，确信翡翠虽发现的时间可能早于 600 年，但人类对事物的认识是具有历史过程的：从发现到使用翡翠不但要具备

---

① 杨伯达. 从文献记载考翡翠在中国的流传[J]. 故宫博物院院刊，2002（2）：12-24.
② 丘志力，吴沫，谷娴子，等. 从传世及出土翡翠玉器看我国清代翡翠玉料的使用[J]. 宝石和宝石学杂志，2008，10（4）：34-38.

发现大量蕴藏的矿区这个物质条件外,还要具备大批技艺出众的能工巧匠,一批能认识其价值的强力推动者。在过去 600 多年的岁月里,相对于数千年的中华玉文化而言是极短的,其被清王朝主流社会认可成为新兴玉种不过短短 200 多年,却在清末、民国及当今成为中华玉文化的代表,成为中华文化圈普遍认可的"玉石之冠"绝非偶然,对翡翠及其他玉石的研究、观赏、收藏、贸易等方兴未艾,意义深远。

四、翡翠文化价值源于中华玉文化

2005 年,邹怀强为考证翡翠产地,分析了腾冲与缅甸的翡翠开发和贸易历史①。结合古籍《腾越州志》与缅甸学者吴丁埃博士所著《宝石》一书,"确认翡翠最初发现与开采始于今缅甸北部克钦邦,范围在东经 25°28′~25°52′和北纬 95°7′~95°24′之间的地区内,这一地区在中国被称为'野人山',其部分地区曾被中国封建王朝明朝所控制,归属腾越管辖(设境外军民宣慰司),因而其所产玉石曾被称为'腾冲出碧玉'"②。关于翡翠的开发历史,邹怀强依据腾冲人尹子章、尹梓鉴所著《芸草合编》(1943 年)及实地勘测矿坑挖掘的程度和历史痕迹判断翡翠正式开采应在明朝成化年间(1465—1487 年)。

关于翡翠最早发现与使用并无确切史籍记载,仅以缅甸、腾冲等地的民间传说为佐证。其一为缅甸土司路过雾露河,发现一玉石形似鼓状,遂取回,并筑一城名称"勐拱"(意即鼓城),其从者亦多从河中捞取绿色石头,打磨为圆珠与玛瑙、珊瑚、琥珀等镶嵌在金银器上,以作装饰;其二为 13 世纪在西南丝绸之路行走的驮夫,为平衡马驮两边的重量,在返回到腾冲途中,在今天缅甸勐拱地区随手拾起路边的石头放在马驮上,回家后才发现是一块翠绿色的石头,似乎可以作为玉石,经匠人打磨,果然碧绿可人,遂卖与富商,后又多次入山寻回绿色玉石出手,在当地逐渐形成产业③。

若采信以上传说证明翡翠的最早发现和使用者并不严谨,但与传说记载的地

---

① 邹怀强. 历史上腾冲与缅甸的翡翠开发和贸易关系[J]. 学术探索,2015(6):130-133.
② 杨伯达. 从文献记载考翡翠在中国的流传[J]. 故宫博物院院刊,2002(2):12-24.
③ 故事源于英国学者 W. Warry 的记述。

点离现今的翡翠主矿区均不远，且与翡翠原料的"水石"存在方式与采掘方式一致。采用历史与逻辑相一致的观点来看，可以得出以下两个结论：

一是翡翠原石的表面一般包裹着一层坚硬的氧化层外壳，由于水流的搬运作用，会出现在离矿区不远处江河的下游，并且会因为相互碰撞将表面的外壳磨去，露出里面碧绿的玉石来，被当地居民发现后认为其美丽，就进行加工，至今仍然有这样的找玉方式，称为"捞水石"，并且"水石"的质量一般极高，因为只有结构致密的翡翠原料才不会在多次的碰撞中损坏，多为玻璃种或冰种，颜色一般也多为满绿色或接近透明的无色品种。当然这样的"水石"也是极少的，那个幸运的驮夫在发现玉石后，卖了好价钱，循着第一次发现的地方沿水流方向向上寻找，可能发现了裸露在地面的矿床。在腾冲当地的传说中，就有当地玉石富商家族的发迹是其祖上在河边找到翡翠"水石"循水流来路找到矿床，且将地点作为家族绝密而世代富裕的说法，并经今人考其家谱而确证。以此推理，首先发现和使用翡翠的人其一应为当地土著居民，其二为从中原经商至腾冲的汉人。

二是因元朝曾经入主中原，带来了红、蓝宝石等宝石文化，缅甸历史上就出产高质量的红、蓝宝石和其他宝石，西南丝绸之路的玉石匠人就陆续集中在了边境重镇腾冲，带来了中原珠宝玉石的加工技艺，为翡翠的认识和使用创造了人文条件。随着捞掘、开采到的翡翠毛料越来越多，在腾冲逐步兴起了就地取材的翡翠加工行业。随着对翡翠认识的逐步加深，大量的玉石工匠从北京、杭州、南京等地涌入，传承数千年的中华玉文化开始在这里传扬。由于战乱、清王朝覆灭，北方玉石主产地新疆玉路逐步断绝，岫玉、蓝田玉、独山玉等产量有限，翡翠逐步由石上升为玉，逐步被主流文化所认可，成了中华玉文化的代表。

第二节　中缅交流和合作中的翡翠

一、翡翠"缅甸身，中华情"的中缅胞波情与文化共通

翡翠原料的主产地现归于缅甸的克钦邦的帕岗，距离中国最近的县城腾冲仅100余千米。在翡翠被发现到大量开采，继而成为玉石之冠的600余年中，翡翠

第二章　中国翡翠产业发展的历史、成就、问题和产业发展的选向

虽产于缅甸，实则魂在中华。

翡翠文化概念源于中华文化，在缅甸等国并无翡翠文化概念。在边境城市瑞丽，缅甸人开设的珠宝店面招牌上，依然写着"来自勐拱的绿色石头"，而并未使用"缅甸翡翠"；在日本冲绳等地考古发掘出现过以翡翠为原料制作的"钩玉"，然而材质粗陋，结合冲绳地区有少量钠长石矿藏，经日本学者考证定义为"硬玉"，也无翡翠文化概念。由此可见，翡翠文化概念源于中华文化，是中华玉文化的传承，其魂在中华。

翡翠的鉴赏、收藏、佩戴、加工、经营的主体为华人。一段时间内，华人掌控了缅甸翡翠矿山的开采经营权，在边陲重镇腾冲有一著名的侨乡——和顺乡，其先辈们就是凭借中国人特有的智慧和勇气，到缅甸挖玉、经营玉而发展起来，富甲一方。和顺人以玉石为财富载体，发扬中华文化，建立起了第一个乡村图书馆。

翡翠"缅甸身，中华情"，实则是中缅人民之间的胞波情谊的文化纽带。"胞波"一词系缅文音译，意为"亲戚，同胞"，是缅甸人民和中国人民之间亲切的称呼。早在1956年，周恩来总理与缅甸总理吴巴瑞共同缔造了中缅之间兄弟般的友谊，亲切地互称"胞波"。从2000年开始，每年的4~5月期间，瑞丽、畹町、木姐、南坎、九谷等中缅城市联合举办"中缅胞波狂欢节"。"2020年1月，习近平总书记访问缅甸期间，发表署名文章《续写千年胞波情谊的崭新篇章》，多次提到'胞波'一词。"① 在中缅文化共通的历史进程中，翡翠"缅甸身，中华情"加深了中缅文化的交流，以一种和平友好的方式打开国门，并在抵抗英国殖民主义的掠夺时同仇敌忾，共同捍卫中缅人民的合法利益。

二、"玉出云南"与"玉回云南"的中缅地缘经济

云南是中缅交流合作的桥梁与通道，也是翡翠贸易绕不过去的地理标识。

云南是与缅甸直接接壤的中国内陆省份，在明、清两朝时期，翡翠的唯一去向是经云南向中原朝廷进贡，后逐步形成民间贸易；民国至20世纪50年代前，缅甸北部出产的翡翠原料，源于地缘的优势，几乎全部经云南腾冲集散和加工，

---

① 孙浩. 习主席新年首访缅甸，这个独一无二的词再升级！[N/OL]. 新华网，2020-01-17.

再转运至其他省份销售。可以说，"玉出云南"是中华文化圈玉文化的传承与发扬的又一大地理标识，其影响力达 500~600 年之久。在这悠久的历史阶段，文化的交流带来了经济的发展，缅甸政府、英国殖民者、华商、华人消费群体、中国政府均成了经济行为的参与者。

然而，在 20 世纪 50~80 年代的 30 年间，由于国情，国内翡翠贸易与交流基本断绝，造成了缅北翡翠原料通过泰国仰光集散出海，辗转到达中国香港和台湾，以翡翠为主导产业造就了香港和仰光亚洲珠宝中心的国际地位。

20 世纪 80 年代初改革开放拉开大幕，云南德宏州全境开放为边境贸易区，翡翠原料大量进口，瑞丽成为东南亚最大的边境毛料集散地，一时之间商户云集，加上云南旅游业的快速发展，"买玉到云南"成为这一阶段的时代音符。

2000 年以后，缅甸政府为加大税收的控制，从控制矿山开采权开始，规定所有翡翠原料出口必须通过翡翠"公盘"交易才能出口，此举直接造成翡翠原料不再由云南入境，而经海路转向关税较低的中国香港、台湾，经深圳入关，到广州及周边加工基地加工，返销至云南，大大拉长了翡翠产业链。

鉴于此不利局面，云南开始调整策略，呼吁"玉回云南"，想依靠产业升级重新获得翡翠原料的集散加工便利。然而，由于翡翠定价问题和税收问题，20 年过去了，一直未能如愿，西南珠宝玉石集散中心的地位因受限于上游产业的控制岌岌可危。

第三节 翡翠产业发展的历史及现状

一、翡翠形成商品的历史进程

自人猿相揖别，人类制造和使用工具以来，自然界中极为"稀少"的玉石就是极好的磨制石器原材料，皆因玉石具有"坚韧、耐用"的材料特性，其中燧石、石英、水晶、蛇纹石、东陵玉、玛瑙等硬度达到 6.9~7.2 的 SiO_2 系的玉石材料在新石器时代的出土文物中屡见不鲜，这一时期的玉石磨制的工具具有极高的实用性，是当时最为锋利、耐用的尖端武器，这就使其不可避免地成为部族的宝物，或成为族长、战士的随身武器和身份地位的象征，当然要在打磨时加以设计、装饰，由于玉石本身的美感和人类的智慧凝结成在加工中的开发美感，玉石的另外一个特征"美观"就得以凸显出来。至此，玉石的三大特性"稀少、耐用、美观"就完全向世界展示出来了。

可以说玉石早期的价值是因为实用——最为坚韧、锋利的石器；珍贵——完全由大自然赋予，且打磨加工极为不易；美丽——透明、纯洁、能折射太阳光。玉石因这三大特性而成为部族适应自然的武器，成为部族战斗力、财富的象征，成为个人地位与权力的象征。这一时期的玉石还不具备交易性，还没有形成用于交换的价格。

人类社会发展到了金属工具时代，人类开发自然资源、加工天然材料的能力有了巨大的提高，于是玉石材料的来源就丰富起来，产品的功能也更加完善，艺术成就达到了相当的高度。然而，玉石工具的实用性开始下降，蒙上了一些神秘的色彩。如红山玉文化属于新石器时代晚期向青铜器时代过渡的阶段，三星堆玉文化则属于铜器时代，这一时期出现的玉器多为软玉，硬度多在 $6.0 \sim 6.5$，颜色以白色、青色为主，以纯洁无瑕为美；琢形以动物、云彩、人物、器物为主，主要功能是装饰、佩戴，有"君子必佩玉"的说法，以玉的纯洁比喻君子德行的高洁。其他还有图腾、象征、祭祀的功能，当时人们认为玉是上天赐予的具有特殊功能的"神物"，能容纳、禁锢、保护人类的灵魂，如汉代中山王刘胜墓出土的"金缕玉衣"；成为王权的象征，如楚人卞和进献的"和氏璧"，在秦代成为刻有"受命于天、既寿永昌"字样的传国玉玺。这个时代的玉石主要是以岫岩玉、和田玉、独山玉、绿松石为主的四大名玉。

在金属时代，玉石的价值在"稀少、耐用、美观"的价值基础上有了新的内涵，逐渐走入人们的生活当中，其价值也从实用需求转变为"美石为玉"的视觉需求。由于使用范围和需求的加大，人们对玉石供给的热情同步加大；由于对工艺要求的提高，引致专业分工、玉石匠人的出现；由于资源禀赋的地域差别，引致贩运商贸的兴起。由于以上几对需求与供给关系的共同作用，专门的玉石市场悄然形成，市场"这只看不见的手"在人们还没认识它的时候就已经发挥作用了，玉石的价格也悄然形成，据说光彩夺目的"和氏璧"价值15座城池。

到了近代，人类的技术手段已经创造出辉煌的物质文明和精神文明，已经不满足以"美石为玉"在大自然寻找玉石的标准和手段了，于是开始了仿制。"西方人在仿制宝石的过程中发明了玻璃，东方人在仿制玉石的过程中发明了瓷器"，这句话把东西方对珠宝和玉石的偏好解释得淋漓尽致。可是玻璃毕竟不是宝石，瓷器也毕竟不是玉石。于是欧洲人出于对财富的渴望转而投向对贵金属的寻找，一种可能就是促进了地理大发现，而东方人则寻找传说中的"翡翠"。在明朝的中叶，明朝中央政府对以云南为边疆的西南的控制已经稳固了，南方丝绸之路上的"茶马古道"成为重要的商贸通道，部分商人与赶马人从缅甸的大山里带回一种绿色的石头，经老玉匠鉴定居然是极好的玉石，于是世人寻找多年的"翡翠"出现了。"翡翠"的出现不仅仅是一种文化的兴起，一种艺术形式的出现，更是一种财富、一种价值的体现。同时，这一时期部分玉石商人和匠人开始聚集在边境小镇腾冲，开始将翡翠作为商品经"茶马古道"运至昆明、成都等地销售。

二、早期翡翠市场的形成

自汉朝开始，中央政府就在离翡翠主矿区勐拱、帕岗直线距离不到 100 千米的腾冲设置郡制，史称"永昌郡"，其管辖范围涵盖今缅甸密支那以北的帕岗地区。源于和南亚印度、尼泊尔、阿富汗等国的贸易往来，南方丝绸之路中的西南段"蜀身毒道""茶马古道"成为连接中原和南亚、东南亚诸国的重要贸易之路，腾冲成为南方丝绸之路上的重要枢纽，为翡翠被发现和成为商品后市场的兴起提供了重要基础。

元初时，元中央政府对缅甸进行过几次大的征伐，册封当地的部落首领为土司，勐拱等地为"滇省藩篱"封赠的土司地；明朝建立后，加大对该地区的开发，军事上加大讨伐，政治经济上迁入大批边民和军属进行开拓，带来了大批的工匠和商人，于公元 1448 年初建腾冲石城，腾冲的战略支点和经济枢纽地位进一步彰显。此时，已在勐拱、帕岗发现翡翠原矿，而腾冲已经成为工商业极为发达的边贸城市，是当时著名的翡翠珠宝玉石的集散地，明朝廷派驻太监到此地督办翡翠、琥珀、象牙等珠宝玉石作为贡品，供朝廷享用和赏赐勋贵，并派兵丁设立和守卫贡品运输道路，称为"玉路"。明末旅行家徐霞客途经腾冲时，曾考察过当地翡翠开采、加工和贸易的场景，在其游记中称翡翠为"翠生石"，并描述其繁荣的市场境况，称每年到腾冲淘玉的人多达 30 万，都幻想着凭运气一夜暴富。

明朝末年，大批工匠从北京、苏杭等地逃难到腾冲，带来了先进的玉雕技术,并在当地安家落户,腾冲的玉雕作坊开始增加,到清朝初期腾冲成立了"宝货行"公会,并捐资建盖了具有象征意义的"白玉真人"祖师殿,腾冲正式成为中国翡翠流转、加工的重镇,并将翡翠卖到了周边省份及东南亚国家。清朝中期,社会平定加上乾隆等帝王热衷于享受,翡翠在朝廷受到重视,翡翠开始作为皇家御用玉种,上行下效,许多达官贵人开始以收藏和佩戴翡翠为荣。但由于陆路交通困难,翡翠开始经泰国通过海陆到广州上岸再运抵北京等地,逐渐在广州、北京等地形成翡翠加工作坊,大批玉雕工匠由和田白玉、岫玉等改行加工翡翠,生产力得到极大发展,产品质量进一步提高。到清朝末年,由于慈禧等人穷奢极欲的需求,广州、北京等地的翡翠市场迅速发展,成为主要消费市场。

三、近现代翡翠市场的变迁

19世纪初英国打破了缅甸的国门,1885年英军侵入缅甸全境,将勐拱划入缅甸境内。围绕翡翠矿山的开采权,英国殖民者和掌握矿山开采权的中国商人展开了多次的博弈。1840年鸦片战争的时候,中国商人就曾经将矿山停产。勐拱划入缅甸以后,英国殖民者强占了翡翠矿山,但由于能力有限,就采用包税制"岗税",通过招商投标将开采权承包给翡翠商人,税率为10%。

由于翡翠在中国的巨大需求量,清朝末年至民国初年翡翠贸易急剧发展。据腾冲海关史料记载:"清光绪二十八年(1902年),翡翠进口为271担(每担100老斤,每老斤为16两),1906年为216担,1915年为628担,1917年为801担,1925年为375担,1931年为182担。从八莫、勐拱到腾冲的驿道上,经常有7000~10000匹马运送翡翠及其他货物。"[①] 2006年,摩休考证:"民国初年,腾冲玉雕作坊达100多家,城乡玉石加工户达2000多户,工匠达3000多人。有专做翡翠的商行41家,街天(五天一街)翡翠交易额达云南比币'半开'3000元以上。"[②] 这一时期翡翠主要消费市场从北京转移至上海、广州等地。

抗日战争时期,由于北方的战乱,玉石生产几乎完全断绝。西南史迪威公路贯通后,由于帕岗离中国较近,翡翠产量大增,一度取代了勐拱的地位。但好景不长,随着日本人占领缅甸和中国腾冲,翡翠产业被迫中断,大批玉雕作坊停业

---

① 摩休. 摩休识翠:翡翠鉴赏、价值评估及贸易[M]. 昆明:云南美术出版社,2006.
② 摩休. 摩休识翠:翡翠鉴赏、价值评估及贸易[M]. 昆明:云南美术出版社,2006.

转行，行业进入低谷。

抗战结束至新中国成立初期，腾冲及内地翡翠贸易基本中断，国内翡翠市场停顿。国民党李弥残部逃窜至缅甸，在缅甸、泰国、老挝三角地带建立逃亡基地，为解决生计，依靠武力派兵到帕岗挖玉，后联合华人玉商共同开采，将泰国小村庄清迈作为出海口，使大量的翡翠经此地流入东南亚国家和中国香港、台湾等地，走向世界。短短20多年，清迈成为泰国第二大城市，成为继中国腾冲后又一个翡翠集散重镇。

20世纪50年代缅甸独立以后，于1964年将翡翠矿山收归国有，由政府将开采权拍卖给缅甸国内的公司和个人，以此加强控制税收。1978年中国改革开放以后，重新开启与缅甸的边贸，在腾冲、瑞丽、畹町和章凤等地设立边贸口岸，翡翠开始大量流入中国各省，国内翡翠市场再度兴起，但高档翡翠原料因帕岗至腾冲沿路战乱仍沿用帕岗至清迈的出海口流入香港、广州。至1994年，缅甸国内战争基本平息，高档翡翠才得以经瑞丽、腾冲流入中国，至此形成了翡翠原料经云南流入，到广州加工批发，在昆明、杭州、北京、上海、香港等地形成主力消费市场的现有格局。

四、当前翡翠市场概况

目前翡翠市场从品种上可分为原料市场、成品市场；从市场级别可分为零售市场、批发市场、拍卖市场；从翡翠玉石市场所处的地理位置不同可分为缅甸翡翠玉石交易市场、国内翡翠交易市场、其他地区交易市场。

（一）原料供应市场及产业布局

就全球翡翠市场的历史来看，缅甸为翡翠原料主要供应产地，占比为95%以上，近年有少量危地马拉原料流入市场，称为危料，但几乎没有高档原料出现。危料和俄罗斯及其他地方的原料占比不足5%，高档原料则100%产自缅甸。在2000年前，香港为高档原料进口和加工中心，中国的台湾、香港地区，以及日本及东南亚和欧美华人是高档产品的主要消费市场。2000年以后，以广州为中心的四会、平洲、揭阳等地形成翡翠加工、批发中心，以全国各大城市及云南等各旅游城市成为翡翠销售的主力地区。

（二）缅甸内比都是主要原料交易市场

出于国内战略考虑，2005年缅甸政府宣布将首都迁至原名彬马那的内陆城市，并更名为内比都。2010年缅甸首都正式迁至新都内比都，自此以后缅甸"公盘"就一直在内比都麻倪耶德纳玉石交易中心举办。内比都距离中国最近的城市瑞丽大约800千米，每年举办2~3期翡翠交易会，交易量达2500~4300吨/年，交易额达5.5亿~25亿欧元/年，税收收入3.2亿~3.5亿美元/年，占全球翡翠原料交易的60%以上。

（三）中国成为翡翠成品主要零售、消费市场

时至今日，缅甸的原料主要供应地身份未有变化，但老的高档加工中心和消费市场，如中国香港、台湾等地区和欧美等国已发生变化，中国内地已演变成翡翠毛料贸易中心、高中低档产品加工中心，并正在形成高端消费市场，如已形成了以广州、揭阳、四会、平洲、北京、扬州、苏州和上海等特色加工基地，以及以七彩云南、东方金钰、菜百首饰、老凤祥、传世翡翠、越王JOVAN、玉缘YUYUAN、玉翠山庄、戴梦得及昆百大等具有一定品牌的销售终端。缅甸优质翡翠原料的80%在中国内地加工和销售，中国正逐渐成为世界主要的翡翠零售、消费市场。

（四）国内翡翠拍卖市场成为翡翠消费市场风向标

北京联合出版公司出版的《年度全球JADEITE（翡翠）拍卖年鉴》，全面记录了全球翡翠市场风向标级拍卖、世界重要拍卖行的成交记录。其中收录有苏富比、佳士得、保利等101家世界顶级和国内顶级拍卖行拍卖的数据，全面反映了近十年每个年度高端翡翠拍卖的走势和消费者信心。其信息有两个显著特点：

一是按照拍卖价格决定分级与用途，其中500万元以上的为顶级，占比约为10%，主要用于投资、收藏、传承；100万~500万元的为高档品，占比约为25%，多用于投资；5万~100万元的为中高档品，占比约为27%，多作为艺术品收藏；5000~50000元为中档品，占比约为26%，多作为装饰品；1000~5000元的为低档品，占比约为10%，多作为礼品；100~1000元的为工艺品，占比约为4%，多作为礼品、纪念品。零售市场粗略统计数据显示，500万元以上的顶级，占比约为1%；100万~500万元的高档品，占比约为5%；5万~100万元的中高档品，占比约为17%；5000~50000元的中档品，占比约为17%；1000~5000元的为低档品，占比约为35%；100~1000元的为工艺品，占比约为25%，有明显的差异。

二是在拍卖市场高端翡翠市场量价双双上扬，而低端翡翠量价齐降，中端翡翠量价基本稳定，总体趋于稳定。

五、当前翡翠市场的主要特征

随着中国经济的快速发展，人们的物质生活水平得到了极大的提高，进而开始追求精神文化生活，投资、收藏、文玩鉴赏等活动日益丰富。翡翠作为当代玉石的代表，传承了数千年的玉石文化开始展现无穷的魅力，成为在北京、杭州、广州、成都、重庆、云南等地的顶级收藏、时尚购物、旅游纪念品的首选。其市场主要有自主性、开放性、竞争性、公平性等几大特征。

其一，翡翠市场的进入、退出基本无门槛，一般的个体商户只需要办理工商营业执照即可，企业与一般商贸公司资质无异，市场的开放性非常明显；其二，行业协会主导作用不明显，优势品牌的引领作用不突出，加上产业链空间跨度大，整个市场基本处于各自为战的境地，自主性较强；其三，近几十年翡翠的琢形设计、雕刻技术、文化内涵并无较大突破，导致产品同质化较为严重，各企业间既各自为战，又相互竞争，市场具有一定的竞争性；其四，由于在成品市场并无实力强劲的垄断企业，品牌企业不多，加上国内良好的市场环境，相对原料市场来说具有较大公平性。

总体来说，国内翡翠市场具有较明显的自由市场的特征，即市场限制少，受干预少，经济主体可以按自己对利益的内资要求，以及市场环境和预期安排自己的经济行为。

六、翡翠产业链

（一）翡翠产业链基本情况

产业在微观经济学中是介于微观经济细胞（企业和家庭消费者）与宏观经济单位（国民经济）之间的若干"集合"，翡翠产业是指因具有同一属性（为翡翠进出口、生产、商贸、消费服务）而组合在一起的企业集合，可以说翡翠产业跨越了传统产业划分方式的两大产业（第二、三产业），包括第二产业的采掘、制造，以及第三产业的交通运输、物流、商业、金融、教育、科研、旅游等，具有产业的三大特点（规模性、职业化、社会功能性）。

翡翠产地有缅甸、日本、危地马拉、美国、哥伦比亚、墨西哥、哈萨克斯坦等。其中只有缅甸的翡翠达到宝石级别，其余的只能做简单的工艺品，达不到加工工艺要求。而翡翠的主要市场在中国，占世界市场95%的比重，几乎100%的原料需要进口，每年进口至中国的翡翠原料达2700～4500吨，形成产值超过千亿元、从业人数超过200万的庞大产业，在云南腾冲、瑞丽等地更是成为当地经济的支柱性产业。

（二）翡翠产业链的形成过程

自元末明初翡翠被大量引入我国以来，其产业发展大体经历了四个阶段。第一阶段属"贡品"，缅甸地方政权、土司向中国的中央政府朝廷进贡，翡翠属奇珍异玩，仅在皇室与士大夫阶层间流传。这一时期翡翠的交易行为很少，产业的概念还未形成。

第二阶段是"玉路"的兴起，在清朝中晚期随着国内富贵阶层对翡翠需求的激增，官方在云南腾冲等地设立玉路，专门负责翡翠原石的初加工及转运，同时开放广州商埠进口翡翠原石，待原料运至京城等地后做进一步的加工。这一时期翡翠开始有大量的民间交易行为，以从事翡翠矿石开采、初加工的、转运为生的多为平民，在京城等地以翡翠雕琢、商贸为生的平民人数日增，逐步形成产业。

第三阶段在民国时期，由于连年战争，北方玉路中断，国民政府将政治、经济中心南移，北方大量玉器手工业者与玉器商人南移至广东、江浙、云南一带，更在靠近缅甸翡翠产地的云南腾冲、瑞丽、畹町一带形成颇具规模的翡翠加工基地，使得翡翠产业在这一时期有较为明显的发展。

第四阶段在改革开放后，新中国成立至1978年，国内实行计划经济，翡翠商贸基本中断。这一时期境外华人将翡翠原石经泰国清迈走海路运至中国香港、台湾等地，远销至东南亚、欧美、日本等国家与地区的华人圈。改革开放后，我国逐步在瑞丽、畹町、章凤等边境口岸设立外贸经营站，允许云南、广东等地的玉器手工业者重操旧业，翡翠产业逐步开始复苏。到1994年，国家进一步开放云南边境口岸的商贸活动，并允许广东等地由海路进口翡翠原石，这一时期国内经济发展迅速，对翡翠饰品的需求量与日俱增，缅甸翡翠矿山仍允许外国人经营，翡翠原石大量进入国内，极大地促进了翡翠产业的发展。到2000年以后，中国经济进入高速发展期，国民收入普遍同步高速增加，对翡翠这一具有高度文化内涵的高档消费品的需求再一次抬升，进入全民的、无序的参与购买热潮，翡翠产业开始进入全面的发展与高涨期，内生与外生产业也开始发展起来。内生产业包括翡翠鉴定师、质检师、销售人员、设计师、加工技师、拍卖人员，以及专业加工设备等的培训、设计、开发等；外生产业包括具有一定规模的集散、加工、批发基地，特色旅游线路、小镇，银行融资及民间渠道，典当、拍卖行业等。这一时期缅甸政局相对稳定，虽不再允许民间从密支那出口翡翠原石，改由"公盘"经曼德勒出口，翡翠原石的出口量还是较为平稳。到2010年前后，缅甸实行多党派民主制大选，一些利益集团在大选前夕迫切地需要在短时期内攫取利益，于是大量插手翡翠矿山的经营，进一步垄断"公盘"交易，使得"公盘"拍卖的翡翠原石数量大增，价格飞涨，约80%的翡翠原石通过"公盘"交易进入中国；而同时期的国内由于政府采取"四万亿"的财政刺激政策，煤矿、房地产业的收缩，使得许多持有大笔资金的行业外人士进入翡翠行业，使得翡翠产业规模一度扩大到5000亿元，进口量在2011年达到43000吨；到2014年国内经济增速放缓，翡翠原石进口量开始下滑；到2015年国内经济增速进一步下降，翡翠市场开始萎缩；到2016年国内经济增速再次下降，翡翠行业出现近十年来前所未有的低潮。

纵观翡翠产业链的形成过程，首先是基于社会分工形成的包括采掘、制造、交通运输、物流、商业、金融、教育、科研、旅游等行业的分工，在交易机制的作用下不断引起产业链组织的深化；其次，翡翠产业链的形成动因是产业价值的创造和实现；最后，对接机制决定翡翠产业链的发展程度。产业链还包含价值链、企业链、供需链和空间链四个维度的概念。这四个维度在相互对接的均衡过程中形成了产业链，这种"对接机制"是产业链形成的内模式，作为一种客观规律，它像一只"无形之手"调控着产业链的形成。产业链的本质是用于描述一个具有某种内在联系的企业群结构，它是一个相对宏观的概念，产业链中大量存在着上下游关系和相互价值的交换，上游环节向下游环节输送产品或服务，下游环节向上游环节反馈信息。

目前，翡翠产业链的社会分工形式已经相对完备，价值链和企业链的对接基本成型。然而价值链中对翡翠玉文化的发掘还不尽如人意，翡翠价格的形成还停留在原料费+加工费+运输费+企业（商家）利润的阶段；企业链也没有形成具有深厚的文化内涵,在设计、品牌方面独树一帜的大型企业,具有品牌知名度的大企业被大量的中小企业、个体经营户所包围。

供需链也存在极大的隐忧,翡翠原始产地缅甸国内政局的不稳定,致使对翡翠原料依存度为100%的原料进口被卡住咽喉,造成部分投机者趁机大量囤积,以击鼓传花的形式炒作,经济泡沫已初现端倪。翡翠产业链的空间链也不尽合理,产业链过于漫长,原料通过云南瑞丽、腾冲口岸将缅甸"公盘"拍卖的翡翠入关,随后运至广州、四会、平洲、揭阳等加工基地进行加工,在云南加工的仅占10%左右,再通过商家批发至北京、上海等一线城市,或香港、昆明、瑞丽、腾冲等旅游城市出售,实则是走了一个来回。

(三)产业链的作用机理

产业链是从事相近产业及相关产业的具有某种内在联系的企业群体,是企业的宏观组织,可分为上、下游两个产业环节。其中,上游向下游输送产品和服务;下游向上游反馈市场信息,供上游决策。上游企业也包括很多,比如主要原料供给企业、次要原料的供给企业、粗加工环节企业、精加工环节企业;下游企业则可分为上游产品分流环节企业、产品使用企业环节、产品销售环节企业、产品服务环节企业。

产业链的形成是基于社会分工形成的,比如翡翠产业链的形成,上游产业包括采掘企业、进出口企业、物流配送企业,下游企业包括加工企业、金融保险企业、交通运输企业、批发零售企业。产业链的作用机理是靠价值链、企业链、供需链、空间链四个链相互对接、均衡,调控产业链的运行。

第四节 翡翠产业在国民经济中的地位和价值

一、我国珠宝玉石产业发展迅速,体量巨大

随着中国经济的快速发展,人民生活水平迅速提高,对精神文化的需求无论是在数量上还是在质量上都有了质的提高。近20年来中国不仅是世界上最重要的珠宝首饰生产、加工基地,更是最重要的珠宝首饰消费国。中国产业信息网统

计,"中国珠宝行业消费规模在 2016 年已经到跃升至世界第一位,到 2018 年规模已经到达 6965 亿元人民币,同期美国、日本与中国的人均珠宝消费额分别是 322、187、56 美元,已处于世界高位。"① 另据寰球珠宝网公布的数据:"2010—2019 年中国珠宝行业的新成立企业数量整体上呈现增长趋势,2019 年新成立企业数量为 424 家,截至 2020 年 3 月 15 日,新成立企业数量 67 家,我国珠宝行业 2019 年市场规模初步估算达到 7372 亿元。"②

"2018 年全年全国社会消费品零售总额为人民币 380987 亿元,珠宝玉石消费的 6965 亿元,占到了总量的 1.83%,接近全国消费总量的 2%。对比以上数据不难看出,我国珠宝玉石消费具有一是发展迅速,二是体量巨大,三是仍存在巨大的上升空间。"③

二、中国已成为世界上最大的翡翠消费市场

(一)中国是翡翠原料的最大进口国

中国是当前缅甸最大的贸易伙伴,世界上 95% 的商业级翡翠原料产自缅甸,其中 92% 以上通过各种渠道进入中国。有据可查的海关记录显示,1897—1908 年流入中国云南的翡翠原料年平均为 3414.83 英担(约合 173.47 吨),价值 5.0644 万英镑;1929—1938 年流入中国的翡翠原料年平均为 1793.5 英担(约合 91.1098 吨),价值 208910.5 卢比(约合 29.7986 万美元)④。2013 年的缅甸贸易中心统计数据显示,缅甸翡翠原料出口对象国及额度分别是中国 92%、法国 3%、日本 1%、瑞士 1%、其他国家 2%⑤,翡翠出口的比例至今没有太大变化。

从我国与缅甸的进出口贸易结构来看,2007—2015 年进口商品主要为矿产品(含翡翠玉石)、珠宝(指彩色宝石、贵金属及首饰等)、木材、天然橡胶、

---

① 智研咨询.2018 年中国珠宝行业发展规模分析:珠宝首饰行业规模已达 7000 亿[EB/OL].(2019-11-20).https://www.chyxx.com/industry/201911/807609.html.
② 穆晓菲.2020 年中国珠宝行业发展现状与前景分析:市场规模稳定增长[EB/OL].https://qian zhan.com/andlyst/detail/220/2003-3beqda52.html.
③ 穆晓菲.2020 年中国珠宝行业发展现状与前景分析:市场规模稳定增长[EB/OL].https://qian zhan.com/andlyst/detail/220/2003-3beqda52.html.
④ 陈蔚来.缅甸玉石出口发展的策略研究[D].南宁:广西大学,2016.
⑤ 陈蔚来.缅甸玉石出口发展的策略研究[D].南宁:广西大学,2016.

农副产品,其中 2010 年矿产品超越珠宝和木材进口量跃居第一位,达到 22.74 亿美元,其中玉石为 22.05 亿美元,占当年矿产品进口额的 96.96%,占当年总进口额的 24.88%;2011 年玉石进口占当年矿产品进口额的 83.27%,占当年总进口额的 8.17%;2012 年玉石进口占当年矿产品进口额的 66.81%,占当年总进口额的 3.65%;2013 年开始回升,玉石进口占当年矿产品进口额的 68.86%,占当年总进口额的 10.61%;2014 年玉石进口占当年矿产品进口额的 68.86%,占当年总进口额的 16.16%[①]。2007—2015 财年矿产品与玉石出口额对比见表2-1。

表 2-1 2007—2015 财年矿产品与玉石出口额对比[②]

(单位:亿美元)

财政年度	矿产品出口额	玉石出口额
2007—2008	7.42	6.21
2008—2009	7.08	6.58
2009—2010	10.18	9.65
2010—2011	22.74	22.05
2011—2012	8.97	7.47
2012—2013	4.49	3.00
2013—2014	13.36	9.2
2014—2015	13.28	10.3

数据来源:缅甸计划与经济发展部。

从表2-1可以看出,中国从缅甸进口的翡翠玉石原料保持在当年缅矿产品进口量的 60% 以上,2010—2015 年年平均占总进口量的 12.69%。2015 年以后,翡翠原料进口量鲜有报道,但从发展趋势来看,也不会低于缅矿产品进口量的 60%。

(二)中国拥有世界最大的翡翠加工基地

中国以广州市为中心建立起四会、平洲、揭阳三个玉器加工基地,构成年销

---

① 刘翔峰. 缅甸的产业发展及中缅贸易投资[J]. 全球化,2014 (4):111-123.
② 陈蔚来. 缅甸玉石出口发展的策略研究 [D]. 南宁:广西大学,2016.

售额超过 700 亿元规模的世界第一大翡翠加工基地集群。

四会以加工玉器摆件和挂件为主，分别占国内市场的 70% 和 60%，有注册加工厂 1485 户，玉商 5000 余家，从业人员达 20 万人，其中玉石雕刻艺人 3 万余人，投入运营玉器城 8 个，年产销额 300 亿元以上。平洲以加工手镯为主，兼有翡翠原料二级"公盘"，有玉器加工厂 1000 多家，玉雕师 8000 余人，每年采购加工翡翠原料 5000 吨以上，成品的市场销售额超过 100 亿元。揭阳的阳美村，以盛产高档玉器而著称，单件上亿元的玉器并不少见，全国 90% 以上的高档翡翠和大型雕件均出自阳美。据不完全统计，揭阳有大小玉器企业 10000 多家，从业人员超过 10 万人，年销售额保持在 300 亿元以上。

云南腾冲、昆明两地，也建立起了区域性的翡翠加工基地集群。其中，腾冲有翡翠加工作坊 828 户，从事加工的人员大约 6000 人，年经营额超过 6 亿元，加工的产品大多为中低端产品；昆明及周边地区有云南地矿珠宝、七彩云南、东方金钰、云安翡翠王朝、紫云青鸟等集设计、加工为一体的大型珠宝企业，中小型玉石加工企业近百家，从业人员近 5 万人，年加工经营规模接近 50 亿元。

在翡翠加工基地有着一大批技艺精湛、经验丰富、艺德高尚的玉雕大师，他们或为祖传技艺，或为师徒相承，不可否认的是，正是他们的存在使得中国的世界第一大玉石雕刻基地成为现实，其中中国珠宝首饰行业协会组织的评选已历经 12 届，共评选出超过 300 位具有国家承认资质的中国玉雕大师，他们的作品均获得过"百花奖""天工奖"等国家级奖项。

（三）中国拥有世界最大的翡翠消费市场

中国翡翠消费市场在网络直播、5G 网络、"互联网+"等先进技术和消费观念的多重影响下，形成线上、线下两个市场，统计数据显示当前翡翠消费额已接近 2000 亿元。

"2018 年 1 月 29 日，对庄翡翠企业联合广东省翡翠产业协会编制的《2017 中国翡翠消费白皮书》在佛山平洲正式发布，这是全球首次发布专门产业白皮书。白皮书数据显示 2017 年翡翠网络交易额突破 150 亿，较 2016 年增长 47%。"①

"2019 年 5 月 9 日，对庄翡翠企业联合中国珠宝玉石首饰行业协会在上海发布《2018 中国翡翠行业网络消费白皮书》。基于 2018 年对庄翡翠 APP 用户交易数据显示 2018 年全年翡翠网购交易超过 1300 亿元，其中以翡翠交易为主的网络主播超过 5 万名，其交易额为 1131 亿元。"② 在翡翠产品网络销售额不断增长的同时，翡翠行业实体经济规模也在不断地增长，华经情报网统计数据显示，2014—2019 年呈逐年上涨趋势，预计到 2020 年底将达到 683.4 亿元，具体见图 2-1。

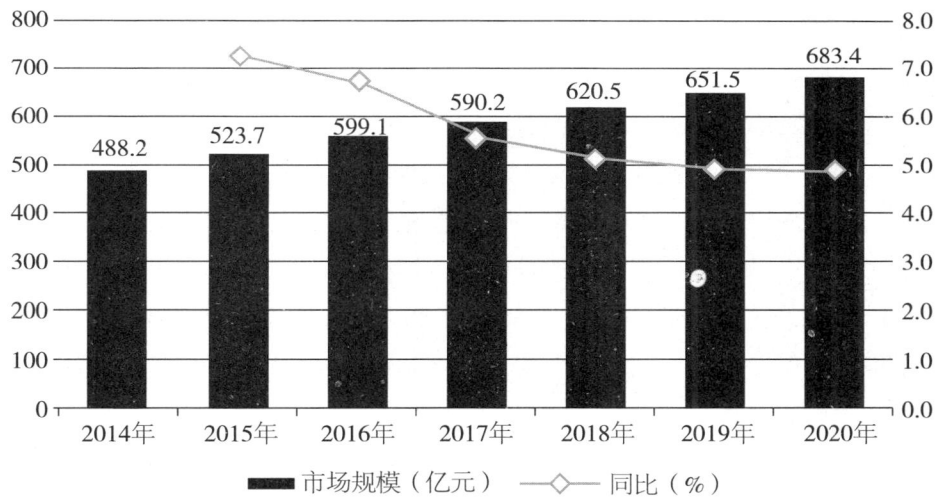

图 2-1　2014—2020 年翡翠行业市场规模及增长预测③

可以说，拥有如此巨大的单一首饰商品消费市场，在世界范围内是极其罕见的，目前能与之比肩的仅有钻石、黄金市场。

---

① 对庄翡翠，广东省翡翠产业协会.2017 中国翡翠消费白皮书［N/OL］.（2018-01-29）.网易新闻，http：//www 163.com/news/18/0130/11/D9D4HII000018AOR.html.

② 对庄翡翠，中国珠宝玉石首饰行业协会.2018 中国翡翠行业网络消费白皮书［N/OL］.（2019-05-15）.https：//baijiahao.baidu.com/s？id=1633061923269479347&wfr=spider&for=pc.

③ 翡翠玉石网.中国翡翠行业现状及发展趋势：行业进入理性经营平稳发展新常态［EB/OL］.https：//www.fcys.cn/zgfcys/vip-doc/20127744.html.

三、翡翠产业在区域经济里具有先导性

先导产业是国民经济体系中具有先行发展,进而引导其他产业向着某一战略目标发展的具有重要战略地位的产业或产业群。

2011年《云南省人民政府关于加快石产业发展的意见》(云政发〔2011〕23号)(以下简称《意见》)里明确提出:"用5年~10年时间,把我省建设成为中国珠宝玉石产业大省和世界重要的珠宝玉石集散、销售和加工中心……到2020年,形成'世界玉石云南卖'的市场优势,具备开发不同档次珠宝玉石的能力"。"充分发挥龙陵—潞西、瑞丽—盈江、腾冲的资源优势,发展特色珠宝玉石产业,形成3个特色区域。龙陵—潞西突出黄龙玉资源特色……瑞丽—盈江突出边境口岸特色,建设成为以原料输入为重点,集设计加工、交易拍卖、技术鉴定、旅游博览、文化交流为一体的边境贸易区;腾冲突出传统玉文化特色,弘扬腾越传统文化,引进现代技艺,逐步打造成为'东方玉都',与重点旅游区、旅游热线相结合,以昆明为中心,逐步形成玉溪—普洱—西双版纳、大理—丽江—香格里拉、保山—腾冲—瑞丽3条珠宝玉石销售线路。"①

从以上《意见》可以看出,以翡翠产业的先行发展带动黄龙玉、祖母绿以及后来推出的保山南红玛瑙等珠宝玉石产业的全面发展,进而带动区域性的旅游博览、进出口贸易和区域间合作的战略目标的实现。

2018年,云南省商务厅在《云南省商务厅关于翡翠玉石珠宝产业发展功能工作调研报告》中提出翡翠产业是"带动滇粤两地发展的优势产业",具有"民间资本实力雄厚,善于抱团取暖;敢为人先,勇于尝试"等优势,"滇粤两地经营户合计已超过20000家,从业人员超过100万人,总体规模超过1000亿元。是引领珠宝玉石行业发展的先导产业"②。

四、"一带一路"视角下发展翡翠产业的重要意义

---

① 云南省人民政府. 云南省人民政府关于加快石产业发展的意见[J]. 建材发展导向, 2011(3): 10-13.
② 云南省商务厅. 云南省商务厅关于翡翠玉石珠宝产业发展工作调研报告[R]. 2018.

第二章　中国翡翠产业发展的历史、成就、问题和产业发展的选向

(一) 发展翡翠产业的重要意义

2013 年，国家主席习近平出访中亚、东南亚国家期间，提出共建"新丝绸之路经济带"和"21 世纪海上丝绸之路经济带"的倡议；2015 年，我国正式发布《推进共建丝绸之路经济带和 21 世纪海上丝绸之路的愿景与行动》。在此构架下，面向东盟要铺就海上丝绸之路，还要打造带动腹地发展的支点。"中巴、孟中印缅两个经济走廊与推进'一带一路'建设关联紧密，要进一步推动合作，取得更大进展。"①

"一带一路"的合作重点主要集中在政策沟通、设施联通、贸易畅通、资金融通、民心相通等"五通"，"在西南地区……构建面向东盟区域的国际通道，打造西南、中南地区开放发展新的战略支点，形成 21 世纪海上丝绸之路与丝绸之路经济带有机衔接的重要门户。发挥云南区位优势，推进与周边国家的国际运输通道建设，打造大湄公河次区域经济合作新高地，建设成为面向南亚、东南亚的辐射中心。推进西藏与尼泊尔等国家边境贸易和旅游文化合作"。

依照"一带一路"建设的要求，构建西南国际翡翠综合交易中心就变得必要而紧迫了，具体表现在如下三点：

一是有利于实现民心相通。作为连接中缅人民的文化与情感纽带，翡翠贸易是很好的方式，既能实现互利互惠，又能作为传递文化与情谊的载体。

二是有利于实现贸易畅通。就目前来看，亚洲拥有三大珠宝中心，分别是泰国清迈的珠宝市场、香港珠宝市场、台湾珠宝市场，这三个中心均为综合性珠宝市场，集原料流通、设计、零售、拍卖为一体，经营范围包括彩色宝石、翡翠玉石、贵金属等，具有极大的影响力。但这三个珠宝中心的加工基地均在广州及周边地区，其消费市场均分散在中国国内各大旅游城市，尤其是占据国内珠宝消费 30% 以上的翡翠主力消费市场云南，若加大西南国际翡翠综合交易中心建设力度，将进一步有利于实现面向东盟国际通道的贸易共通，实现产—供—销产业链的闭合。

三是有利于政策、设施、资金的同联共通。以翡翠市场为联通纽带，可进一

---

① 国家发展改革委，外交部，商务部. 推动共建丝绸之路经济带和 21 世纪海上丝绸之路的愿景与行动[N]. 新华社，2015-03-28.

步促进南亚、东南亚宝石地质带经贸合作。翡翠市场在缅甸内比都形成原料交易中心,在中国广州及周边地区形成加工基地和批发中心,在云南形成以瑞丽、腾冲、昆明为三角的集散零售中心,在北京、上海、杭州形成高端市场及拍卖中心。目前存在几大中心各自为战,甚至出现无序竞争的局面,尤其以内比都与云南的关系最为复杂,一方面内比都控制原料的出口,另一方面又依赖云南的消费市场,正由于这一矛盾的存在,西南玉石销售中心的地位并不牢固,对保山南红玛瑙、龙陵黄龙玉、祖母绿等宝石资源的带动不明显,"一带一路"倡议的政策、设施、资金同联共通仍未得以实现。

(二) 推进文化产业的繁荣与发展

2003年9月中国文化部制定下发的《关于支持和促进文化产业发展的若干意见》,将文化产业定义为:"从事文化生产和提供文化服务的经营性行业。"其中音乐、文艺作品、摄影、舞蹈、各类型产品的设计、艺术品等的创作和销售均属此列,这些产品具有极高的艺术欣赏价值,在中华文化圈里具有极大的影响力,对推进文化的繁荣与发展具有积极的现实意义。

众所周知,文化是艺术的承载,艺术是文化的表现。我国现代文化产业的方向是传扬和推广能被全体人民所接受的,有利于凝结全国各族人民民心的、实现"四个认同"的、坚定"四个自信"的文化。文化需要以艺术为表现形式,中华玉文化源远流长,自古以来就作为道德与操守的象征,翡翠作为"玉石之冠",理当承担起承载中华文化和传播中华文化的重任。

文化产业不但具有意识形态的社会属性,还具有产业的经济属性,翡翠产业健康良性的发展,必将推进社会意识形态的繁荣与发展。

(三) 构建中缅珠宝国际交易中心的战略价值

1. 促进中缅双边贸易

前文已经论及,缅甸年均翡翠原料的出口占到了其年度出口总额的16%以上,成为缅甸国民经济的四大支柱产业之一,而中国是世界上最大的翡翠原料进口国,原料全部需要进口,因此中缅贸易的依存度是极高的。

翡翠产业的良性发展必然带动诸如旅游业、加工业以及其他方面的交流与合作,翡翠的文化纽带作用也必将促进文化共通,中缅双边贸易将进入更加繁荣的阶段。

2. 优化区域产业结构

目前翡翠产业已经成为云南省的支柱产业之一，更是瑞丽、腾冲、盈江等地经济的"晴雨表"。但当地仍然存在着支柱产业单一、布局不合理、管理体制不顺、产业规模化程度低、竞争力不强、管理体制不顺、市场经营不规范、监管手段不强的问题。

以翡翠产业为先导产业，为相近产业的迅速发展起到示范作用，为旅游、会展、交通等相关产业提供资金支持，产生规模效应起到优化产业结构的加速作用，从而实现区域型产业调整，使产业布局、管理体制等方面满足社会需求不断增长过程中的合理调整和产业升级，实现资源的合理配置和效率提升。

3. 扩大地方就业

珠宝行业历来都是资金、劳动力密集型产业，目前有近百万从业人员，但一方面高端人才匮乏，另一方面相关产业人员严重不足。依靠翡翠产业的带动效应可以从如下四点扩大地方就业：一是可以创造有利于扩大就业的宏观经济环境；二是建立和完善劳动力市场体系；三是有效利用有利于扩大就业的各类政策；四是对失业和未就业者提供培训和就业帮助。

构建中缅珠宝国际交易中心每年可以创造大量的就业机会，不但涵盖珠宝玉石的中心城市，还能辐射缅甸、老挝、泰国、越南等四国，云南省已经与东盟国家签订战略协议，开办澜沧江—湄公河职业技术学院，培养珠宝玉石加工、机械加工、企业管理、销售服务等专业人才，提高就业质量。

第五节　翡翠产业发展中存在的问题

一、原料问题

（一）翡翠原料产地

翡翠（硬玉）是一种在较为特殊的地质条件下形成的矿物，自然情况下其成矿条件为低温高压经历几千万年的大陆及海洋板块运动，现代人工合成翡翠的报道已经证实这一说法。目前，美国加州的海岸山脉区、中美洲的危地马拉、俄罗斯西萨彦岭翡翠矿床、日本的本州、哈萨克斯坦的伊特穆隆达和列沃·克奇佩利矿、缅甸北部的勐拱均有发现翡翠原矿。

翡翠主产地在缅甸，这个国家呈南北走向，其国内翡翠矿床的分布共三个矿带：后江—雷打矿带分布在缅甸西北部；勐养—南奇矿区为分布在南部的矿区，虽然交通方便，但是面积小，产量少；帕岗是缅甸最重要的翡翠矿区，该矿带位于缅甸国内的中间位置，北到干昔，南到会卡，西至度冒，东至龙塘，南北长约35千米，东西宽约15千米。

目前，美国和日本的翡翠矿区都已经停止开采；危地马拉翡翠矿场被美国人的公司控制，产量极小，只出售成品，基本不出售原料；俄罗斯西萨彦岭的翡翠大多品质较差，结晶颗粒粗大、透明度低，只能作为雕刻品原料，还达不到宝石级的要求，只有极少数可以作为宝石饰品进行加工；哈萨克斯坦的伊特穆隆达和列沃·克奇佩利矿所产颜色暗淡，晶粒为中粒和细粒交代结构，只能作为雕刻品原料。以上翡翠产地的市场占有率不足5%，且多年来未出现高端商业品。

缅甸的翡翠玉石矿床，主要分布在龙塘到帕岗的雾露河的西北岸和会卡，范围很小，最大厚度为300多米，因山间盆地洪积成因导致砾石均匀性很差，大的可达数吨，小的形如米粒，无法机械分选。较早发现的矿坑位于地层浅表，容易开采，当地人称其为"老场"，按地理位置和行政区划上分为8大场区。每个场区矿坑密布，新老交替联通，多得难以计数，习惯上将矿坑称为"厂口"，缅甸语称为"冒"或"磨"，每个厂口通常以发现人的名字或者小地名来命名。其中以龙肯、帕岗、达木坎、会卡场区为主要矿区，产量占到了整个缅甸翡翠产量的90%，且质量最佳。

（二）缅甸政府对翡翠原料的垄断

1. 在矿山对翡翠原料的垄断

翡翠行业是跨国际的行业，其主要资源产地在缅甸，而且土地和矿产权属缅甸政府所有，目前并未探明确切的蕴藏量，其地质资料也属缅甸政府机密，缅甸政府通过以下几条措施将翡翠原料供给垄断在手中：第一，矿山目前采取政府管制，限定区域有限期的开采权承包给私营企业，原则上只承包给缅甸本国的企业，按缅甸《玉石珠宝法》规定，到2021年，超过1000家企业的开采权即将全部到期；第二，在矿山时原料按10%计税，完税后才能进入市场交易；第三，自1964年缅甸政府将翡翠矿山收归国有后，攫取了大部分的利益，为了保住既得的利益,不惜与缅甸北部的少数民族武装开战,造成流血伤亡,无数人有家难归,最近的一次大规模军事冲突是2012—2013年政府军与克钦独立武装的冲突,导致矿山停产,"公盘"交易中断一年三个月之久。可以说缅甸政府几乎控制了翡翠原料的开采。

从时间线索来看,缅甸政府对翡翠开采权、税收等控制权采取逐年收紧的政策,控制力逐步加强,具体见表2-2。

表2-2 缅甸玉石产业政策变迁一览表

时间	相关规定	内容
1992年	缅甸政府将玉石开采纳入管理,开采权由政府拍卖,只有注册大公司才被允许进入矿山开采	现代化机械设备被允许进入矿山开采,允许采用炸药爆破,每年开采量大约7000吨。原料就地征税后参加仰光的"缅甸珠宝交易会"拍卖,再办理出口手续。未参加拍卖或流拍的原料只允许在缅甸国内加工,不允许公司和个人通过其他渠道出口
2001年	批准开采权	设定隆钦、帕岗玉石区7060.78平方千米可以开采,仅剩1.25%的面积不允许开采。批准305个公私合营公司拥有开采权,7344个私人拥有开采权。大型挖机近1000辆,运土卡车3000~4000辆,分拣玉石的工人20万~30万人
2012年	缅甸政府设立《环境保护法》	意在控制翡翠开采量,同时对开采方式进行限定,以达到保护环境的目的。政府划定开采的地域,由缅甸国内的公司投标,原料挖掘出来后按估价的10%缴税,再参加"公盘"交易,交易后利润由政府与公司平分
2016年	对到期矿场停止开采	2016年7月,缅甸当局就以调查评估矿区企业是否依法依规经营、是否依法进行环保工作等为由,叫停了全国的大多数采矿业务,此后再未批准新的矿区开采。2016年底,隆钦—帕岗等矿区321家矿场因运营期满而停止开采,这也直接导致了市场上"翡翠货源"的严重短缺

2018年2月	缅甸政府当局颁布了新的《缅甸矿业法实施条例》	其中制定了有关经营开矿项目的规定和叫停开矿项目的规定，对到开采年限的企业叫停开采，并核发新的许可证
2021年	《缅甸玉石珠宝法第二次修订案》	目前批准的开采许可证将全部到期，到期后如何确定开采，尚未有定论

2. 利用翡翠"公盘"对原料出口进行垄断

"公盘"是缅甸政府出于减少珠宝玉石税收款项流失的目的，而采用的一种特殊的控制原料出口的方式，是"缅甸珠宝交易会""缅甸年度中期珠宝交易会"和"缅甸珠宝特别交易会"的统称。缅甸"公盘"是类似于拍卖的一种特殊的交易形式，不同之处在于：第一，"公盘"需要公示将要交易的货品，聘请专家和业内人士先期评估出市场价格认可的最低价，再在交易会上进行竞拍，拍卖则由专业机构进行评估，依据市场价格规律估算出最低价，现场竞拍交易；第二，"公盘"无需对货品进行鉴定、鉴别，有的货品仅价值几百欧元，只通过业内人士评估出市场最低价即可，而拍卖会必须由专业评估机构和人士对拍卖品进行分级鉴定，需要达到一定的等级或者在一定的价格标准之上才允许进行拍卖；第三，"公盘"的货品按份计价，每份的数量从一件至几十件不等，拍卖的货品一般为单件，也有把具有一定关联性的物品组合起来的情况；第四，"公盘"完全按照货品所有者的意愿，按市场规律运行，拍卖需要由具备资质的专业机构和拍卖师组织运行；第五，"公盘"的货品都是原料，基本没有成品，分为明料和暗料，区别在于去掉翡翠毛料的皮壳或者切割开的叫明料，未去掉皮壳或仅磨掉一小块的为暗料，明料和暗料都不能保证其一定物有所值，具有较强的"赌性"，拍卖的货品经严格的鉴定分级，具有较强的价值公允性。

"缅甸珠宝交易会"始于1964年，每年3月举办的"缅甸年度中期珠宝交易会"始于1992年，每年11月举办的"缅甸珠宝特别交易会"始于1995年，每年1～6月期间举办。缅甸《玉石珠宝法》规定，所有从矿区开采出来的翡翠原料，必须通过"公盘"交易后方能出口，1995年后增加了宝石、珍珠等珠宝毛料，成为名副其实的珠宝交易会。截至2019年3月，"缅甸珠宝交易会"已经举办了56届，"缅甸年度中期珠宝交易会"已举办26届，"缅甸珠宝特别交易会"已举办13届。以上交易会短则5～7天，长则10～14天。

"缅甸珠宝交易会"和"缅甸年度中期珠宝交易会"由缅甸政府矿产部组织举办，组织机构常设办事机构组委会；"缅甸珠宝特别交易会"则由缅甸国营大型珠宝公司自行组织，由政府监盘。"缅甸珠宝交易会"自1964年开始，一直在缅甸首都仰光珠宝交易中心举办，自2010年开始迁至内比都举办。

翡翠"公盘"供货商是缅甸境内拥有政府颁发的具有珠宝石原料开采权、经营权、中介服务权、加工和运输权的国营和私营珠宝贸易公司，在参会前还要经过缅甸政府核准，主要的公司有曼德勒的金固、宏邦和 WINNER 等有限的几家。参加竞买的商家必须持有由缅甸各级政府、各级珠宝协会和珠宝贸易公司的邀请函，其中珠宝协会和珠宝贸易公司邀请的竞买商须经担保并上报组委会审核，无不良信用记录者方可获邀请函办理入场手续。个人若无邀请函，则需每人缴纳保证金 1000 万缅币方能申请办理入场手续（"公盘"结束后，如数退还给竞买商）。

从 2009 年开始，缅甸"公盘"开始全面实施保证金制度，每位珠宝商人要预先缴纳 1 万欧元的保证金，才能办理入场证，最高时保证金曾达到 2 万欧元；使用欧元投标，并规定若未在现场完税提货，则在交易会结束后 1 个月内交纳中标标的 10% 的货款，3 个月内付清全部货款完税提货，若违约，则没收保证金。

"公盘"的竞买方式分为明标和暗标两种。明标即为公开竞买，明标物大约占所有货品的 1/5 弱，由"公盘"工作人员公布竞买物编号，供所有集中在交易大厅的竞买商在公示的最低价基础上轮番投标，价高者得；暗标为不公开竞买，竞买商彼此不知道各自的竞买物和竞买价。暗标物大约占所有货品的 4/5 强，其过程为竞买商申请组委会核发竞买投标单，填写完成竞买商编号、姓名、竞买物编号和投标价后投入对应标箱，揭标后价高者得。

1964 年开始，缅甸政府一方面将翡翠矿山收归国有，另一方面利用翡翠"公盘"对翡翠原料出口进行控制，举办了第一届"缅甸珠宝交易会"，其中以翡翠原料交易为主，到 1992 年又增加了"中期交易会"，以后还每年不定期地举办"特别交易会"，此后是翡翠"公盘"，最多的时候每年达到 5 次，并且交易规模越来越大。2010 年缅甸政府为防止税款流失，颁布更加严格的法规——缅甸《玉石珠宝法》，严格控制翡翠出口及走私，一经发现违规行为，相关责任方将受到严厉处罚，并将举办地迁至新首都内比都。缅甸政府为了提高提货率还设置了保证金制度，若中标后不在规定期限内提货，将没收保证金，并收回中标货物提货权。通过严厉的法律约束，缅甸政府控制了绝大部分的翡翠原料的出口，翡翠原料通过"公盘"出口额在 2010 年达到了 18.9 亿欧元，2011 年达到 20 亿欧元，2014 年更是达到了 25 亿欧元，约 65% 以上的原料出口被缅甸政府控制，其他不到 35% 的翡翠原料在缅甸国内粗加工，以其他的形式销出，这种只有一个供给渠道的垄断称为国际结构性垄断。在翡翠"公盘"成交后，买主需要缴纳的税额比例分别为成品 5%、原料 15%。

(三) 被卡住原料咽喉的翡翠"面粉贵过面包"

"面粉贵过面包"原本不过是翡翠行业的一句戏言,指的是自2012年缅甸"公盘"因政治原因停止交易长达1年后,2013年再次交易时,玉商们发现翡翠原料价格已经飞速上涨,有的甚至已经超过了原来成品的价格,结果一语成谶,从此翡翠原料的价格就再也没有降下来过。

借用钻石原石开采、切割打磨、加工制造、品牌零售等四个环节的利润曲线分析,可以发现,在原料开采的环节利润率是最高的,而翡翠原料被缅甸政府控制,因此"面粉贵过面包"的隐含含义是大部分利润在原料环节就已经被攫取了。钻石产业链各环节利润率见图2-2。

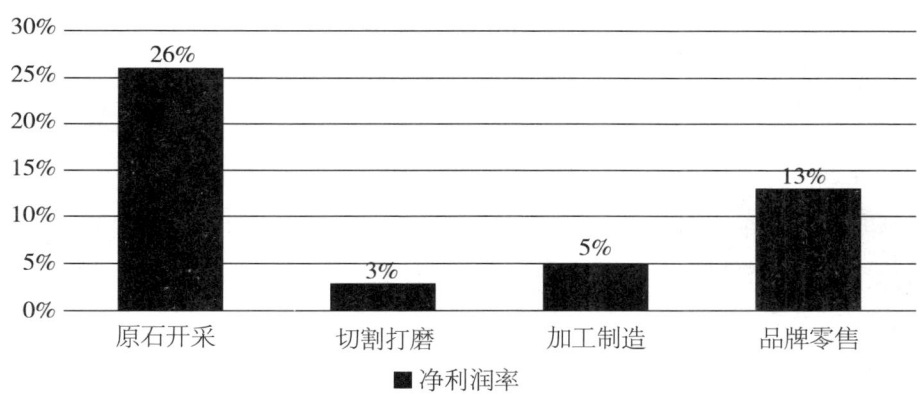

图2-2　钻石产业链各环节利润率①

二、产品质量问题

(一) 翡翠常见品种的行业名称

翡翠成品划分为天然品、人工改善、假冒品、替代品等,具体名称及定义如下:

A货:即天然品,是指未经过任何人工物理(高温氧化、辐射处理、激光去

---

① 智研咨询.2018年中国珠宝行业发展规模分析:珠宝首饰行业规模已达7000亿[EB/OL].2019-11-20. https://www.chyxx.com/industry/201911/807609.html.

杂质等）或化学处理的货品，仅经过雕刻、抛光等机械加工改变形状，其结构、颜色、成分、透明度均保持自然状态的翡翠。

B货：取英文单词bathe的第一个字母B，意思是"冲洗过的翡翠"，即本来是低端的翡翠，经过强酸液体的漂洗，腐蚀去掉杂质，保留了原来的颜色，再在高压下注入树脂等物质固化其结构，表面使用石蜡等覆盖，如此，其主要玉质还在，但结构已经遭到了破坏，长时间以后其颜色、结构会变差，长期佩戴会影响人体健康。

C货：针对低端无色或颜色较差的翡翠，通过强酸液体的漂洗，破坏其结构，注入色素，再注胶打蜡，其主要玉质还在，但结构遭到破坏，长时间以后其颜色会退化、结构会变差，长期佩戴会影响人体健康。

D货：是B货+C货的代称，指的是原本透明度差、晶体颗粒粗大、内含杂质、有明显裂纹、颜色差或无色的低端翡翠，甚至本身并不是翡翠的岩石，通过强酸液体的漂洗，破坏了其晶粒结构，注入颜色，再经过高压注入树脂等物质，再经过打磨抛光后冒充优质翡翠，欺骗消费者。

镶嵌贴片翡翠：对颜色较差的翡翠，利用切片、激光打孔等手段，或在底部贴上一片绿色贴片拼合，或注入绿色色素再通过镶嵌技术遮盖缝隙、孔洞，达到以假乱真的目的。

替代品：使用染色玻璃、染色石英玉（马来玉）、独山玉、青海翠玉、密玉和澳洲绿玉及东陵玉等相近宝石，替代翡翠。

假冒品：以绿色玻璃、绿色塑料等人工制品冒充翡翠，以假乱真，欺骗消费者。

次品：八三玉，是1983年缅甸无名玉石厂开出的新厂玉，矿物成分中钠长石含量较高，有大量的二氧化硅成分，因而密度较低，硬度、韧性都较纯正，属于翡翠中的次品。如雷劈种翡翠，属翡翠中的次品，有许多裂纹，且裂纹极不规则，成品佩戴一段时间后裂纹扩大直至断裂。

（二）假冒伪劣翡翠对市场的破坏：使消费者望而却步

翡翠行业中的制假品分为原料造假、成品造假，以及替品、仿制品、以次充好三种，无论何种造假都给市场造成混乱，对翡翠价格的透明、公正带来不小的负面影响。

1. 原料造假

原料造假是在明确原石没有加工价值的基础上采用制造假皮、假色、真假混色、掩盖缺陷、镶嵌贴片、天窗盖帽、探孔补洞、伪造风化、挖空增透、填充异物等手段造假，达到欺骗买家，获取暴利的目的。由于翡翠原料原本具有的"赌性"，在原料造假的加成下，使得对原料的判断更加难上加难，消费者望而却步，不敢轻易涉足。

2. 成品造假

翡翠成品一般按照天然品、人工注色、人工改变结构等，分为A、B、C、D等品种。

无论是B、C、D货还是镶嵌贴片翡翠、翡翠替代品都具有极高的欺骗性。有的是破坏了翡翠的结构，不再是纯粹的翡翠；有的则根本不是翡翠，不具备翡翠应有的价值，目的都是以假乱真获取暴利；有的甚至会危害消费者的健康。都是造成市场混乱的危害因素。

3. 替代品、仿制品、以次充好

无论是使用马来玉、蛇纹石玉、东陵玉等相近玉石冒充翡翠，还是以染色玻璃、塑料等人工制品假冒翡翠，或者以八三玉、雷劈种等次品以次充好，都属于欺骗行为。

以上三种制假售假的行为，都是扰乱市场的行为，严重损害了消费者的利益，使得消费者对市场失去信心，对翡翠价格不敢问津，望而却步。

三、产品价格问题

（一）翡翠鉴定、分级难

翡翠被誉为世界上最难鉴定的宝石，在宝石学的分类中属硬玉，是典型的玉石类矿物，但同时具有宝石的特征，这就给翡翠的鉴定造成了极大的难度。其一，由于翡翠原石表面均包着一层氧化层，内部的成分即便是最先进的仪器也难以判别，这也是让所有珠宝学专家最为头疼的难题；其二，翡翠拥有丰富的颜色，有绿色、黄色、红色、紫色、褐色、黑色等颜色，并且质地变化大，从极细腻、较细、中等颗粒到较粗颗粒等都有；其三，化学成分复杂，每一种化学成分的含量、结构的变化都会造成外观的极大差异；其四，翡翠成品都没有完全相同的两件，几乎每一件都是孤品；其五，翡翠文化继承了中华数千年的玉石文化，有着悠久的历史和深厚的文化内涵，给翡翠鉴定增加了难度；其六，目前市场上造假、售假、假冒、以次充好等现象层出不穷，给鉴定、鉴别带来了极大难度；其七，由于翡翠作为新兴玉种出现的时间不过600余年，在中国广泛使用和流传的时间仅有200余年，并在一段时期内中断过，自1978年改革开放后才开始作为主要玉石在国内市场兴盛，对其进行专门研究的科研院所、高校、质检部门并不普遍，专业队伍有待扩大和加强，消费者对其的认识也还不充分。

(二) 翡翠分级标准推广执行难

早在2009年，国家和地方就发布了一系列的翡翠饰品鉴定、分级标准，但是在执行和推广过程中遇到许多障碍和阻力。在翡翠鉴定、分级地标、国标公布之前的2007年7月12日，《中国商报》就以"翡翠分级国标能否顺利推开"为题进行讨论，认为"在很多业内人士看来，以翡翠的结构特征与人文属性，实现某种标准化的分级几乎是不可能的"[①]；2010年4月3日，《中国矿业报》就提出了"翡翠国标能帮多大忙"的质疑。

与翡翠相类似的钻石、红宝石等宝石，均有相应的被广泛认可的分级标准，如钻石通过国际公认的4C标准，即颜色、切工、净度、克拉数，通过加权计算，即可明确地进行分级，红宝石、蓝宝石、祖母绿、金绿宝石（猫眼石）等世界顶级宝石都参照钻石分级标准建立起了相关标准。与之相关的还有黄金，由于黄金是单一金属，且经过数千年的发展，已经有成熟的技术可以快捷地辨别黄金的成色。

翡翠不同于钻石、黄金等仅由单质碳元素和金元素组成，容易鉴定和分级，翡翠是多元素的集合体，由于其颜色、透明度、杂质、质地、加工工艺，包括艺术价值在内的综合印象具有很大变数，使得目前建立的国家级和云南省地方分级标准难以把握，加上专业人才的缺乏，使得翡翠分级标准的推广并不普遍。

翡翠由于产地和市场的分离，尤其是作为翡翠原料主产地的缅甸经济落后，信息、交通闭塞，社会安定性差，翡翠分级标准与主要销售市场的统一存在极大难度。

---

① 韩涧明.翡翠分级国标能否顺利推开[N].中国商报，2007-07-12.

（三）现行翡翠标准与价格匹配研究推进缓慢

翡翠鉴定分级标准发布的目的，是通过在有效鉴定的基础上，进行产品分级，进而对其价值进行评估，直接与价格进行匹配。

在翡翠价值与质量鉴定的相关研究中，总体看从物质自然属性指标进行分类的较多，典型的研究有：丘志力等在前人工作的基础上，兼顾中国传统的工艺习惯和科学性，将绿色翡翠分为 10 种类型：翠绿、阳绿、菜绿、豆绿、瓜青、水绿、油青、斑点绿、灰绿、墨绿；质地分为 5 种类型：玉地、水粉地、沙地、瓷地、石地；认为颜色、质地、水头、净度、工艺形制、大小等 6 要素是影响翡翠饰品市场价格的主要因素；以国有珠宝商场的零售价格为参照体系，提出了国内市场翡翠饰品的估价模式，即 2C、2T、2S 质量分级估价指标①。刘跃认为翡翠的价值评估应从 7 个方面进行，包括颜色、种分（质地）、透明度（水头）、裂绺、净度、重量、工艺等②。李济认为只有正确判断翡翠的品种、品质级别，才能更好地评估其价值。他提出从翡翠的颜色、透明度、质地、净度、质量、大小等 6 个方面进行品质分级，并对其对价值评估的影响进行了阐述③。陈逸敏提出从颜色、种分、大小、工艺、文化等 5 个方面去判断翡翠的价值④。褚维彬等认为衡量翡翠手镯质量的因素为透明度、颜色、内部结构、净度、裂隙、外形分类和有关尺寸这 7 大价值评价因素⑤。徐璐琳、李忠武"利用熵权法计算指标权重，运用聚类分析为待评估对象选择参照样品，运用层次分析法计算市场法定价，再运用市场法确定待估样品价格"⑥ 的方法对翡翠手镯样品的市场价格进行估算。

综合以上研究来看，翡翠成品价格影响因素主要集中在颜色、质地、透明

---

① 丘志力，刘扬睿，朱敏，等. 国内市场翡翠饰品的质量分级及估价[J]. 宝石和宝石学杂志，2001，3（2）：15-22.
② 刘跃. 珠宝品质和价格的评估要素[J]. 珠宝科技，2001（3）：4.
③ 李济. 翡翠的鉴定与价值评估[J]. 山东国土资源，2001，26（1）：1-14.
④ 陈逸敏. 翡翠价值评估的重要性和方法[J]. 上海工艺美术，2011（3）：52-53.
⑤ 褚维彬，郑艳莹，穆穆. 关于翡翠手镯价值评价因素的探讨[J]. 科技资讯，2013（10）：216-218.
⑥ 徐璐琳，李忠武. 基于未确知测度理论与市场法的绿色翡翠手镯定价模型[J]. 中国资产评估，2019（03）：32-37，56.

度、瑕疵、工艺、琢形、尺寸、重量、文化价值等方面,其中琢形、尺寸、重量、文化价值等可归结为综合印象,与云南省地方标准较为相符,但对市场因素、镶嵌与否、是零售还是拍卖未论及,有待进一步深入研究。同时,以上研究均未能系统地将翡翠戒指、挂件、摆件、手镯、耳坠、手链、串珠、杂项等常见翡翠琢形与镶配形式、交易方式全方位地进行价格匹配研究,更未能提供具有实践价值的翡翠投资参照体系。

(四) 翡翠价值与价格的本质及关系认识不明

翡翠的价值是如何产生的,翡翠生产的生产关系是怎样,以及翡翠价值与价格的实现等问题,没有资料显示曾经进行过系统的分析,导致翡翠物的关系掩盖了人与人的社会关系,对翡翠价值的本质认识不清,对价格的决定也就认识不明,调节和控制则无从谈起。

(五) 翡翠价格不透明,导致价格信号器、调节器的功能发挥不完全

因缅甸政局不稳定、经济落后、社会治理能力差、技术条件落后、人才资源匮乏、市场功能未得到有效发挥,导致资源被政府及利益团体长期垄断,翡翠原料形成国际垄断价格。

国内市场由于自主性、开放性、竞争性、公平性的特点,具有高度的自由市场特征,同时由于政策不优、市场监管不到位,导致市场出现自发性、盲目性、滞后性的倾向,法治化较差,因而价格透明度低。

由此,价格作为信号器和调节器,在产业链的价值链、企业链、供需链、空间链四个环节间的功能发挥不完全,导致不能及时调整市场供求关系、稳定价格。

四、流通监管问题

(一) 翡翠流通市场的无序性

由于国内翡翠市场具有较大的自由市场的特征,导致在资源配置过程中,具有极大的自主权,并自发地向着经济效益最容易实现的方向倾斜,由此带来行业外游盲目投资,企业盲目扩大规模,个人囤积炒作,但由于与境外原料垄断方的信息障碍,造成信息滞后,从而带来翡翠市场一方面价格居高不下,另一方面商户待价而沽、消费者望而却步、市场门庭冷落的无序性。近年来兴起的网商、微

商的异军突起,搅乱了原有的市场规则,也不可否认地加剧了目前市场的无序性。

1. 网商、微商的自发兴起,搅乱了原有的市场规则

中国目前是世界上线上销售最为发达的国家之一,线上珠宝玉石交易做到了世界最大。据《2018中国翡翠行业网络消费白皮书》公布的数据来看,2018年网购翡翠交易额突破1300亿,同比增长7.7倍,其中直播销售额占网购销售额的87%,约1131亿元,同比增长26倍①。这得益于中国发达的网络系统以及完善的网上支付系统,网商、微商成为新兴的销售平台而异军突起。

目前,大力发展电商、微商成为部分翡翠经销商的主要策略。通过电商销售,节省中间流通环节的租金和人力成本,翡翠经销商也可以按需下订单,综合成本降低后,使得消费者可以以更优惠的价格买到珠宝。最初一批触网的翡翠企业是在2000年,在易趣平台成长起来,随后便一直领跑全国珠宝电商的发展,但一直没有形成寡头。众所周知,翡翠行业不同于其他领域,对专业性和资本实力的要求很苛刻,所以企业的软硬实力必须过硬,否则难以在激烈的竞争中生存下来。2008年后,翡翠王朝等新生代异军突起,网上销售额突破亿元,带动了翡翠电子商务快速发展。之后,不少翡翠企业开始选择在网上开店,越来越多的商家开始开设网店进行网上销售,加速了传统行业转型进入电子商务时代。翡翠电商以低利润、高性价比货品冲击传统市场,使得传统翡翠市场迎来了空前的考验。

在建立拥有品牌的实体企业联盟、现代物流基础上,大数据、融资的"互联网+珠宝+品牌"创新模式……可利用线上线下相辅相成的销售渠道,利用电商的网络覆盖优势……创新翡翠营销模式,提升产业竞争力与企业盈利能力②。

但是,网商、微商的异军突起,使得翡翠的市场更加无序,因为大部分网商、微商的从业者还不具备专业的评估能力,采取的定价策略是简单的"进价+利润",至于销售成本分摊到每一件货品上就基本稀释了,可以不用考虑。线上线下的价格差异,对消费者来说也造成了新的困惑,而且通过网商、微商的图片

---

① 高彩云.《2018中国翡翠行业网络消费白皮书》发布[N].青年报,2019-05-15. http://app.way.com.cn/epaper/webpc/qnb/html/2019-05/16/content_88101.html.

② 吴烨.互联网+珠宝行业创新经营模式研究——以翡翠行业为例[J].吉首大学学报,2017,38(S2):5-8.

展示、直播等看到的翡翠品质难以保障，物流的影响可能会有损坏，甚至有被调包的可能，也增加了不确定性。

2. 价格信息传递不完全，导致市场盲目性增加

（1）翡翠批发市场的"一手"货交易方式：隐藏了价格信息

在翡翠批发市场，常有几个人围着一堆货物讨价还价，细看这一堆货物一般有手镯七八只、花牌二三个、戒面五六颗，或者单独的就是十来只手镯、单独的三五个挂件或者花牌、单独的十来颗戒面，其中必然有一件是种水、色等品相出众的"头货"，这样的组合就叫"一手"货。为什么商人们要把这些东西组合起来出售？其实是因为这些货品是由一块原石切割雕刻而成的，为了确保回收成本，使每一件成品都能卖出去而不至于积压，就采用这种打包销售的策略，因为每块翡翠原石的颜色透明度、晶体颗粒粗细分布是不均匀的，不同的部位做出来的产品价值明显是不一样的，其中种、水、色俱佳的部位做出来的产品就叫作"头货"，若只卖出"头货"则其他较差的产品就卖不出去，或者只能低价售出，不能确保收回成本。当然，在零售市场采取了成本与利润的加成后，货品都是以每件的价格单独计算出售的。

（2）翡翠交易的神秘谈价方式：阻断了信息外传

在翡翠交易市场，人们常听到"这个价位在小五""这个值中六"这样的术语，那么小三、中四、大五术语代表什么意思呢？其实，小三、中四、大五代表的是一个价格区间，并不是某个具体的数值。小、中、大分别代表价格数字开始的 1~3、4~6、7~9，后边的三、四、五代表价格的位数。这样连起来商人们很快就能知道小三就是 100~399，中四是 4000~6999，大五是 70000~99999 了。假设你认为某个产品只值 800 元左右，则可以说"这个价位在大三"。

这样的谈价方式对于外行来讲是"云里雾里"，听不懂的，显得很神秘，实际上是翡翠行业内交易特殊的谈价方式，只说货品的大致价格范畴，一般都是行业内相互拿货、互通有无的时候使用，这样不至于泄露商业机密。

（3）多人合作博弈降低交易风险性的同时也屏蔽了信息

在翡翠原石的交易过程中，由于具有较大的"赌性"，存在多人合作博弈的情况。比如甲将一块翡翠原石以 5 万元的价格卖给有加工实力或有销售渠道的乙，由于不能确定切开后的价值，乙会要求与甲合作，以甲应得的 5 万元入股，若盈利则甲将得到应得的 5 万元以及盈利部分的按比例分成，或者固定的一个利

润额；若亏损，则要共同承担亏损部分，至此合作博弈实现风险共担。

(二) 当今国内翡翠市场管理乏力、法治性差

1. 政策环境不优

目前发布的有关翡翠行业的政策，大体可以分为三类：

第一类是规范类政策，包括《翡翠饰品质量等级评价》（DB53T302—2009）、《翡翠分级》（GBT23885—2009）、《珠宝玉石 名称》（GBT16552—2010）、《珠宝玉石鉴定》（GBT16553—2017）、《珠宝玉石及贵金属产品分类与代码》（GB/T 25071—2010）等一系列翡翠鉴定、分级标准。其中国标《翡翠分级》从颜色、透明度、质地、净度4个方面对翡翠的品质进行了级别划分，对其工艺价值也进行了评价；云南省地方标准《翡翠饰品质量等级评价》将翡翠分为5档12级，根据颜色、透明度、质地等各方面综合进行打分，分档定级，满分1000分，该分级标准对翡翠的评级具有较好的实践价值。然而，以上鉴定分级标准与市场价格仍然不能直接挂钩。

第二类是市场监管类政策，包括《云南省珠宝玉石饰品质量监督管理办法》《昆明市珠宝首饰质量监督管理办法》《中华人民共和国海关统计商品目录（2011年版）》《昆明市国家税务局关于明确珠宝玉石行业增值税、消费税管理相关问题的通知》《社会团体登记管理条例》等。其管理职责集中在质量管理、税收管理、市场行为管理等方面，具体规范仍然集中在行业协会等社会组织身上。

第三类是规划、意见类支持政策，包括《云南省人民政府关于加快石产业发展的意见》（云政发〔2011〕23号）、《广东省黄金及其他贵金属珠宝产业发展"十二五"规划》《昆明市人民政府办公室关于印发昆明市要素交易中心建设实施方案的通知》等。

以上各类政策的发布与实施，对翡翠玉石产业的发展有极大的促进作用，但离行业发展的要求仍有不足，主要体现在：第一，对行业协会等社会组织作为市场监管、协调机构的功能没有充分的政策支撑，导致制定的鉴定、分级标准与市场价格联系不密切；第二，政策大多以管为主，引导和服务较少，解决实际问题的功能性不强；第三，翡翠渠道受制于缅甸"公盘"，而国内的保税物流、出口加工区、要素交易中心等要么因无配套政策而未能有效发挥其功能，要么仍在争取政策支持，还不具备可操作性。

2. 市场监管力量不足

一方面，政府职能部门在鉴定难、分级难、制假售假现象突出、旅游市场混乱、新兴网络市场打乱销售格局的前提下，在目前的技术、人力、财力的制约下，实难有作为；另一方面，由于翡翠市场是以市场调节为主，具有高度的开放性、竞争性、自主性，若置之不理会导致市场失灵，若管得太死又将导致政府与市场双重失灵，其管理"度"把握亟待优化。

3. 旅游市场的导游与商家利益分割乱象丛生、法治性差

随着中国经济的迅速崛起，不少家庭迈入了中等收入阶层，除了生活必要支出、教育支出等，有了旅游的需求，假期享受一趟舒适的旅程，在祖国大好河山中感受生活本来是极其惬意的，可是大多数的旅行公司和导游就不愿意只安排一趟纯粹旅游行程，转而寻找商家合作让这趟旅行更加丰富起来。

原来，旅行社的导游、司机在景点不断加快速度，以图尽快结束行程，然后直奔一个前不着村后不着店的集合地点，在这里胡乱地吃一顿所谓地方特色的美食，游客会发现这里有不少的土特产可以购买，在导游热情的介绍下，旅游变成了购物，直接就是买买买。导游和司机会定期与商家结算回扣，可是土特产毕竟附加值低，于是高端的土特产"云南玉""玉出云南"等概念出现了。导游开始更加热情、更加有文化，到了云南哪有不带一块与自己极其有缘的玉石回家的道理呢？竞争愈发激烈，零团费的旅游团开始出现，旅行社、导游、司机的利益如何保障呢？最直接的办法就是旅行团变成"购物团"，在某些地方甚至出现了导游逼迫游客购买纪念品的恶劣事件。

经过游客的投诉，旅游市场开始整顿，黑心导游消失，零团费旅行团消失，这时商家开始闪亮登场，在旅游景区的必经之路（精心设计的路线）上或游客无法拒绝的地方会出现装修大气精美的购物超市，商家的业务员经过专业培训，面容姣好、彬彬有礼，导游还会提醒、关爱团员不要乱买东西，要认准有质量保证、信誉过硬的商家才可以购买。若游客没有完成购买的预定量，是找不到导游的，车辆也不会发动，一切还是把游客算计了进去。

旅行社是不必支付导游固定工资的，导游依靠业绩决定收入，业绩由所带的团员数量、购物回扣等决定，有经验的导游会选择台湾团、香港团，发达地区年龄稍长的团员，度蜜月的年轻人组成的团队，因为这些团队的团员大多有较好的经济基础，购买力较强。而商家对导游、司机带的团员购买土特产品的回扣开始

时是米、油等物资,后来发展到现金回扣,到购买珠宝玉石时,回扣一度达到了惊人的五成,也就是说卖出10万元的珠宝玉石,将有50%的成交额变成旅行社、导游、司机的回扣。

一般来说,在这些专做游客生意的珠宝店卖出的珠宝玉石,质量还是有保障的,一般都有质量检测证书,保证是A货,不然就有被取缔的风险,但是其价格就有许多不实之处了,从曲折的交易过程就可以看出端倪。比如标价10万元的翡翠,游客看上后,售货员当即表示可以打5折,甚至3折;若顾客还在犹豫,导游就会适时出现,表示这是我所尊敬的大哥、大姐、大叔、大妈、亲密的闺蜜等,请求折上折,售货员表示打8折是他最大的权限了,这时价格变成了2.4万元,顾客还会做最后的努力,售货员会请示经理,经理同意再打9折,于是价格变成了2.16万元;如顾客还在犹豫,售货员当机立断,用计算器计算一番按出一个数字18800元,在导游鼓励的眼神下,顾客反复确认证书后就会以刷卡、微信支付、支付宝支付等形式完成交易,此时是1.88折的价格,皆大欢喜。其实这样成色的翡翠市场价格不过5000~6000元,旅游公司、导游、司机将拿走5000~8000元的回扣,不可谓不高了。

另外,还有的商家的定价与实际价值比较接近,像刚才这样的翡翠标价直接就是1.8万元,全店统一9折,但是该给的回扣是按照利润的50%提计,售价为1.62万元,除去成本,也可以回扣5000元。这类商家一般在景区内或者在旅游城市相对集中的珠宝城或者在高档商业区的长期门店,一般有较高的信誉,既做旅行团的生意,也做散客、普通消费者的生意。

五、产品审美和艺术创作问题

(一)造型、设计题材滞后

早在2005年《中国黄金报》就报道了"中国翡翠业迅猛发展设计却300年没变",翡翠专家摩伏谈道:"翡翠雕件仍然停留在福禄寿和十二生肖的层面上,传统人物和花鸟鱼虫还是主要题材。"[①] 龙远宏则认为,"如何让设计既不脱离传

---

① 中国黄金报. 中国翡翠业迅猛发展设计却300年没变[N]. 中国黄金报,2005-03-15.

统文化,又增添现代气息,成了现在面临的问题,也是对设计师的一个极大挑战",提倡"充分焕发翡翠色彩美……学习西方先进首饰工艺"[①]。柳箐、文思蒙等依然认为:"国内的翡翠首饰市场,设计内容贫乏,表现手法单一,设计款式依旧停留在传统表现形式下……翡翠首饰设计要运用现代国际化的设计语言,探索具有时代特色的翡翠饰品。"[②]

从以上研究结论中不难发现,翡翠首饰的设计到目前依然存在三个方面的问题:一是造型、设计题材仍以传统表现手法为主,缺乏创新;二是翡翠首饰的表现手法、艺术创作和审美能力尚需提高,表现时代特色不足;三是在翡翠产品的艺术性和表现能力上,对传统文化的表现手法创新不足。

(二)与世界顶级设计相比仍有差距

目前国内设立了 10 大珠宝玉石首饰的大型赛事,其中比较著名的有"百花奖""神工奖""金雕奖""中国珠宝首饰设计与制作大赛",以及专业的"中国翡翠首饰设计大赛"等小型赛事。在各类比赛中涌现出许多优秀的作品,诸如《彩云追月》《竹趣》《解构与重筑》等,巧妙地运用翡翠的色彩,表现出生活与想象双重的意境,可以说中国的翡翠设计与雕刻经过近 30 年的发展已经具有了较高的水平,在世界玉石界已经具有了领先水平。但是,在欧洲皇家艺术促进协会(KoMASK 协会)、世界黄金协会(WGC)等国际顶级珠宝协会举办的大型珠宝设计制作大赛上一直未能崭露头角,尤其是在 HRD 比利时国际钻石首饰设计大赛(被誉为钻石首饰设计界的"奥斯卡")等赛事上一直未能斩获前三,留下了巨大的遗憾。

目前,作为我国珠宝界领头羊的翡翠首饰的设计、雕刻、制作水平的高低,直接代表了我国珠宝首饰产品的审美和艺术创作的水平,但与西方现代珠宝首饰的发展与积累相比,毕竟发展的时间较短,仍有不足。

(三)品牌塑造不足,竞争力不强

在商品资讯极为发达的今天,商品的品牌效应不仅是商家利益的保障,同时也是消费者信心和利益的保障。

---

① 龙远宏. 翡翠设计如何创新[J]. 中国黄金珠宝,2010(6):44-45.
② 柳箐,文思蒙,林雪梅,等. 翡翠首饰设计新探索[J]. 艺术科技,2017(8):270.

首先，要创立品牌，除了需要有强大的经济实力、领先于同行业的技术、诚信的经营理念、严格的管理制度、优质的服务外，还需要有一定的经营规模，才能具有知名度，使品牌得到大众的认可；其次，要在竞争中保持品牌和知名度，需要有敢于竞争的精神，还要有不屈的韧劲，使得企业和品牌存在足够长的时间；最后，还要适当地让利，维持固定的消费群体，发展新的潜在消费群体。

综观全球珠宝界，国际、国内都有著名的珠宝企业，例如享誉全球的卡地亚（Cartier）、宝格丽（Bvlgari）、萧邦（Chopard）、伯爵（Piaget）、蒂芙尼（Tiffany& Co）、梵克雅宝（VanCleef& Arpels）、宝诗龙（Boucheron）、迪奥（Dior）、尚美巴黎（Chaumet）、纪梵希（Givenchy）、戴比尔斯（De Beers）等，主要集中在以钻石、彩色宝石为主的领域；国内唯一的珠宝质量上榜品牌戴梦得，主要以钻石、铂金为主，周大福珠宝、六福珠宝、周大生珠宝、谢瑞麟珠宝则主要以黄金、白银首饰为主业。以上企业大多具有雄厚的资金、技术，拥有广泛的影响力和忠实的客户群体，尤其是卡地亚、戴比尔斯等企业有着几百年的悠久历史，有着无与伦比的深厚文化底蕴，同时对产品的定价权也有着不小的影响力。

翡翠行业的品牌如七彩云南、东方金钰、菜百首饰BAI、老凤祥珠宝等无论是从规模、影响力、经营历史，还是从客户群体等方面都无法与世界顶级珠宝品牌媲美，与周大福、谢瑞麟等老牌珠宝品牌相比仍有不小的差距。在一个行业内没有建立起具有广泛影响力的品牌，其对产品价格的稳定肯定是有负面影响的。

六、资本流动性问题

（一）资产变现能力和变现速度严重不足

杨自文在《金融创新：解决高端翡翠流通的最佳途径》一文中提到了一个现实："国内的一项非官方统计，高端翡翠的流通率不超过1.28，即高端翡翠需要1年多时间，才能转手流通一次，根据判断，这个流通率，还是在翡翠市场相对火爆的时期，目前的高端翡翠流通率超过了2，甚至更高，也就是说，一件高端翡翠，需要经过2年以上，才能够转手卖出，这对高端翡翠经营者来说，是有很大的资金压力的。"①

以上报道，充分说明了翡翠界的一个现实：每年流入市场的中、高端翡翠产品有上千万件，总价值超过2000亿元，是翡翠产业总产值的60%，即近1200亿元的财富要被搁置，不能进入市场流通。加上历来被搁置的高端翡翠，保守估计也有上万亿的资产不能变现进入流通领域，这不能不说是财富的浪费和闲置。

（二）翡翠企业短期偿付能力不强

翡翠资产的流通和变现能力和速度严重不足的后果就是引发企业短期偿付能力不强，以及一系列的其他社会经济问题。

翡翠企业在需要资金周转时，需要快速将手中产品变现，但由于翡翠定价问题的困扰，继而引发资产无法评估定价，很难进入流通领域。其实，翡翠产品由于价格问题不能解决企业的实际问题的现象，不仅是流通领域的问题，也是困扰企业清算、抵押和进行融资的一大难题，在国家海关和税务部门也存在着由于翡翠定价难，在原料、成品进出口关税问题上，在国内批发、零售和拍卖市场均存在税收清缴问题。

七、财税贡献问题

（一）原料税收的痛点

翡翠原料的税收问题，其实在多年以前就已经引起了关注，并成了翡翠产业的痛点。

一方面，缅甸政府为阻止税款流失，规定所有的翡翠原料出口必须经过政府控制的"公盘"交易，并确定出口税率为毛料18%（15%商业税、2%的预付收入税、1%的珠宝检验费），成品8%（5%商业税、2%的预付收入税、1%的珠宝检验费），税款按照美元兑缅币汇率市价加以计算，也就是说每一件翡翠在"公盘"交易中标后，到提货时必须缴纳8%~18%的税款，税率已然不低。

另一方面，若翡翠原料走陆路从云南进口，现行的原石综合税率为33.9%（毛料税3%，消费税10%，增值税17%，地方税3.9%）。若按照此税率纳税，

---

① 杨自文. 金融创新：解决高端翡翠流通的最佳途径[N]. 云南经济日报，2013-12-31.

则自 2010 年来平均每年"公盘"交易额 11.172 亿欧元,若按照提货率 60% 计算,则为 6.7032 亿欧元,按 2020 年 8 月 21 日汇率 (1:7.8042) 计算为 52.56 亿人民币,则 52.56×33.9%＝17.81784 亿人民币。然而,"早在 2010 年就有报道称,当年从云南进口原料为 1723 吨,而缅甸有记录可查的出口量为 25795.41 吨,由云南进口的翡翠原料仅为总进口量 6.67%,税收仅为几百万元"①。经过多年的不懈努力,云南省的翡翠产业总税收在 2018 年达到 6000 万元,但与庞大的市场体量相比仍微不足道。

而且,其余 90% 以上的翡翠原料进入中国大多改走水路,翡翠原料从缅甸新首都内比都到泰国,税率仅为 5%,经马六甲海峡,到达免关税的中国香港,在香港采用"高价中标,低价申报"的办法避税,或者将玉石申报为大理石、建材等,则按每千克 1~1.5 美元申报货值。尽管中国海关加大打击力度,仅在 2008 年就有 200 余名玉商因高价低报而被查处,其涉案实际成交价格高出申报价格 22 倍之多。2010 年又传出因广东海关要求货主提供申报玉石原料的缅甸"公盘"拍卖目录、销售合同、装箱清单等证明其申报价格,以审定核税,造成玉商放弃提货,1000 余吨翡翠原料滞留港口,事后有关部门核实若按实际成交价格报税,该批次货物需缴纳 7 亿余元人民币的税额。这一现状至今仍未得到有效解决,商人仍按高价低报的办法申报,国家税款仍在快速地流失。蔡荣均在《翡翠征税这个局永远无解》一文中提到:"据说,税务部门已派人到缅甸翡翠"公盘"上调取历年翡翠原石成交记录,用成交记录与海关的报税记录对比就可计算出翡翠商人偷税情况。"最后又补充道:"在没有达到国家贸易互信、信息互通的前提下,获得缅方历年"公盘"成交纪录基本是不可能的,这主要是不符合商业规则。"②

(二) 成品税收的痛点

若说翡翠原料的税款是深不见底的无底洞,成品的税款就可以形容为"黑洞",估计每年有近 100 亿元的税收流失。2020 年 6 月 5 日在翡翠成品销售主力

---

① 张维,等. 扩大云南陆路口岸翡翠原石进口的竞争策略研究[J]. 科技和产业,2015,15 (5):19-21.

② 蔡荣均. 翡翠征税这个局永远无解[EB/OL]. 新浪博客. blog.sina.com.cn/s/blog_9e2703c1010168tl.html. 2012.05.21.

城市之一的瑞丽，国家税务总局瑞丽市税务局举办了瑞丽市珠宝玉石互联网直播行业税法宣传活动。当地税务部门负责人表示："商户们依法纳税的意识还不够强，希望通过此次税法宣传活动能进一步提高商户们依法纳税的意识，翡翠成品税款征收原则是：多赚多交，少赚少交。"① 在税务部门进行宣传活动的背后也隐藏着无奈，"按照现行税收政策，在没有进项抵扣的情况下，要进行交易需缴纳销售环节增值税，一般纳税人的税率为17%，小规模纳税人的税率为3%……若不完税，则产品的合法性和可追溯性就无法保障。依法完税，特别是对于上市公司或拟规模经营的企业来说，将大大降低税务风险，实现经营合法性"②。从以上报道中可以看出翡翠成品的税赋贡献率仍处于较低水准。

（三）翡翠产业税赋难点

纵观以上翡翠成品税收痛点，其中有四个不容回避的事实：一是翡翠的税率；二是计税价格；三是信息供给；四是第三方机构的评估与监督。

关于税率，前面已经讨论过翡翠原料33.9%的综合税率明显过重，是造成原料玉商偷税、逃税的直接原因；而在销售交易环节还要缴纳3%或17%的增值税，则直接造成零售商家不予申报。

关于计税价格，在原料环节直接由"公盘"交易的竞标价决定，但在成品计税价格方面，目前仍然没有权威可行的定价系统和方法，成品价值评估无法进行，则依法缴税就成了空中楼阁。尤其是近年来线上销售额快速增长，已经超过实体成交额，保守估计也超过了1000亿元，但由于计税价格的不确定，这一部分的税赋贡献是几乎不能实现的。

关于信息供给，一方面是缅甸政府与国内税务系统、商务系统、海关系统没有建立起信息共通机制，中国的相关机构无法掌握翡翠的"公盘"交易成交价格，在海关计税时就无据可依，导致大量税款流失，进而导致国内税务系统也只能"望玉兴叹"。

关于第三方机构的监督与服务，即便是建立起科学可行的翡翠定价指标体系

---

① 瑞丽市税务局. 翡翠成品税款征收在这个地方公布了：多赚多交，少赚少交 [EB/OL]. 搜狐网. https://www.sohu.com/a/401105281_1002662002020.06.05.

② 云南省商务厅. 云南省商务厅关于翡翠玉石珠宝产业发展工作调研的报告 [R]. 2018.

和价值评估系统,为实现公平、公正、公开,还必须引进第三方机构,发挥产品质量认定、证书出具、交易监督、价值评估、交易追溯等服务功能,实现翡翠税赋的高质量实现。

(四)翡翠产业陷入财税贡献低的恶性循环

在前面的分析中,依照各类统计、贸易机构公布的数据来看,中国是世界上最大的翡翠消费国,拥有世界最大的翡翠加工基地,是世界最大的翡翠国际贸易进口国,翡翠产业的规模超过2000亿元人民币。然而翡翠的税赋贡献率却不尽如人意,分析其原因有如下几方面:一是翡翠原料受制于人,定价权缺失,原料价格极高,原料的高价格致使资源控制方加大原料控制,供给与需求呈同向变动,致使翡翠价格一涨再涨;二是定价机制缺失,税收无法收取,导致政府无钱投入管理,进一步导致产品质量良莠不齐、流通监管乏力、资本流动性差等问题;三是产品审美和艺术创作问题,一方面是投入不足,另一方面是其文化艺术价值与其价格不相配,导致国际竞争力不强,不能与中国香港、中国台湾、清迈等亚洲珠宝中心竞争;四是价格高催生赌石、拜物教、局部经济泡沫等行业负能量,进而加剧价格剧烈波动,造成恶性循环。

归结起来说,由于翡翠价格成因不清,定价机制缺失,调控管理机制不完善,致使税收困难;由于税赋贡献不足,政府投入难以为继,进而坐视行业发展陷入后继乏力的境地。

八、行业负能量问题

(一)"赌石"的赌博本质及危害

1. 赌石是游走于灰色地带的变相赌博

所谓"赌石",是特指对翡翠原石籽料(即翡翠砾石)进行赌博式交易的特定称谓,素有"一刀富,一刀穷"的传说,意即赌石买来后有可能一刀切开后暴富,赌博成功,也有可能一刀切开后不值几何,一无所有,赌博失败。赌石产生的背景及交易过程中一些独特的行为使"赌石"蒙上了神秘的面纱。同时,巨大的风险性与丰厚的回报性又刺激着人性的贪婪,不断地有人投入这个刺激的游戏中去,甚至成为旅游景点招揽顾客的噱头。在我国,赌博是违法行为,但是"赌石"作为原料交易的一种方式,常常游走于灰色地带,社会负面影响极大,但又让有关部门无可奈何。

在翡翠交易过程中，经济效益的好坏在原料交易时就已经决定了。如果以极低的价格买到好的原材料，经过加工后就可以卖到不错的价格，从而实现盈利。或者，再以更高的价格转卖，几经转手，价格已经是第一手交易的若干倍了，这时风险倍增，赌性极大。可以说翡翠行业的利润绝大部分集中在原料上，而原料的购买一般通过"公盘"与"私盘"（即赌石）进行交易。

在赌石交易过程中除了赌博性，即具有高利润与高风险性外，其过程也具有特殊性，与一般交易相比，其信息公开程度更低，具体介绍如下：

赌石一般分为保留氧化层外皮的蒙头料、开门子的半明料、抹掉氧化层完全切开的明料。完全没有经过加工，保留氧化层外皮的蒙头料，被称为"赌石"。目前还没有任何一种科技手段可以完全看透翡翠原石的内部结构，仅靠观察外皮表象来判断其内部质地本身就是一种赌博，虽有行家不断总结诸如"透在表皮的绿色，宁买一条线，不买一大片"的口诀，更多的时候是人为猜测，靠运气的成分较多。

在翡翠原石表面切下一小片，叫"开门子"或"开天窗"的半明料，被称为"半赌石"。翡翠流通市场上，许多半赌石都开一个或几个"门子"。卖家开"门子"是有讲究的，他们通过对翡翠砾石皮壳的观察，努力把翡翠内部最好的一面展现出来，这样可以卖个好价钱。但是这种赌石的风险是最高的，因为买家往往认为自己看到的绿色非常好，期待里边会更好，从而高价买下，风险性随之增加。

将翡翠砾石完全剥皮，或将翡翠原石切成片，或从中间切成两半，将切开的料进行抛光，这就是明料。这就使翡翠内部的颜色和质地一目了然了。通常来说，翡翠明料内部玉质变化有限，上当或暴富的可能性小了很多。但是，明料也有一定的赌性，因为明料的色根走向是不完全确定的，所谓"色走一分，价差十分"。另外，在玉料的内部，由于自身的重力等因素，会形成微小的裂纹，将严重影响手镯等成品的价格。虽然缅甸"公盘"常采用明料或半明料，看似减少了风险，实则仍具有一定风险。

对于用蒙头料交易的"私盘"，即纯粹的"赌石"。具体交易过程一般不在公共场合进行，不是行内人一般看不到原料，好料更不容易看到，只有经熟客或熟人介绍才能过目，购买时首先看货，即"相玉"，一般为蒙头料。买主如果相中，会用行内暗语表示相中，然后双方就开始"谈"价，"谈"并不开口，而是双方伸手到一方衣袋里或衣襟下，互相捏手指，以行内的指法讨价还价。旁人根本就不知道"交谈"的内容。这是行业内从事翡翠贸易的人的主要"赌石"方式。

对于用半明料交易的"赌石"，一般在公开场合进行。在缅甸的仰光、内比都，我国云南、广东等地的翡翠赌石盘口遍地开花，在云南昆明、瑞丽、腾冲、盈江等地的旅游景点的珠宝铺子随处可见赌石。任何人都可以参与赌石交易，赌石金额可大可小，一般游客和赌石爱好者选中的翡翠原石价位不高，且一般愿意马上解开，赌的是一种新鲜感，是旅游中的一种体验。

2. 赌石的风险和危害性

由于翡翠原石籽料表面有一层或厚或薄的氧化层，仅凭外表很难断定其真正的价值，买方只能依据"相玉"经验、对市场的预判以及对购买现场的观察来决策出价，而卖方则想方设法放大有价值的部分，掩盖其他部分，以此提高价格，并且赌石交易为一次性交易，即民间所说的"一锤子买卖"，出手后卖方收钱走人，概不负责，与赌博的原理如出一辙。赌石交易还分为明赌与暗赌，因此，赌石交易充满了神秘的色彩。赌石交易除了神秘性以外，还具有极大的风险性。翡翠大师摩休先生记载："曾见到一块重5千克的色料，据观察有三分之一的重量全是绿带，且全部扒皮（将表面氧化层磨掉）看得清楚，但只在芝麻大小范围抛光，开价500万元，我给最高价80万元。谈判破裂，最后广东人以300万元买去，香港人愿出500万元港币购买，而广东人觉得赚得太少，决定自己加工首饰，结果因绿内夹黑（指内层绿色的内层是黑色的角闪石，不是玉）只回收了120万元，亏了180万元之多。"[①] 然而，在风险性的背后又有巨大的利益空间让人们前赴后继地参与赌石交易。摩休先生记载："缅甸有位朋友寸某，在1988年瑞丽外贸局偶遇出售270千克帕岗玉料一块，未开口（指未打磨出供买家观察的'门子'），要价每千克仅70元，总价值为18900元，当时在场的人均不看好，寸姓朋友咬牙买下后，切片出售，居然卖了830000元，利润率为339倍。后经了解，此玉料为缅甸政府加强盘查后，从矿山挖出后，未经研究就走私

---

① 摩休. 摩休识翠：翡翠鉴赏、价值评估及贸易[M]. 昆明：云南美术出版社，2006.

运到了我国边境的。"①

---

① 摩休. 摩休识翠：翡翠鉴赏、价值评估及贸易[M]. 昆明：云南美术出版社，2006.

(二) 商品拜物教的不良影响

1. 玉石自古就是拜物教崇拜的对象

玉石最早是在石器时代作为一种工具被人们认识和使用的，因其稀有、坚固、美观的特性也曾在货币出现的萌芽时期与牲畜、贝类、布匹、金属器具一同作为一般等价物用于交换，后因其不可分割性、不均匀性、不便携带、不易估计价值等因素被金、银等金属货币所取代。

玉石虽然不再作为货币被使用，但由于其稀有性、独一性、持久性和深邃的色彩使其具有了神秘性，使其依然被作为具有超自然的能力的物品而被崇拜。用玉石作为护身符、雕刻为神像，甚至成为帝王的"传国玉玺"等行为屡见不鲜。在中国传统文化中，玉石更是与人的道德相联系，玉石温润圆滑、似透非透、色彩浓而不浸的品质，被认为与儒家认为的君子应当是外带恭顺、内具坚韧、宽以待人、严以律己的品质最为近似，从而提高了人们对其的心理预期。

2. 翡翠的"赌石"性质加剧了对翡翠的崇拜

前面已经对翡翠"赌石"的赌性做了介绍，我们知道，"赌石"是具有极高风险性的经营活动，极高的风险带来的后果是双重的，要么血本无归、倾家荡产，要么一朝暴富。许多商人为了规避风险，在"赌石"的过程中采用密谈、密开、尽量不对外公布赌石失败的信息等方法进行掩饰，并采取明、暗料搭配等方式，降低失败风险，对外界造成只要"搏一搏，终究有机会赢"的错觉，似乎不需要付出努力就可以轻松获得成功。

这种依靠投机，妄想不劳而获的思想，大有越演越烈的态势，加上人们对玉石的神秘性、财富性的崇拜，一段时间内演变成了对翡翠狂热的崇拜，翡翠商品拜物教就此产生。

3. 翡翠商品拜物教和由此发展而来的拜金主义

在商品经济发展过程中，人与物的关系颠倒，物控制了人，人对物产生了一种类似于宗教信仰的观点，被称为商品拜物教，进而发展为对该商品换取货币的能力的崇拜，发展成为拜金主义。

翡翠作为商品所具有的使用价值和价值二因素，其稀有、硬度高、加工性能好、色彩丰富，尤其是其透明深邃的绿色符合东方内敛坚毅的文化特质，满足人们的审美等精神文化需求，具有良好的使用价值等，是商品的自然属性，反映翡翠的物的关系；而其价值，是凝结在商品中的人类劳动，反映人和人的关系，是翡翠的社会属性。

翡翠价值认识的紊乱，以及由此而产生的危害，源于人们对翡翠的一种狂热，以及随之而产生的翡翠拜物教，这是一种虚幻的感觉，不是人支配物，而是物支配人，认为只要拥有翡翠终究会获得巨大的金钱与财富，并借由此而衍生的谚语"黄金有价，玉无价"来掩盖对金钱狂热崇拜。

翡翠拜物教的产生的原因一方面是翡翠本身所具有的货币属性、财富属性、精神满足属性容易让人产生崇拜；另一方面是现代社会高速运转的经济生活使人们只看到翡翠原石——成品所代表的货币交换能力，即价格，而忽略了人们采掘、搬运、挑选、设计、加工、雕刻、再运输、营销策划等人类劳动凝聚的价值，认识不到是劳动创造了财富。

4. 翡翠商品拜物教引发的翡翠价格暴涨

自 1994 年云南多个沿边城市开放以来，翡翠价格一直扶摇直上，每年以超过 30% 的涨幅上涨，到 2007 年翡翠平均价格大约翻了 30 倍，到了 2008 年，亚洲金融危机的影响刚刚散去，国内大量的游资、热钱无处投放，当人们发现翡翠只涨不跌的信息后，投资翡翠的热潮开始兴起。在这一时期，广东、云南、福建、台湾、香港的商人议论最多的话题就是买翡翠，使得翡翠商品拜物教的影响进一步凸显。大量的资金投入、炒作，使得 2014 年缅甸翡翠的出口量居 2011 年以来的最低，成交额却为历年之最的 25 亿欧元，编号 7308 的拍品，重 233 千克，底价 6000 万欧元，成交价约 5.28 亿人民币，达到了 226.6 万元/千克。翡翠价格在 2008 年至 2014 年 6 年间的暴涨，一方面是随着中国经济的高速发展而引发的需求所致，另一方面就是翡翠商品拜物教所引发的对经济利益至上的商人盲目投资、企业盲目扩大规模，以及游资炒作的结果。

5. 商品拜物教对现代经济生活的不良影响及危害

商品拜物教在我国现代经济生活中带来的客观结果突出表现为：物质崇拜，商品货币关系的泛化，拜金主义，资本拜物教。通过对翡翠的崇拜，不难看出商品拜物教会左右价格、扰乱市场，拜金主义还会使一些青少年的世界观扭曲、道德沦丧，资本拜物教甚至能对宏观经济形势造成误判、影响决策。具体来说还有以下几点消极影响和危害：一是价值观扭曲，带来社会发展的精神基础不稳定，行为扭曲，社会战略性投入不健康，奋斗路径扭曲；二是破坏了社会性的价格机制，资源错配，发展的系统性和规模性受到冲击，战略中心偏离；三是竞争力扭曲，经济安全性变弱。

九、翡翠产业链运行存在的问题

（一）翡翠产业链中的价值链质量不高

目前，翡翠产业链的社会分工形式已经相对完备，价值链和企业链的对接基本成型。然而价值链一方面对翡翠文化的发掘还不尽如人意，翡翠价格的形成还停留在原料费+加工费+企业（商家）利润的阶段，企业链也没有形成具有深厚文化内涵，在设计、品牌方面独树一帜的大型企业，具有品牌知名度的大企业被大量的中小企业、个体经营户所包围；另一方面对时尚元素的注入不够大胆，从而使产品大多遵循于传统题材，显得平庸，产品同质化严重，翡翠价值链有待进一步提升。

（二）翡翠企业链上、下游信息传递不完备

翡翠企业链不仅存在上游向下游只传递产品，而很少传递服务的问题，一般是卖出去就不管，也很少接受价格的反馈信息，还存在上、下游企业间的信息传递与反馈不完备的问题。翡翠是非消耗性产品，没有进一步的"消耗"产业，因此存在逐步积累产品，却没有企业调研和测算在局部地区的饱和程度，进而开发新兴市场，只围着少数几条旅游线路和主力销售城市做文章，造成一定程度的市场停滞。

由于翡翠是非标产品（不具有统一的价格评估标准），因此其产品的流动性是很差的，即消费者购买后大多只供本人佩戴和欣赏，很难再次出售，因而其对信息的传递是不完备的。

（三）供需链脱节

由于翡翠原料主产地在缅甸，而缅甸的政局变幻莫测，严重影响翡翠原料的正常供给，例如2012年由于缅细地方武装之间的战乱，造成翡翠原料"公盘"中断长达一年半之久，国内市场由于供应不足，价格大幅上涨。所谓脱节，一是指缅甸方面由于"公盘"停盘，造成原料大量屯积，而需求侧的需求得不到满足而价格暴涨，若一旦恢复供应，必将造成"报复性消费"，大量的消费需求得到释放而将导致价格暴跌，在随后的2014年和2015年由于原料的大量供应，而

商家不肯降价，而造成"有价无市"的局面；二是国家相关部门未对此引起重视，更未从经济安全的角度来看待中缅翡翠供给和需求的问题，进而采取有力措施保障供需平衡。

第六节 翡翠产业发展方向的选择

翡翠产业是以缅甸的稀缺有限的矿石原料为基础的产业，其发展必然涉及中缅国际间的合作与交流；翡翠产品是中华传统文化中不可缺失的元素，其发展必然涉及中国传统文化的传承和文创产业的发展。翡翠工艺品是现代艺术品的重要组成部分，其发展必然涉及当代艺术事业发展的重要拓展。翡翠全产业链的市场价值近万亿元人民币，其发展是中国国民经济发展的有益补充。

翡翠产业和行业发展的两种选向面临着两种命运。一种选择是继续因循守旧，放任自由市场的模式；另一种选择是运用马克思主义指导下的以翡翠身份识别为基础的价格治理与政府干预相结合的国际化、现代化翡翠产业发展模式。

前一种选择的前途是：翡翠市场监管缺失，产品质量和价格混乱，厂商、资本、消费者、从业者负能量持续升级，导致大量中、小翡翠经营企业破产，资本凝滞，从业者失业，产业衰退，结果是既破坏生产力，又破坏生产关系。

后一种选择的前途是：准确地把握翡翠商品的本质及其产业发展的规律，充分利用"一带一路"倡议的历史机遇，并借助中华民族文化复兴的强大动力，创新建成可持续发展的健康型、国际化的翡翠产业发展模式。

第三章 中国翡翠的特性、价值及其本质

第一节 中国翡翠的特性

一、自然属性

(一) 翡翠的物质概念的界定

1. 翡翠的物质定义

"翡翠的定义有广义和狭义之分。广义的翡翠是具有商业价值的,达到宝石级的各种颜色的硬玉的总称。狭义的翡翠仅指以硬玉为主的玉石。"[1]

在《珠宝玉石鉴定》(GB/T 16553—2010) 中,翡翠被定义为:"主要由硬玉或由硬玉及其他钠质、钠钙质辉石 (如钠铬辉石、绿辉石) 组成,可含少量角闪石、长石、铬铁矿等矿物。"[2] 摩氏硬度 6.5~7 (±0.002),密度 3.34 (+0.06, −0.09) g/cm³,折射率 1.666~1.680 (±0.008),点测法常为 1.66[3]。

19 世纪 60 年代,法国矿物学家达穆尔 (Damour) 研究发现了产于新疆和田的玉石主要成分是角闪石,硬度较低,仅为 5.0~6.5,定名为 Nephrite (软玉),而从缅甸流入中国的玉石硬度较高,硬度为 6.9~7.2,定名为 Jadeite (硬玉)。日本学者接受了这一说法,将和田玉、岫玉等硬度较低的玉石翻译为软玉,将硬

---

[1] 李新英,刘晓亮. 高温高压人工合成翡翠研究[J]. 新疆有色金属,2010,33 (S1).
[2] 中华人民共和国国家质量监督检验检疫总局,中国国家标准化管理委员会. 珠宝玉石鉴定[S]. 2010.
[3] 中华人民共和国国家质量监督检验检疫总局,中国国家标准化管理委员会. 珠宝玉石鉴定[S]. 2010.

度较高的翡翠翻译为硬玉。

2. 翡翠类型的界定

翡翠的主要矿物是硬玉，是辉石类的钠铝硅酸盐岩石，化学成分是 $NaAlSi_2O_6$，其含量通常大于 50%，各种矿物的含量通常为 Na_2O 占 15.4%，Al_2O_3 占 25.2%，SiO_2 占 59.4%；次要矿物是绿辉石 [（Ca，Na）（Mg，Fe^{2+}，Fe^{3+}，Al）（Si_2O_6）]、钠铬辉石（$NaCrSi_2O_6$）、钠长石 [Na（$AlSi_2O_8$）]、角闪石 {（Ca，Na$)_{2-3}$（Mg^{2+}，Fe^{2+}，Fe^{3+}，$Al^{3+})_5$ [（Al，Si$)_4O_{11}$]（OH$)_2$}、沸石 [Na_2（$Al_2Si_3O_{10}$）·$2H_2O$]。

按翡翠中各种矿物含量的多少，可将翡翠分为 8 种类型（见表 3-1）。

表 3-1 各类型翡翠及成分表

类 型	商业名称	主要矿物	次要矿物
翡翠	翡翠	$NaAlSi_2O_6$	①（Ca，Na$)_{2-3}$（Mg^{2+}，Fe^{2+}，Fe^{3+}，$Al^{3+})_5$ [（Al，Si$)_4O_{11}$]（OH$)_2$ ②（Ca，Na）（Mg，Fe^{2+}，Fe^{3+}，Al）（Si_2O_6） ③Na（$AlSi_2O_8$）
翡翠	铁龙生	（Cr_2O_3）$NaAlSi_2O_6$	（Ca，Na$)_{2-3}$（Mg^{2+}，Fe^{2+}，Fe^{3+}，$Al^{3+})_5$ [（Al，Si$)_4O_{11}$]（OH$)_2$
翡翠	蓝水翡翠	①$NaAlSi_2O_6$ ②（Ca，Na）（Mg，Fe^{2+}，Fe^{3+}，Al）（Si_2O_6）	①Na（$AlSi_2O_8$） ②Na_2（$Al_2Si_3O_{10}$）·$2H_2O$
含绿辉石翡翠	飘兰花翡翠	①$NaAlSi_2O_6$ ②（Ca，Na）（Mg，Fe^{2+}，Fe^{3+}，Al）（Si_2O_6）	①（Ca，Na$)_{2-3}$（Mg^{2+}，Fe^{2+}，Fe^{3+}，$Al^{3+})_5$ [（Al，Si$)_4O_{11}$]（OH$)_2$ ②Na（$AlSi_2O_8$）
钠长石翡翠	水沫子	①Na（$AlSi_2O_8$） ②$NaAlSi_2O_6$	①（Ca，Na$)_{2-3}$（Mg^{2+}，Fe^{2+}，Fe^{3+}，$Al^{3+})_5$ [（Al，Si$)_4O_{11}$]（OH$)_2$ ②（Ca，Na）（Mg，Fe^{2+}，Fe^{3+}，Al）（Si_2O_6）

续　表

类　型	商业名称	主要矿物	次要矿物
含角闪石翡翠	青花翡翠	① $NaAlSi_2O_6$ ② $(Ca, Na)_{2-3}(Mg^{2+}, Fe^{2+}, Fe^{3+}, Al^{3+})_5[(Al, Si)_4O_{11}](OH)_2$	$(Ca, Na)(Mg, Fe^{2+}, Fe^{3+}, Al)(Si_2O_6)$
绿辉石翡翠	墨翠	$(Ca, Na)(Mg, Fe^{2+}, Fe^{3+}, Al)(Si_2O_6)$	① $NaAlSi_2O_6$ ② $(Ca, Na)(Mg, Fe^{2+}, Fe^{3+}, Al)(Si_2O_6)$
钠铬辉石翡翠	干青	① $(Cr_2O_3)NaAlSi_2O_6$ ② $NaCrSi_2O_6$	① $NaAlSi_2O_6$ ② $(Fe, Mg)Cr_2O_4$

表3-1中翡翠的类型为常见的8种翡翠类型，其中铁龙生是以铬硬玉为主要组成矿物的特殊品种，较为稀少；以钠长石为主的翡翠，称为水沫子，是以钠长石为主要矿物的多晶集合体，钠长石占85%以上，是最近几年才被认可的翡翠类型。

近年来发现的翡翠伴生矿物，称为莫西西（也称猫色色），其名称是缅语音译，主要由一组分布不均的富铬矿物组成，即铬硬玉［$CrNaAlSi_2O_6$（Cr_2O_3）为15%~18%］、富铬氟镁钠闪石［$Na_3(Mg^{2+}, Fe^{2+}, Fe^{3+}, Al^{3+})_5((Al, Si)_4O_{11})(OH)_2$（$Cr_2O_3$）为4%左右］、钠长石、含铬钠长石［$Na(AlSi_3O_8)$（$Cr_2O_3$）为1%左右］、钠铬辉石［$NaCrSi_2O_6$为62%~65%］及铬铁矿组成。其中，硬玉的成分仅为15%~18%，低于50%，是低端翡翠的替代品。

3. 翡翠商品名称命名原则

翡翠作为商品一般依据"工艺+质地+颜色+类型+琢形"的方式命名。其中，工艺是指素身或是镶嵌，质地是指种水，颜色按"七彩+黑白"描述，类型是指翡翠的类型，琢形是指形状。如"白金镶钻+玻璃种+阳绿+翡翠+观音吊坠"，若无镶嵌可省略；若有专指翡翠的表示种水的术语如"老坑玻璃种、豆种、蓝水、飘兰花、金丝种"等，也可省略翡翠字样，即为"豆种青花手镯"；若有翡翠的特殊类型则直接使用其名称，如"铁龙生玉佛""紫罗兰手镯"等。

遵循翡翠商品的命名原则，可看出翡翠的工艺、质地、颜色、类型、琢形等,可判断其档次和价格区间,这需要有较为深厚的专业素养。

二、文化属性

(一) 凝结在翡翠中的人文价值

1. 翡翠的审美观念

传统的中华玉文化中,早期玉是"巫神"文化的象征,代表与天地沟通的法器,这一时期的玉器大多造型古朴,形态以龙、虎以及部落图腾为主;玉材大多就地取材,以南阳玉、青玉、蛇纹石玉等为主。这一时期的玉器因其线条苍劲、简单利落,具有极高的艺术欣赏价值,是为玉器界不可多得的珍品。

中期玉是"王权"的象征,这一时期的玉器以形态庄严、大气为主,器形有鼎、玺、璧、印、珮、琮、珞、符、玉衣、随葬七件等,饰以龙、凤、云、回等纹饰;材质大多更为考究,讲究颜色纯洁、质地细腻,随着封建王权的扩张,产自西域的和田玉等不断流入,以其质细、色白、较软的特性而备受喜爱。这一时期的玉器大多形态庄重,器形丰富,颜色纯洁而富有庄严感,艺术欣赏以感受磅礴大气为主,有许多大型雕件。

后期玉文化进入"士大夫""文士"阶层,而后进入世俗化,为商贩所经营,为市民所追逐。这一时期的玉器形态进入生活化,有环佩、首饰、玉镯、笔砚、瓶壶等生活用具;纹饰以表现花草、景致、人物、宗教题材等为主;玉材以和田白玉为尊,兼有南阳、岫岩、独山、鸡血、雨花台石、玛瑙、玉髓、青玉等丰富的品种。这一时期随着加工手段的不断进步,玉器制作精细程度、工艺水准都大幅提升,其审美情趣得到极大丰富,每一件作品都有其独特的欣赏价值。

翡翠作为新的玉种出现后,首先,由于涵盖玉石和宝石的双重性能,其加工性能大大提升,传统玉石多为软玉,质软而脆,很多造型和意境限于材质无法显现,而翡翠质坚而韧,能实现玉石和宝石的所有设计题材;其次,由于翡翠色彩丰富艳丽,有绿、蓝、紫、粉、红、黄、灰、黑、无色等,甚至可以像彩色宝石一样切割成刻面而折射阳光,具有极为丰富的表现能力;再次,由于元、清两朝为少数民族政权的统治时期,带来了异域的审美,翡翠可镶嵌、可搭配其他颜色的宝石,从而丰富了中国玉器的审美选择。

2. 翡翠蕴含的情感哲学

情感哲学是研究人类情感关系的一门学科,有的人追求精神信仰,有的人追求高尚的品行,有的人追求爱情,有的人追求友谊,还有的人追求面子、财富、事业、亲情等人类社会固有的情感。

翡翠由于其丰富的色彩、坚硬的品质,在玉雕师高超的技艺下将信仰、爱情、亲情、友谊、事业、面子等表现得淋漓尽致。

宗教题材的翡翠作品极具表现力,仅运用造型的厚薄,在不同的光线的透射下即可将宗教人物庄严的形象凸显出来,让人心生崇拜,顷刻间,内心似乎得到了净化,与宗教的寓意产生了共鸣。

对于表现高尚的品行,玻璃种翡翠近乎透明的玉质,完美地表现出君子心中毫无杂念的情操;透明深邃的绿色,犹如谦谦君子智慧的目光,又犹如一汪深潭,让人有看不透但又不由得想接近的念想;金丝种翡翠那沿着色根蔓延的绿色,犹如智慧的萌芽在心中萌发。

对于财富、面子等世俗的追求,翡翠最具特色的三彩象征福、禄、寿三种人们最为向往的境况,偏偏三种色彩生于一件作品之上,让人不由得慨叹大自然的鬼斧神工和玉雕师的精湛技艺。

可以说翡翠对人类情感哲学的表现能力,超过了以往玉种,并在当今文化的催生下,必将更加深入而具体。

3. 翡翠蕴含的道德精神

翡翠玉文化是中华玉文化的传承,也继承了中华玉文化中以德治玉的文化精神,这是由翡翠本身的特质所决定的。

翡翠的雕琢属于减材制造,首先打磨掉已经风化、氧化的皮壳,再将杂质去掉,留下坚硬的玉质,再根据颜色的走向(色根)精细地打磨出可用之材;接下来根据材质设计勾勒心中理想的形态,这其中最为关键的是,不管是要保留翡翠的绿,还是彰显贵气的紫色,还是利用颜色的渐变,都要表现出玉德发之于赤而止乎于深绿,最终不见于透明的光线中。

翡翠所蕴含的道德精神,一者存在于变换的色,二者存乎于坚硬。就好比中华文化中对君子的认识,先是认识其刚直,然后感其深邃,最后其精神长存,其本身也无色了。

（二）翡翠文化属性对价值的提升

翡翠本身只是大自然在千万年的地质变迁中形成的一种矿物晶体，但经过人类的劳动就成了劳动产品，人类的劳动成就其价值，其中文化属性的补充，将使翡翠的价值得到提升。

每一件翡翠都是唯一的，从原料到加工完成，使之具有独特的文化价值，需要耗费大量的脑力、智力，以满足人们不同的审美观念。东汉许慎所著《说文解字》对玉的定义是："玉，石之美，有五德者。"在当今，对玉之"五德"又有了符合时代特征的新解释：仁，翡翠没有解理，断口没有锐利边角，不会伤到他人，寓意仁爱无边；义，翡翠透明的特点，可以看清内部的构造，寓意忠义坦荡；智，翡翠深邃的绿色，仿佛永远也看不透，寓意无穷的智慧；勇，翡翠有较高的硬度，同时具有韧性，不容易打磨也不轻易被折断，寓意坚韧不拔的勇气；洁，翡翠颜色丰富，通常具有温润的光泽，这是翡翠吸收杂色光，反射光与透过的光是一致的，寓意纯洁晶莹。

云南青年玉雕大师杨树明，在其早期的创作中，曾经以100元人民币买下一块棉絮多、黑点遍布的翡翠原料，经精心创作，成为一件精致完美的作品，取名《风雪夜归人》，赋予了作品极为深刻的艺术内涵，第一次出手就卖了1万元人民币，使之价格上涨了100倍，后在香港的私人拍卖会上拍出了360万元港币的价格，创造了一段变腐朽为神奇的传奇。其作品价值的体现源于人赋予翡翠身上的艺术价值，最终表现为货币价格。

三、商品属性

（一）翡翠成为商品的基本条件

1. 翡翠是劳动产品

（1）翡翠原料的开采过程

翡翠矿区位于缅甸北部的密支那山区，雾露江上游，野人山腹地，人迹罕至，交通闭塞，自然环境极端恶劣。翡翠矿床分为原生矿床和次生矿床，原生翡翠矿床产于蛇纹石化的橄榄岩内，已探明的矿脉向下倾斜（南北长18千米，东西宽6.4千米），开采难度极大；次生矿床是部分露出地表的矿床，经水流的搬运与自然侵蚀，一部分矿石风化剥蚀、破碎，呈砾石或卵石状而沉积在河底和滩涂上，较为容易采掘，并且经过自然筛选后质量较高，但毕竟数量较少，十分有限；另一部分是高地砾石层翡翠砂矿，是由石头、沙土和翡翠玉石组成的山丘。开采时条件好的采用挖掘机将含有石头、沙土和翡翠玉石的土石挖到指定地点由工人进行挑选，剩下的土石再运到旁边进行二次挑选，直到认为没有挑选价值后再丢弃；条件不好的或较为坚硬的地方，使用炸药进行爆破后用挖掘机挖出进行挑选。

对处于地表的高地砾石层翡翠砂矿，如今仍然采用古老的开采方法，这种采掘方法全靠人力开采，成本较低，但开采效率极低。第一种是在一些挖机进入不了的地方采用"挖洞子"方法，就是采用竖直向下挖掘的方法，像打井一样，挖到石头后用吊筐运至地面仔细挑选分拣，若是遇到大石头则引水冲刷，判断是否是翡翠后再继续挖掘；第二种方法对于在地表埋藏较浅的，则采取"开塘"的方法，就是在地表横向挖掘出鱼塘大小的坑口，一边挖掘一边挑选；第三种方法是在矿上地层较薄的地方，直接引水冲刷泥土露出矿床，再进行挖掘和挑选分拣；第四种方法是"打捞"，在江河和深水塘，完全依靠人工打捞，工人腰里系上石头，口含输气胶管，戴上潜泳镜潜入水中摸索，找到翡翠原石，用竹筐拉上岸分拣挑选。

在帕岗等地，有400多家注册开采翡翠的公司，其中几家规模较大的公司组织大规模的开采队伍，在各自允许开采的地盘内开采，最多的时候有100多台挖掘机，工人超过1000人。在高地砾石层翡翠砂矿山丘，工人们首先用炸药将坚硬的地方炸松，然后用挖掘机将石块和泥土的混合物挖掘后倒在一边进行人工分拣，每组有数十人进行多次分拣。

对于原生矿床的开采，由于长期深埋地下，未经过地质作用侵蚀和搬运作用，非常坚硬，开采十分困难，很少有采取矿坑掘进的方式采矿，大多采用大型机械向下挖掘的方式，有的地方已经向下挖掘深达百米，上千工人跟在挖掘机后面分拣挑选。

（2）翡翠加工过程

翡翠的出现，晚于岫岩玉、和田玉、蓝田玉、独山玉、东陵玉、绿松石、玛瑙、玉髓、蛇纹石玉等其他玉种，其加工制作的工艺是在传承其他玉种的制作工艺的基础上做进一步的发展。中国技术发展史、中国制玉技术发展史、科学技术哲学史等研究表明其有以下发展规律与特点：首先，翡翠加工技术一直属于磨制手工艺，按照今天的观念属于减材制造；其次，翡翠加工经历了传承、不断发展、广泛传播、长期经验积累和再度创新的过程；最后，翡翠加工工艺与其他玉种的加工工艺的最大区别在于其硬度，冠于其他所有玉石之上，所以其加工工艺又显得与众不同。因此，翡翠加工工艺是在社会生产力不断发展的推动下，不断更新，自我完善，形成了独立的工艺体系，折射出物质生产、社会意识、生产力与生产关系的对立统一等诸多信息。

翡翠的加工工艺过程是围绕绿色做文章，其一是突出绿色，以提高其整体价值；其二是对没有绿色的翡翠，突出一种主色或者使2~3种颜色协调起来。特殊的工艺有活链技术、钻镗技术、镂空技术、钻孔技术、套芯技术、薄胎技术、圆雕技法和浮雕技法，更为精致的还有瓶内雕技法、微雕技法。平底工艺，对摆放的雕件要找出其垂直中心线，找到重心，才能保证摆件摆放平稳，同时修整其多余部分。按照现代的观点，翡翠原料和翡翠玉器是同一种物质的不同存在状态，其中翡翠玉器是通过"玉料—设计—加工—目的"四个步骤实现使用价值。"由于现代对翡翠原料的鉴别（赌性）、绿色的选用的特殊性，翡翠加工行业已经成了一个专门的行业。"①

2. 翡翠是用于交换的劳动产品

翡翠作为劳动产品，不是再生产的工具，也不是满足生产者自身的吃、穿、用等自身需求，而是为了满足他人的物用、保健、审美、信用、资产储备、投资、宗教礼仪和科学研究等使用价值，因而需要进行交换。而在商品经济高度发达的今天，首先是投放于市场，进而交换为货币，生产者获得货币，即完成交换。

（二）翡翠的商品二因素

1. 翡翠的使用价值

一件商品的使用价值，就是可以满足人类的某种欲望，这种欲望可以是身体的需要、审美视角的需要，也可以是储存、保值的需求。翡翠具有多种有用性，是多种使用价值的集合体，同时也受翡翠的性质所限制。

一是翡翠的物用价值。翡翠和其他珠宝玉石一样，常常被制作成为器皿、工

---

① 刘自强. 宝石加工工艺学[M]. 武汉：中国地质大学出版社，2011.

具等，如翡翠首饰、翡翠烟壶、翡翠碗、翡翠毛笔、翡翠扳指等。尤其是作为首饰佩戴时翡翠显现出巨大的优势，例如翡翠具有足够的硬度可以磨制为戒面，而用其他玉料、珍珠、象牙、绿松石等材料所做的戒面佩戴时间一长就会有许多磨痕；再者翡翠具有较好的韧性，与硬度相结合所琢的手镯具有良好的佩戴性能，既不会因长期与衣物摩擦而失去光泽，也不会轻易因为碰撞而断裂。因为其良好的加工性能，随着加工工艺的不断发展，能够琢磨成复杂的图案和造型，展现出强烈的艺术表现力。

二是翡翠的医疗药用价值与保健作用。在中美洲的危地马拉使用和佩戴翡翠制品的历史已经超过 1000 年以上，当地的印第安人和后来入侵的西班牙人坚信翡翠能治愈臀部和肾脏疾病；到了今天，经科学研究表明，翡翠含有人体所需的铁、锰、镁、钙等 30 多种对人体有益的微量元素，或许可以通过长期佩戴手镯、戒指、挂件、耳坠等首饰与皮肤摩擦、按摩穴位，起到保健的作用。

三是翡翠可以满足不同人的审美需求。自古以来人们就将美丽的宝石和玉石作为饰品佩戴在身上，作为美的象征和身份地位的象征，这从大量的人类遗迹和古代墓葬发掘中可以得到证明。玉文化是中华民族在漫长的历史长河中逐渐发展起来的一种文化表现，最初是就地取材，以陕西西安的蓝田玉、河南南阳的独山玉、辽宁鞍山的岫岩玉等为主，随着与西域文化的不断交流，产于新疆昆仑山脉的和田玉逐渐成了玉石的代表。制玉技术也日趋成熟，600 多年前翡翠的发现与使用继承了中华玉文化的精髓，使中华玉文化更加丰富和大众化。翡翠作为中华玉文化传承和发扬的载体，不仅是因为其独特的性质，还因为可以满足不同人群的审美需求。因中华文化对玉质的要求是纯洁无瑕、温润深邃、坚硬无损，这些都能在优质的翡翠身上得到体现，是玛瑙、水晶、玉髓等常见玉石所无法替代的，于是翡翠逐渐取代其他玉种成了玉石之冠。时至今日，翡翠已然成为社会各阶层最为接受的配饰和装饰品，社会名媛因佩戴名贵的翡翠首饰而成为社会瞩目的焦点，收藏家以收藏名家翡翠雕件为荣，市民阶层以佩戴翡翠手镯、耳坠、挂件等作为财富与自我意识的象征，企业和商家也以拥有大型翡翠摆件为实力与财富的象征。

四是翡翠的信用价值。翡翠与其他珠宝玉石一样，因为其独特性、稀有性、艺术性而成为地位的象征，成为一种价值的符号，一直具有极高的信用价值。随着翡翠的大众化，翡翠的信用价值并没有降低，因其高昂的价格，其信用价值还在不断地攀升。商人用拥有的翡翠展示自己的财富和信用；妇女通过佩戴翡翠饰品显示自己的高贵与富足。在泰国和缅甸等国，虔诚的佛教信徒通过向佛堂捐献翡翠表达自己的虔诚。可以说，翡翠作为新兴的玉种，传承了数千年来的中华玉文化，也传承了珠宝玉石的信用价值，成为信用的新标签。

五是翡翠的资产储备价值。珠宝玉石与黄金白银一样，是财富与权力的象征，而且玉石与珠宝的储备价值更高于黄金与白银。在许多国家的国库里，依然储存着大量的高档珠宝，作为一个国家财富和国力的象征。在我国，玉石和珠宝历来就作为"传家宝"而世代相传，因其体积小、便于储藏、持久性强、艺术性强等优点而成为当前收藏界的宠儿。翡翠作为珠宝玉石中杰出的代表，其资产储备价值超越了传统的白玉、青玉，成为当下资产储备的首选。

六是翡翠的投资价值。珠宝玉石的投资价值体现在其时间收益上。在当前确定的收益基础上，经时间的沉淀，其历史价值、文化价值、稀缺性将进一步得到彰显，价值将进一步提升，具有良好的投资价值。翡翠以其丰富的色彩，优良的艺术表现力，很快赢得了人们的普遍认可，成为投资界最引人瞩目的收藏明星，多年来在世界级拍卖会上出尽风头。

七是翡翠的宗教礼仪价值。关于玉石和珠宝，有着许多神话传说，比如女娲使用五色石补天，五色石是五种集天地灵气于一身的宝石，传说拥有此类宝石，就具备了改天换地的能力，因此，古人不断追求这种神奇的宝石，以求获得神奇的能力。还有的人，把珠宝玉石总结归纳为生辰石，以此与自己的运道联系起来，希望宝石给自己带来好运。古代的帝王，都要寻找上好的玉石，雕刻成玉玺，以此实现自己一言九鼎的权威。在当今的翡翠造型上，宗教题材的作品层出不穷，在东南亚一些国家流行的"男戴观音，女戴佛"就是对翡翠宗教价值的印证。

八是翡翠的科学研究价值。翡翠由于成矿条件罕见，其成分与结构复杂，是进行地质研究、结晶学研究的极好材料，不仅能为同类型玉石矿藏的成矿理论研究、探寻和挖掘提供了极好的研究样本，更能为利用珠宝玉石的某种特性为加工和设计珠宝玉石的工艺研究提供研究基础。

2. 翡翠的价值：凝结在商品中的无差别的人类劳动

翡翠的价值由生产它的社会必要劳动时间决定，这一社会必要劳动时间越长，翡翠的价值越大。翡翠与其他商品相比，其价值往往较大，这是因为生产翡翠的社会必要劳动时间较长。

（1）珍稀矿藏的寻找和开采需要耗费大量人类劳动

马克思在《资本论》第一篇商品里就已经做出了科学的论断"同量劳动，从丰矿、富矿里可以比从贫矿里提炼出更多的矿石"①。还用钻石举例，"因为钻石的原料金刚石非常稀少，在寻找和发现金刚石时，必须付出大量的劳动，当然，这是平均来说，不是偶然的发现一颗。所以，仅仅少量的钻石，就表示多量的人类劳动"②。翡翠矿石与金刚石类似，目前在地球表面仅在缅甸、俄罗斯、哈萨克斯坦、危地马拉、日本和美国有发现，其中达到宝石级的仅有缅甸北部的勐拱地区，每年粗选原料产量大约为3000吨（参考2005—2015年10年间的平均交易量），约占全世界翡翠原料产量的95%；部分产自危地马拉，行业内称为"危料"，大约占总产量的4.5%；其余地区占0.5%。经过数千年的探索，人类才找到以缅甸北部为主的翡翠产地，又经过大约580年的开采，尤其是当今使用大型机械化开采后，上等可用的翡翠原料的开采时越来越难了。

（2）翡翠的开采、运输过程极其艰苦，耗费的劳动量极大

第一，翡翠被流水搬运至地面，一些"水石""籽料"经过约580年的开采早已被开采殆尽，其余矿脉深埋于地下，且翡翠属贵重玉石材料，不能采取爆破作业，很多场口只能进行人工挖掘与分拣，开采难度极大。第二，翡翠矿区地处缅甸北部"野人山"谷地，周围被原始森林包围，自古毒虫猛兽出没；自然环境极其恶劣，雨季长达4~5个月之久，可以开矿的时间每年仅有7~8个月，并且持续的大雨极其容易引发山洪倾泻、泥石流，当地工人经常冒着生命危险潜入水中去摸水石，有些在夜里被一阵山洪冲得无影无踪。第三，在很多承包商大量购置"鬼手"（挖掘机）的情况下，开采出来的原石都要经过第一次的人工分拣，把毫无价值的岩石与可能有"玉肉"的分开，即使被反复检查认为毫无价值的岩石"废渣"仍被许多人反复推敲"捡漏"。可以说，每一块被认为有价值而运到交易市场的翡翠原料都需要反复地根据前人总结出来的经验进行辨别，从而判断它所具有的价值和可期的利润；而且跟着挖机或装载车后面分拣翡翠的劳动者，随时有被滚石砸伤、因沙堆崩塌被埋葬而送命的危险。第四，翡翠主产区

---

① 马克思.资本论（第一卷）[M].郭大力，王亚南，译.上海：三联书店，2011.
② 马克思.资本论（第一卷）[M].郭大力，王亚南，译.上海：三联书店，2011.

——缅北地区，处于缅甸政治极不稳定的地区，时至今日还时有军事冲突发生。在勐拱通往外部的公路上，除去泥泞的道路和经常性的塌方外，运输方式几乎是几个世纪以来所能使用的陆路运输方式同时上演，人背马驮、大象开道、汽车运输、摩托运输。同时，还要防备突如其来的打击，如军警设置的税卡。

（3）翡翠的设计加工和艺术价值的体现花费巨量的人力

尽管我国已经成为制造业大国，可是很多翡翠加工程序仍然不能实现机器—人流水线作业：第一步是选料，选料是任何机器都代替不了的，必须由人工耗费时间完成。第二步是开料与设计。这需要根据经验判断是整块做雕件还是切开做其他，在切割时还要判断色根走向，还要计算怎样切能多做几个物件，达到效益最大化。第三步是雕刻。目前，采用压片机加工的翡翠只能是一些低端材料，产品也只能作为工艺品、旅游纪念品，一般加工时间为30分钟至数小时。而中等档次的翡翠原料采用的是手工分步作业，即在车间里一个人描线，一个人快速拉出线条，一个人刻画出人物、动物、山水、花卉、物件等形状，一个人处理细节；前期判断为适合整个雕刻作为艺术品的材料，往往由富有经验的师傅在前期预设计的基础上一边雕刻一边处理细节，以求达到材料本身物质属性与艺术性的结合，成为价值较高的艺术品，这一过程短则数月，长则数十年。第四步是收光、打磨、抛光。无论压片机加工的、人工分步作业的，还是老师傅雕刻出来的，都必须经过这个程序，即：把多余的刻痕和线条磨去，并将表面从粗到细进行打磨，接下来用人工或机器进行抛光，使翡翠表面具有光泽。这一过程短则数小时，长则数天。第五步是镶嵌、装饰。不是所有的翡翠成品都需要经过这一步骤，而是一些需要佩戴的饰品必须如此，比如戒指、耳钉、吊坠等，有的经过白金、K金、钻石等的镶嵌立刻身价倍增。

四、符号价值

翡翠与其他产品价值上的不同，部分源自翡翠的符号意义。

翡翠是一种用于交换的劳动产品，其符号意义是在交换过程中得到体现的。这种体现是有着双重含义的：一是翡翠产品与其他产品在使用功能和制造成本上本身没有不同，但由于其符号意义不同而产生了整体价值上的不同；二是翡翠产品A货与B货等由于其符号意义的不同而产生了个体之间的价值上的不同。

翡翠与其他产品在符号意义上的整体不同，是由于翡翠所具有的不可再生性进而产生的不可替代性所决定的，主要表现在：一是成矿条件特殊，需要在低温高压的条件下，富集辉石类的钠铝硅酸盐岩石、致色铬、铁离子等经过长达1.8亿年漫长而复杂的地质运动而形成。二是产地具有唯一性，全球达到宝石级具有开发价值的翡翠原料产地只有缅北的勐拱和帕岗。三是具有多彩的颜色和良好的加工性能。翡翠除了常见的绿色外，还有红、黄、青、黑、白、紫等颜色，还有的透明无色，具有较为丰富的表现力、一定的韧性和适中的硬度、较好的加工性，可以制作其他玉石、宝石无法实现的造型，如一些昆虫、枝蔓等；制作成的戒面、挂件具有良好的耐磨性，长期佩戴也不会磨损。因此，翡翠的不可再生性决定了其具有不可替代性，因而形成越稀缺价值就越高的符号意义。

翡翠个体间的符号意义不同源自三个方面：一是世界上没有任何两件一模一样的翡翠，就如同世界上没有两片一模一样的树叶一样，因为翡翠和树叶一样都是出自大自然，不是工厂里的标准件，无论如何相似，都可以发现细微的区别。所以，每一件翡翠都可以称得上是孤品，自然也就能满足每个人将自己中意的翡翠视为拥有了与众不同的珠宝的体验，产生"只此一件，别无分身"的自豪感。二是每一件翡翠作品出自不同的玉雕师，而每个人的技艺、体验是不一样的，同样的题材如果出自名师大师之手，立刻就身价倍增。三是每一件翡翠作品都蕴含一定的寓意，具有了艺术品的特质，而这种特质所具有的文化内涵扩大了其符号意义。

第二节 马克思主义价格理论视阈下翡翠的价值与价格

一、翡翠的使用价值和价值

（一）翡翠的使用价值与价值的对立统一

首先，翡翠的价值与使用价值是统一的，二者共同存在于同一个个体中。翡翠之所以有价值，是因为它能满足人们的一种或者多种需求的使用价值，使用价值起到价值的物质承担者的作用，价值寓于使用价值中。

其次，二者又是对立的。翡翠作为商品，生产者不可能既拥有翡翠的价值又拥有使用价值，消费者也是如此。只有通过交换，消费者获得了翡翠的使用价值，生产者则实现了价值。

再者，使用价值是商品的自然属性，而价值是商品的社会属性。使用价值是一切有用物的共有属性，是恒有的范畴；而价值是商品的特有属性，是历史的范畴。

正是商品二因素的对立统一，使得翡翠必须通过交换来解决这个矛盾，使消费者买到自己看中的翡翠，拥有其使用价值；生产者把自己的产品卖出去，才能实现价值。若出现市场过热则说明人们对翡翠的使用价值需求大，即满足某一方面的需求过于旺盛；若市场冷清，产品卖不出去，生产者的价值就得不到实现。市场过热和过冷都是经济社会常见的现象，可以通过一定的手段进行调节。

（二）翡翠的交换价值

"交换价值，是一种使用价值与另一种交换价值交换时，交换的量的关系或者比例。"[1] 物的交换价值是因时因地不断变化的，也就是说一个物与另外的物的交换的量的关系或者比例是随交易的物的变化而不断变化的，也就是说需要有一个共同的东西来衡量一物和不同的物交换的量与比例。这个共同的东西就是产品中所含的劳动。

翡翠由于其本身的特性，以及人们赋予的艺术、文化内涵、符号价值，其生产与加工耗费大、过程长，加工体系游离于现代工业体系之外的特点，成为一个专门的行业，其耗费的社会必要劳动时间较其他商品长。因此，单件翡翠所含的价值高于单件其他产品的价值，其交换比例也高于其他产品。

（三）翡翠的价值形式

翡翠的价值是在交换中实现的，现代社会是用货币来表现价值，再以物易物，所以翡翠的价值形式是货币。

二、翡翠价值的本质

翡翠价值的本质指的是翡翠价值产生与发展的生产关系。

---

[1] 马克思. 资本论（第一卷）[M]. 郭大力，王亚南，译. 上海：三联书店，2011.

第三章　中国翡翠的特性、价值及其本质

(一) 翡翠的生产力及生产关系辨析

1. 翡翠原料开采的生产力及成本辨析

翡翠开采难度极大，受缅甸当地生产力的约束，缅甸政府将翡翠矿山承包给公司和个人，由于管理水平不高，造成开采成本极高，主要体现在如下几个方面：

时间限制。翡翠矿区地处缅甸北部，雾露河（乌龙河）畔的帕岗地区，北临野人山，常年雨水丰沛，每年的9月至次年的4月约8个月的时间雨水较多，可开采的时间每年不超过6个月，在少雨季可以利用蓄存的雨水冲刷开采，但同时也增加开采的难度。

采矿难度。一是由于翡翠原料及制成品属于珍稀贵重物品，不到万不得已，一般不采用爆破的手段进行开采，旧时采用大火烧热用水急冷爆裂的方式开采，现在大多采用人工的方式用铁钎或小型电钻撬动的方式开采，劳动效率极低；二是翡翠矿山大多在人迹罕至的大山深处，自然条件恶劣，采矿工人生活条件难以保障；三是由于几百年来的无序开采，矿区周边的植被遭到大量破坏，洪水、泥石流、坍塌等自然灾害频发，每年都有人因此丧命；四是由于恐惧、空虚等情绪，缅甸翡翠矿区毒品泛滥，抢劫等暴力犯罪层出不穷，常常影响矿山的正常开采。

产地消息闭塞。缅甸提供了世界95%的翡翠原料，在20世纪60年代后，缅甸政府执行保守政策，不允许民间开采翡翠，加上帕岗地区活跃着克钦独立军的游击队，翡翠产地的消息更加闭塞，直到1994年，缅甸政府才与克钦独立军达成停火协议，1994年后缅甸政府对翡翠产地信息的报导还是不够透明。

人力成本高。①若使用人力挖掘翡翠每人每天只能挖掘2~3立方砂矿，或者挖掘不超过一立方的原生翡翠矿岩，而每个工人每月的工资约等于500元人民币；虽然每一个工人的工资并不高，但每个公司要雇佣上千名工人，其投入就比较大了。②每一块翡翠都需要经过人工分拣挑选3次以上，若是遇到有加工价值的翡翠原料，就需要有经验的"相玉师"来判断价值，从而大幅增加人力成本。

交通成本高。①由于缅甸北部地处山区，原来矿区是杳无人烟的原始森林，半年多时间都处于雨季，并无专门修建的公路交通，翡翠原料的运输极困难，运输的卡车、轿车时常深陷泥泞里，有时需要靠大象等动物拖拽。②运输过程极危

险。各路势力,尤其是缅甸军人势力和缅甸少数民族势力经常在翡翠矿石运输路线设立关卡,乱收税收,甚至抢劫事件时有发生。

初选成本高。①分拣挑选的难度极大,翡翠原石因有较厚的氧化层外壳包裹,具有极大"赌性",往往要经过多次分拣挑选才能确定。②每一个进入矿山的人,包括被雇佣的工人都要缴纳"入场费",由每个矿场自主设定额度。每一位工人都可以带走自己选中的翡翠原料,称为"赌料",前提是与矿主讲好价格,付完款后还需要交税。③对初选出的石料进行切割,抛去70%的废料,剩下的30%才具有经济价值,而其中属于精品的则少之又少,只占总量的5%。

2. 翡翠加工的生产力辨析

"在古代翡翠加工中,生产工具多沿袭使用数千年的砣(碢)、钻、轮、锯、盘等,其中'水凳'是创造性的发明,一直沿用到解放初期。"① 所用动力是人工机械力,就地取材地利用"他山之石,可以攻玉"的原理琢玉。在这样的生产力状况下,依然创造出不计其数的翡翠玉器精品,时至今日仍有极高的观赏价值、艺术价值、历史文化价值。在明中叶至清末近500年时间里,翡翠的生产力与当时社会的平均生产力是不相符的,其生产效率远远低于当时极为发达的农耕、纺织业,导致生产翡翠商品需要消耗大量的社会必要劳动时间,从而使得翡翠价值高昂,致使翡翠的制品无法在消费能力薄弱的民间流转,只能在以皇室为代表的上层社会流通。因此,翡翠在这一时期也被称为"帝王玉",意即翡翠只能被皇室等上层社会所占有。这一判断从大量的明清墓葬考古发掘即可以得到证实。这一现象一直延续到20世纪30年代,由于北方的战乱,大量的玉雕匠人南下,一部分到广州落脚,一部分直接到最接近翡翠产地的国境边陲城市腾冲。限于开采技术与加工技术的落后,这一时期的翡翠产量只有微弱的增长,高档翡翠仍然只是"四大家族"及北京、上海等大城市大亨、军阀的宠物。

尽管当今社会已经进入工业时代、后工业时代,中国成为全球制造业大国,机械化生产、流水线作业、3D打印、无人化生产、个性化定制等高效率生产力已经应用在现代生产的各个领域,但是在翡翠生产中,从原料的开采到加工一直是最高效与原始的方式并存。具体来说,在原料开采阶段,现在靠人工潜入深水

---

① 孔富安. 中国古代治玉技术研究[D]. 太原:山西大学,2002.

凭手触摸判断是否是玉石或者人工挖掘的方式采玉仍然存在，同时并存的还有定向爆破、大型机械采掘、比重分选等先进技术。在加工阶段，存在超声波压片机雕刻、激光切割雕刻的先进技术，同时也存在社会化大生产的生产方式，即由专业负责切片的工人切片，负责粗雕的工人做出初步的坯形，由拉丝的工人负责完善造型，负责收光的工人精细的完善细节，最后由负责抛光的工人抛光。对于需要耗费大量时间的精细玉雕件，则一般由经验丰富的匠人带领团队完成。总体来说，翡翠的生产在开采和加工环节均存在先进与落后生产力并存的局面。

（二）翡翠价值与劳动生产率的关系

由于翡翠的开采与加工在两个社会制度不同的国家，两个国家的生产力发展不同，生产关系存在着巨大的差异。根据价值与劳动生产率的普遍规律进行分析，有利于对翡翠价值本质的探究。

在翡翠开采的生产过程中，由于缅甸政府完全控制了翡翠矿区的开采权，将整个矿区划分为9000多个矿场，大的近20000平方米，小的只有几百平方米，并且开采期限也都不长，据说到2021年所有矿场的开采权全部到期。针对这样的划分方式，开采商投入先进精细的采矿、选矿设备是不可能的，唯有加大挖掘机械、炸药等投入，指挥工人加班加点，尽可能多地在开采权到期以前挖出更多的原石，但这种近乎掠夺式的野蛮开采对环境的破坏是极大的，导致矿难频发，对工人的健康与安全也具有极大的隐患。可以说，翡翠原料高额的利润是建立在对工人严酷的剥削基础上取得的，翡翠原料的高价值是以牺牲工人健康乃至生命而取得的，其劳动生产率是极低的。

翡翠加工的生产过程大多是在中国进行，前面分析过加工环节先进与落后生产力并存的局面，从图3-1可以看出，珠宝首饰产业价值链呈U形，技术环节的"珠宝文化艺术价值开发"是珠宝首饰价值增加的第一个高峰期，而"珠宝定制服务，珠宝品牌"是另外一个高峰，反而在生产加工环节珠宝首饰的价值增加贡献率是最低的，也就是说在加工环节先进生产力与落后生产力是并存的。

一般来说，单位商品的社会劳动生产率与价值量是呈反比例关系的，社会劳动生产率越低价值越高，因为所耗费的社会必要时间越多，商品价值就越高；反之，如果社会劳动生产率越高，所生产的商品的价值量就越低，商品价值就越低。通过上述分析可以看出，翡翠原料开采环节，劳动生产率极低是造成翡翠原料价值高的主要原因；在加工环节，从翡翠生产价格分析公式和珠宝首饰产业价值链可以看出，翡翠加工费用（工资）基本是固定的，也就是说劳动生产率变化不大，唯有文化艺术价值的开发和符号价值的塑造使价值增加，这种劳动耗费的社会必要劳动时间越多，产品价值就越高，也就是说如果肯花费越多的劳动来设计和包装，翡翠的价值就会越高，这种说法属于符号价值理论的观点。

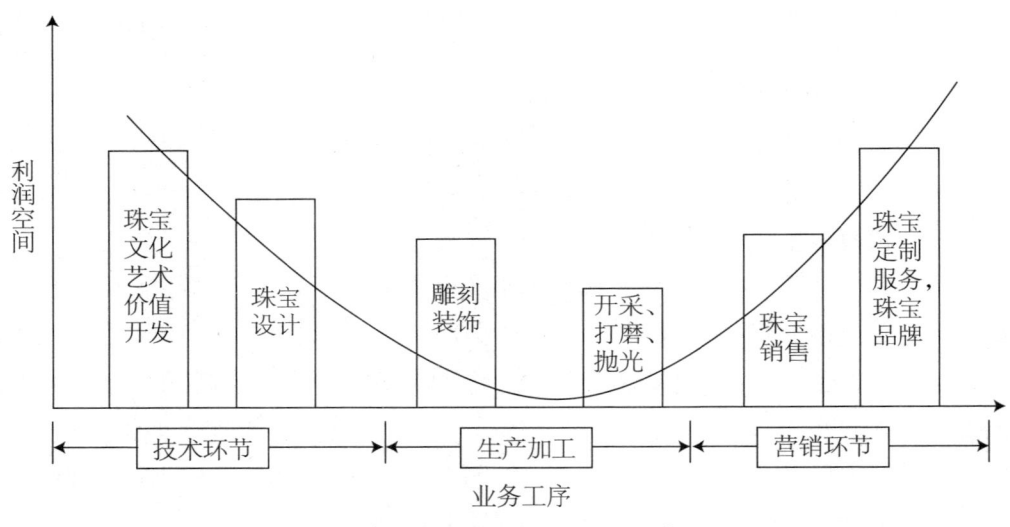

图 3-1　珠宝首饰产业价值链①

（三）翡翠价值与价格关系的本质辨析

结合图 2-2 钻石产业链各环节利润率和图 3-1 珠宝首饰产业价值链以及前文的分析可以清晰地得出，翡翠价值的本质有如下三点：

一是翡翠无论是在国外开采，还是在国内加工的生产过程，都是凝结了人类劳动的产品。

二是翡翠的价值是劳动创造的，在原料开采阶段，翡翠的价值增加极快，在珠宝首饰产业价值链中，附加翡翠艺术价值和符号价值的技术环节和营销环节，使得翡翠价值增加巨大，这几个阶段也是翡翠价值量较大、花费的劳动最多的

---

① 智研咨询. 2017 年中国珠宝市场各产品结构分析[EB/OL]. (2017-05-10). www.chinaidr.com/tradenews/2017-05/112670.html.

阶段。

三是翡翠作为商品进入交易市场，物与物之间的关系掩盖了翡翠生产的人与人之间的社会关系，加之人对翡翠价值的本质认识不清，从而更加无法把握翡翠的价格。

三、翡翠价格的实现

（一）翡翠价格的定义

价格的本质是商品价值的货币表现，价格的现象是人为获得某一种商品或者劳动所必须付出的东西。翡翠价格的本质是翡翠的价值，大小由价值量决定，价值量由社会必要劳动时间决定；翡翠价格是由交易过程中买方所需付出的货币的多少所决定的，是商品的实际成交价格。

（二）翡翠价格实现的一般规律：价值规律

商品的实际成交价格与价值并不是时刻一致的，也就是说商品的价值与价格一致是偶然的，不一致是经常的。这种不一致是经常性的，因为在现实中理论上的价格与实际成交价格是有区别的：实际成交价格有可能高于理论价格，也有可能低于理论价格。当然，这种高低也不是完全没有规律的，这个规律就是价值规律，商品的价值量是由生产这种商品的社会必要劳动时间所决定的，商品交换以价值量为基础，实行等价交换。但商品价格围绕价值上下波动，商品价值是价格波动的轴心。

翡翠价格波动的原因有供求的因素，还有生产的因素。一是提高社会劳动生产率和翡翠价值，降低翡翠的价格，或者在价格不变的基础上，获得更多的利润；二是投入更多的社会必要劳动时间，多投入的时间用于加大翡翠艺术性的创造与加工，以满足消费者在这方面的需求，从而提高翡翠的价值，价格也就相应地得到提高；三是根据市场供求信息控制投放市场的产品数量，进而调节价格，保持价格稳定。

第三节 翡翠价格的理论探析

一、基于马克思主义的理论分析

(一) 价值与价格关系的辨析：价格是商品价值量的货币表现形式

马克思在其著作《资本论》中，运用劳动价值论，科学的阐明了价值与价格的关系。

首先，通过对商品的二因素，即使用价值与价值的深入剖析，阐明了商品的使用价值是能满足人们某种需要的有用性，而这种有用性必须是对别人有用的(是社会的使用价值)，而一旦这种具有使用价值的物品一旦进入市场交换，就具有了交换价值，交换价值就是表现为交换中一种使用价值同另一种使用价值的数量关系或者比例。然而，不同的商品的使用价值在质上是不同的，不同质的东西在量上是无法进行比较的。因此，要实现商品的交换价值，必须使用一切商品都共同具有的属性，这就是一切商品都是劳动产品，都凝结着一定数量的无差别的一般人类劳动，这种性质是相同的，因而在数量上可以比较，凝结在商品中的无差别的人类劳动就构成了商品的价值。

其次，在辨析清楚价值的性质后，接着论述了"使用价值形式就是商品本身的物质形式，即商品的自然形式。价值形式即交换价值，是商品的社会形式。以货币来表现价值是价值形式发展的最终结果。"[①] 最直接的表述就是"商品价格是商品价值的货币表现，是商品价值与货币价值的比率。"[②]

最后，运用价值规律这一商品经济的基本规律，阐明价值规律是贯穿于商品生产和商品交换中一种不以人们的意志为转移的客观必然趋势，并指出"价值规律要求商品按照等价的原则进行交换，商品的价格必须符合价格。"同时，还指出"并不是每次商品交换中价格与价值都是完全一致的，这是因为价格虽然以价

---

① 刘诗白. 政治经济学（第四版）[M]. 成都：西南财金大学出版社，2014：27.
② 刘诗白. 政治经济学（第四版）[M]. 成都：西南财金大学出版社，2014：31.

值为基础,但还要受多种因素影响,特别是要受市场供求关系的影响。"①

(二) 翡翠价值的影响因素

我们在前文的论述中已经阐明,翡翠的价值来源于劳动,并且抽象劳动是创造价值的唯一源泉;而商品价值的表现即商品的价值量,取决于生产商品的社会必要劳动时间,价值量与社会必要劳动时间呈正比。翡翠因为其属于珍稀矿藏,寻找、开采、运输、设计、加工均要耗费大量的人类劳动,因而价值较高。

马克思在其经典著作中论述过,商品的价值是由凝结在商品中的无差别的人类劳动所决定的,这既是商品具有使用价值的基础,也是商品具有交换价值的基础。因为商品的使用价值在质上各有不同,在量上无法计算,而商品的价值,在量上可以计算,因此不同商品按一定的量进行交换有了可能性。

翡翠的价值也是由劳动所决定的。在翡翠的生产过程中凝聚了无差别的人类劳动,然而翡翠的价格却明显高于普通商品,这与翡翠作为特殊商品有关。我们知道劳动生产率越高的商品,其价值越低,劳动生产率越低的商品,价值越高,也就是说:"正常商品单位商品的价值量与劳动生产率成反比,而与包含在商品中的社会必要劳动量成正比。"② 对于翡翠这种特殊商品,其特殊性体现在:翡翠既是珍稀资源型产品,又是具有文化艺术品类型的商品,其中文化艺术品类型商品的生产,所占用的劳动不再是简单劳动,而是复杂劳动,复杂劳动等于简单劳动的多倍自乘。具体分析如下:

一是翡翠商品具有艺术性。艺术性是反映社会生活和表达思想感情所体现的美的表现及程度,要表现这种艺术性,需要大量的观察生活,借着翡翠这个物把思想和感情体现出来,所占用的用于观察、体会、构思的时间,虽然没有在生产加工的时候进行计算,但整体占用的劳动时间也是必须要体现出来的。

二是翡翠文化是中华玉文化的传承,中华玉文化源远流长,是中国传统文化的重要组成部分,是以玉为载体,表现中华文化中平和、内敛、深沉、仁爱、诚信等精神特质。对文化的传承不是短时间能达到的,对文化的认识和理解也不是一蹴而就的,对于一个具备传统文化知识的工匠的培养,也不是轻而易举的,这其中花费的时间,也没有被记录和计算到生产劳动中去。就比如现在的高科技产

---

① 刘诗白. 政治经济学(第四版)[M]. 成都:西南财金大学出版社,2014:38.
② 汤秀莲. 政治经济学[M]. 北京:清华大学出版社,2013.

品，需要投入大量的资金，成立专门的部门进行研发，其投入的成本将分散计入每一件成品中去，翡翠的生产也是如此，有经验的玉雕师或者玉雕大师级的工资水平是远高于普通劳动者的平均工资的。

三是翡翠的生产。由于每一件产品所表现的文化内涵和艺术性均不相同，可以说世上基本找不到两件完全相同的翡翠，这就注定翡翠的生产游离于当今的工业化生产体系之外。从工业的角度来说，翡翠的雕刻属于减材制造，每一步都需要玉雕师去掉无用的杂质，把翡翠最吸引人、最美的颜色突现出来，把最透明、最细腻的玉质与颜色结合起来，体现出美感，因而是无法大规模机械化生产的，所以翡翠的生产占用的时间与其他工艺品相比占用的社会必要时间更多，价值量更大，翡翠的交换价值，也就是交换货币的能力必然高于普通商品。

（三）翡翠价值对价格的影响

翡翠价格的本质是价值，通过货币量的多少来表现。翡翠价值从本质上决定了价格。价值的变动是价格变动的内在因素，是处于支配地位的因素。随着翡翠生产技术和生产力的提高，单位翡翠的价值将呈反比例降低，价格也将随之降低。一方面，复杂劳动创造了较大的翡翠价值，尤其是个别工艺精湛的翡翠商品，其价值会更大，这就决定了翡翠价格不会大幅度下降，更不会与普通商品价格等同；另一方面，随着生活水平的不断提高，人们对精神生活的追求越来越高，审美意识和品位越来越高，传统题材的玉雕造型已经不符合时代的需求，追求个性化和私人订制的产品诉求越来越多，这就需要花费更多的劳动去做艺术创新和新工艺的探索，这无疑增加了个别翡翠生产的劳动量，从而提升翡翠价值，个别翡翠价格也就随之上涨。

（四）翡翠生产力对价格的影响

按照恩格斯的观点，生产力是具有劳动能力的人与生产资料相结合而形成的改造自然的能力，是劳动产出的能力，也是人类创造财富的能力。

商品的价格由价值决定，也与生产力有关系，随着生产力的提高，单位时间内生产的产品增加，即劳动生产率提高，凝结在商品中的社会必要时间减少，产品价值降低，体现在价格上价格就会随之降低。但若这种情况只是个别厂商的劳动生产率提高导致的个别成本降低，则只会导致这个厂商的利润率提高，在有利可图的情况下商家一般是不会降低价格的，除非是为了抢占市场而降低价格。而且,在翡翠行业,由于翡翠商品的特殊性,随着加工技术等生产力的提高,并不表现在单位时间内生产产品的数量的增加,即劳动生产率并没有提高,而是体现在其艺术价值、审美价值的提高上,翡翠的价格可能会因此而上涨。

(五)翡翠供求关系对价格的影响

价值规律作为影响商品的一般规律,商品价格由价值决定,受供求关系的影响而围绕价值上下波动。若商品在一定时期内,受经济发展、收入、税收、进出口贸易、消费者预期、原料垄断、文化因素、技术因素、政治因素等的影响,会出现供给旺盛,需求同时旺盛的同向影响,价格也会上涨,但深入分析会发现,这种供需同向也是有相对性的,也是由于信息传递的不对称,需求是高过于供给的,因为资源的有限性,使得供给不可能一直持续在高位,所以就出现了前面价格波动中的第四个阶段,价格居高不下,但市场冷清。

(六)资本主义地租对翡翠价格的影响

除了上述因素外,还有易被忽略的影响因素——资本主义地租,其中包含级差地租和矿山地租的影响。首先,缅甸政府为了控制翡翠原料的税收,将矿山全部收归国有,于是就有了占有地租的权利,马克思指出"土地所有权有一个前提,就是:由若干私人独占地体的一部分,排除其他任何人,使他成为专属于自己私意的领域,而将其支配"①,"接着的问题,就是立脚在资本主义生产基础之上,确定这种独占的经济价值。现实的土地耕者,为资本家即地租农业家所雇佣,对于他们所利用的土地所有者即地主,必须在一定期间内支付契约所确定的一定的货币额,这些货币额,不管用于建筑地、矿山、渔场、森林等,统称为地租"②。其次,由于在世界上所有出产翡翠原料的地区中,只有缅甸北部的翡翠具有商业开发的价值,于是就没有了竞争者,实现了垄断经营,缅甸政府取得了绝对地租的权利。马克思曾在《资本论》里举出以拥有瀑布的水力条件的企业和使用蒸汽为动力的企业之间的生产价格的差异为例,说明级差地租的存在。"显然的,这种地租,常是一种级差地租,因为这并不当做一个决定因素,加入商品的一般生产价格里面,而宁是以商品的一般生产价格为前提。它的发生,常

---

① 马克思. 资本论(第三卷)[M]. 郭大力,王亚南,译. 上海:三联书店,2011.
② 马克思. 资本论(第三卷)[M]. 郭大力,王亚南,译. 上海:三联书店,2011.

是因为对于被独占着的自然力享有支配权的个别资本之个别的生产价格，和投入在该生产领域的一般资本之一般生产价格间，有一种差额。"① 绝对地租的产生"是由于土地所有权垄断的存在，在土地所有权存在的前提下，无论土地有多低劣，如果没有地租收入，土地所有者宁愿任其荒芜，也不会无偿让别人耕种，由此造成市场上的农产品的价格必然上涨到由劣等地的生产条件所决定的社会生产价格以上"②。"这种地租，必须在概念上，和级差地租相区别的，我们把这种地租叫做绝对地租。"③ 再次，缅甸政府将矿山的开采权出租，取得矿山地租，逐步实现了对翡翠原料的完全控制和对利益的全部攫取。至此，由于资本主义地租的存在，翡翠原料的利益被一再地剥夺，实现了价格的一涨再涨，最终造成价格高并且资源紧张的现象。

二、基于西方经济学价格理论观点的分析

（一）西方经济学价格理论概述

西方经济学中的价格理论主要是建立在均衡价格的基础上的，该理论认为价格是由供需双方经过不断的博弈，最后达成的。1890年，英国经济学家马歇尔出版了《经济学原理》一书，在该书中他把供给需求理论、边际效用理论以及边际成本理论等融合在一起，首次提出了均衡价格理论。供需理论认为：商品价格由商品供给与需求的力量决定，当商品供给与需求相等时形成的价格就是均衡价格。在均衡价格点，商品的供给力量等于需求力量，此时市场处于均衡状态，即商品的供需双方都没有改变价格的动力。如果市场受到某种力量的影响，出现了供需失衡现象，如供给过多或不足、需求过多或不足，则商品价格就会产生变化。具体而言，商品价格与供给力量成反比，与需求力量成正比。

（二）翡翠的效用

效用价格理论指出边际效用在商品价格决定中起着非常重要的作用。边际效用是指每增加购买一单位的某种商品给消费者带来的总效用的变化量，人对商品

---

① 马克思. 资本论（第三卷）[M]. 郭大力，王亚南，译. 上海：三联书店，2011.
② 朱方明，张衔. 政治经济学[M]. 成都：四川大学出版社，2001.
③ 马克思. 资本论（第三卷）[M]. 郭大力，王亚南，译. 上海：三联书店，2011.

的欲望会随其不断被满足而递减，如果供给无限；则欲望可能减少至零甚至会产生负效用，所以，商品的效用会随着供给增加而减少甚至消失。

根据边际效用理论，购买翡翠的人们获得的是翡翠的效用，消费的是翡翠"稀有、美丽、持久、财富"的符号价值，该效用随着其拥有翡翠数量的增加而递减。

（三）翡翠的均衡价格

翡翠的价格由供给与需求双方的力量所决定，而需求方是为了获得商品的效用，供给方则是为了利益。在这种价格理论下，供给方就需要不断地加强控制原料的出口，并拒绝透露消息，制造原料供给越来越少的假象，并增加产品的符号价值，甚至将翡翠包装成"奢侈品"，以扩大其效用；需求侧则不断追求其因文化价值、符号价值等奢侈商品带来的效用。最终，供需双方的力量达到均衡，达成了成交价格。这就是翡翠价格不断上涨的客观背景。

（四）翡翠的相对价格

相对价格理论兴起于19世纪70年代，其利用边际工具研究以相对价格表示的资源配置问题。相对价格理论认为均衡价格是商品的稀缺性的体现，背后是生产技术关系。要素稀缺程度会反映到相对价格上，不同资源的所有者会按照相对价格索取报酬，从而实现资源的有效配置。

相对价格的存在导致翡翠产业链超长，并阻断了信息的传递，使得翡翠价格更加不透明。翡翠产业链的空间链呈现原材料在国外，生产加工在广东，销售和消费的主力在云南、北京、杭州、香港等地的扭曲局面，空间链过长。其中关税、交通运输费用、中间交易环节等大大增加了翡翠成品的成本，并且每经历一个环节成本都以几何级数增长，最终到达消费者手中时价格就只能是天价了，其中超长产业链导致的绝对价格和相对价格的差异十分巨大。

商品的绝对价格是指产品交换货币多少的度量，而相对价格是商品在不同时间、不同的地区，由于技术、信息、市场等因素的改变而具有不同的交换货币的能力。翡翠超长的产业链造成了翡翠的市场价格以相对价格为主。举例分析，假设一块翡翠明料在"公盘"交易后的完税成交价为人民币100万元，入关的完税率为33.9%，则成本变成了133.9万元，若在云南加工，物流运费（含保险费）大约占20%（即20万元，从缅甸运送至昆明）。按云南的加工技术，可以做成包括手镯、挂件、戒面在内的成品 20 件，加工工时需要 150 小时，每小时平均工时费为 200 元，则工时费为 3 万元，成本变成了 156.9 万元，打包批发价为 203.97 万元（批发利润率平均为 30%），若在云南旅游市场按 150% 的利润率出售，成交价格共计约为 306 万元；若运到广州加工，物流运费不变，按照广州的技术条件，可以做成包括手镯、挂件、戒面在内的成品 25 件，加工工时和每小时工时费不变，成本依然为 156.9 万元，由于产品数量、质量发生了变化，打包批发价将变为 250 万元，二级零售商迅速分流中低端产品进入云南旅游景点零售市场，高端产品进入北京、上海、杭州等高端零售拍卖市场，进行追踪调查发现平均利润率将高达 200%，最终成交价格共计约为 500 万元，相比前者的较短产业链利润增长为 194 万元。若此原石进入广东的原料二级"公盘"，价格将更加难以确定。由此可见，翡翠超长的产业链造成了翡翠绝对价格与相对价格的差异，使得翡翠价格难以透明。

三、基于符号价值学理论观点的分析

（一）翡翠符号价值的塑造

翡翠符号价值的塑造是在传播领域进行的。在传播领域有许多的营销工具，如广告、包装、对比、品牌等，赋予翡翠符号意义，翡翠的符号价值因此得到了实现。

翡翠的符号价值凝练起来就是"美丽、稀有、恒久、财富"。

一句广告语"藏玉显真情，佩玉升情操"，将翡翠的资产、投资属性，文化、道德属性展露无遗；而"翡翠首饰，一戴添娇"则将翡翠的使用价值提升至精神层面，使其成为女性柔美、娇羞的象征，使其"美丽"的人文价值彰显得恰到好处。

在包装翡翠的过程中，则突出其"稀有""千年沉睡，只因有你""总有一块绿与你有缘"，将翡翠的不可多得表现得淋漓尽致；而将翡翠作为主石，镶金、嵌钻是包装成功的典范，这样的精品在拍卖市场屡屡拍出天价。

曾出现过"西钻东玉"的说法。钻石以其坚硬的品质而著称于世，"钻石恒久远，一颗永流传"的著名广告词，说明了钻石"恒久"的品质特征，翡翠能与钻石比肩，也因其具有较高的硬度，耐磨抗压，恒久不变；"黄金有价玉无

价",则进一步说明翡翠其"稀有""恒久"背后的"财富"价值体现。

在品牌的塑造中,"玉出云南"巧妙地将"彩云之南"这个云南旅游品牌与翡翠完美地结合在了一起,"买玉到云南"则更加清晰地诠释了旅游品牌的含金量,使"彩云之南"与翡翠相互成就。

(二) 翡翠符号价值对价格的影响

商品价格是受供求关系的影响,围绕价值波动的。一方面,商品价值并不是一成不变的,尤其是符号价值理论提出后,在传播和流通的阶段,通过媒体的广告、包装、品牌宣传等营销工具的运作,翡翠的价值是快速提升的,从而使得翡翠价格提升;另一方面,当其符号价值影响到消费者预期时,就直接影响到翡翠的需求量,需求量加大,价格进一步上涨直至远高于价值,当社会消费时尚发生变化时,旧的符号价值消失,这时翡翠价值下降,价格也随之下降,直至新的符号价值被创造出来。

四、基于消费经济学理论观点的分析

(一) 消费对翡翠产业的作用和地位

商品能满足人们的物质和精神需求,同时还是地位、价值追求和审美能力的象征。生产决定消费,反过来消费又影响着生产。从微观经济学的角度来看,生产决定消费的方式、对象、目的和水平,反之生产者根据消费反馈的信息不断调整购买行为,从而促进生产;从宏观的角度来看,消费促进货币到商品的流通,促进就业、企业发展、经济增长,进而提高人们的生活水平。

翡翠的消费也从微观和宏观两方面起作用。一方面,翡翠特有的价值决定了人们的消费是以满足投资、收藏、佩戴、炫耀、艺术鉴赏等精神需求为主,反过来促进生产者向着这方面调整生产,提升其艺术价值和符号价值;另一方面,翡翠产业增强流通性,增加就业岗位,促进企业和品牌发展,提升人们的艺术鉴赏能力,增加社会财富。

(二) 我国现阶段的消费主张与实际情况

随着中国特色社会主义进入新时代,主要矛盾已经转化为"人民日益增长的美好生活需要和不平衡不充分的发展之间的矛盾"①，实现了第一个百年奋斗目标，在中华大地上全面建成小康社会，在这一历史时期我国消费呈现多元化趋势，各类型消费人群逐渐分化。

吴烨（2013年）认为："高档翡翠产于缅甸，成就于中国，流行于华人世界，风靡全球。其本身所具有的珍贵性、美丽性、坚固持久性造就了其投资、收藏、佩戴、炫耀的固有属性，其消费、佩戴、展示的过程也是在彰显财富、地位等。同时，高档翡翠的价格需求曲线与炫耀性商品的价格需求曲线相吻合，是名副其实的炫耀性商品。"② 翡翠作为炫耀性商品，是消费多元化的产物，具有分化消费人群的作用，需要合理引导，使其拉动经济、集聚资金、增加税收，促进文化产业发展的功能最大化。同时，也要合理引导，避免其扭曲价值观，导致市场不规范、误导生产、盲目投资的消极影响。

(三) 翡翠消费与价格的关系

前文的论述将高档翡翠定性为炫耀性商品，其消费量与价格呈同向增长；普通翡翠则符合一般规律，在一般情况下则以价格为信号器，价高则生产积极性提高，供给充足时则价格下降，消费者在价低时消费意愿强烈，由于翡翠不是生活必需品，价高时则消费意愿降低。所以，翡翠价格在消费市场完成了对消费层次和消费人群的划分。

(四) 消费者权益的保护

"消费者权益是指消费者在有偿获得商品或接受服务时，以及在以后的一定时期内依法享有的权益，是一定社会经济关系下适应经济运行的客观需要赋给商品最终使用者享有的权利。"③ 消费者权益的保护有赖于法律的健全、政府的作用、社会公众力量、消费者自我保护等四个方面。目前，我国消费者权益保护的专门法律有《中华人民共和国消费者权益保护法》，该法包括总则、消费者的权利、经营者的义务、国家对消费者合法权益的保护、消费者组织、争议的解决、

---

① 习近平. 决胜全面建成小康社会 夺取新时代中国特色社会主义伟大胜利——在中国共产党第十九次全国代表大会上的报告[N]. 新华网，2017-10-18.

② 吴烨. 炫耀性商品价格理论及应用研究——以高档翡翠的价格与需求定律的关系为例[J]. 云南社会科学，2013 (5)：91-95.

③ 搜狗百科. 消费者权益 [Z]. https://baike.sogou.com.

法律责任、附则，共 8 章 63 条。然而要充分发挥其效用，仍然需要执法部门强有力的执行，辅以社会公众力量作为第三方机构参与监督，消费者提高自身意识和能力，合法维权。

（五）消费的调控和引导

消费调控的优先途径是价格的调控，通过对价格机制理论的分析可知，珍稀资源型、艺术品类型、珠宝首饰贵金属及相关类型的商品价格的调控大多需要市场和政府宏观调控协同发力，建立规范和高效的综合交易系统，有效进行价格调控。

具体来说，与钻石类似，翡翠价格调节机制也分为市场调节、计划调节以及市场调节和计划调节相结合。无论哪种调节机制，都包含了调节目标、调节措施。翡翠价格应以市场调节为主，政府调控为辅。具体而言，市场调节机制侧重引入竞争机制，以竞争实现市场调节为目标；政府调控侧重建立相关交易所、解决交易双方信息不对称问题、建立健全相关法规、维护市场交易"三公"原则、打击相关违法犯罪活动等。只有两者协同才能保持翡翠价格的稳定，避免价格大起大落，甚至产生价格泡沫。

五、基于资源稀缺性理论观点的分析

（一）稀缺性的经济学含义

按照西方经济学的观点，稀缺性是指在现实中，在一定时间内、一定条件下，所拥有的资源不能满足人们的需求或者欲望的状态。稀缺性是客观存在的，一方面反映了资源的有限性，另一方面反映了人的欲望的无限性。

稀缺性分为绝对稀缺和相对稀缺，绝对稀缺是指资源总体无法满足人类的需要，包括无替代品的资源、不可再生资源；相对稀缺是指在一定时期内或一定条件下无法满足人类的需求，但长期内是可以满足需求的，包括可再生资源、有替代品的资源。

针对商品的稀缺性，政治经济学也有相关论述。受自然资源的限制，"稀缺"仍然是存在的，但随着阶级消亡，新型的人与人的社会关系和地位的出现，"丰裕"将与"稀缺"并存。波兰经济学家弗·布鲁斯在《社会主义经济运行中》一书中指出："某种商品的产量超过了当时社会的需求，社会劳动时间的一部分就浪费掉了,这个商品在市场上代表的社会劳动量就比实际小,反之,若这种商品的产量小于当时社会需求,这个商品在市场上代表的社会劳动量就比实际大。"① 这里所说的供给大于需求就是过剩,价值就降低,供给小于需求就是稀缺,价值就提升,进而就反映在价格上,供大于求,价格都降低,供小于求,价格都提升,并且价格与超过的量和不足的量的大小成反比。

(二) 翡翠资源的稀缺性分析

翡翠属不可再生的珍稀资源,是化学成分、物理结构复杂的多晶体集合体,其成矿条件独特,只有在地壳运动强烈地带、低温高压地表深处有含钠长石的岩石的变质作用下才能形成。目前世界上仅在6个国家和地区发现翡翠矿脉,而达到宝石级的翡翠矿脉仅有缅甸北部的勐拱地区,且已探明的蕴藏量极其有限,笔者估计按现在的开采速度仅够开采30—50年。市场上接近95%的商品级翡翠产自缅甸,其矿脉位于缅甸北部摩谷西北的雾露河中游地区,原生矿带长约250千米,宽10~25千米,最窄处仅宽1千米,面积约3000平方千米。自腾冲人于1436年到1449年在勐拱所属野人山(帕岗)设厂开采翡翠以来,已经经历580余年。至于储量,至今仍未探明,按照2005—2015年"公盘"每年粗选原料交易量达3000吨的数量推测("公盘"交易量占当年官方记录开采量的80%),近40年来开采量为150000吨。据称,按此速度只能开采50年,合理估算剩余储量为187500吨(按粗选原料计算),若新探明矿脉当另行计算。按2005—2015年这10年间"公盘"交易总额约为95.45亿欧元(缅甸"公盘"以欧元计价),则可估算(按当前欧元购买力同价计算)剩余储量187500吨(价值596.56亿欧元),折合人民币价值(2019年1月欧元汇率1:7.5541)4506.47亿元。

翡翠资源的有限性一是表现在资源的有限性和不可再生性,是绝对有限资源;二是缅甸政府意识到资源的有限性,采取了限制产量、限制出口的政策,使得自2010年起,翡翠原料的供应量起伏较大,总体呈下降的趋势,人为的造成了相对的稀缺;三是在翡翠原料流通的环节,部分商人意识到翡翠资源的绝对稀缺,采取囤积的方式,进一步加剧了翡翠原料的稀缺;四是翡翠定价机制的缺

---

① [波兰] 弗·布鲁斯. 社会主义的价格也应该反映稀缺性[J]. 价格理论与实践,1985 (05).

失，使得翡翠的流通性非常低，前文已有述及，据统计，翡翠每年的流通次数平均只有1.28次，大多作为收藏品、首饰、纪念品掌握在个人手中，客观上造成了存量不少但不能流通的相对稀缺；五是翡翠与我国的"四大名玉"（和田玉、岫玉、独山玉、蓝田玉），以及新兴起的黄龙玉、南红玛瑙等是类似产品，具有可替代性，但是这些玉种由于本身资源的有限性，品质不高，不能完全起到替代品的作用。因此，翡翠作为独特的玉石资源，有限性和珍稀程度都是不容忽视的。

翡翠的珍稀程度还和人类的需求与欲望有关。在中国的神话中，玉有着集天地灵气、可以沟通三界的传说，传说固然不足为信，但玉历来被视为国家的象征、个人品行的见证、财富的载体、艺术的体现、文化传承的象征。例如，2008年北京奥运会，组委会把奖牌设计为"金镶玉"，寓意为"金玉良缘"，体现对奥林匹克精神的礼赞和对运动员的褒奖。人类对翡翠的需求与欲望总结起来有三点：一是翡翠作为新兴的玉种，在传统"四大名玉"储量几近枯竭的情况下带来了将中华玉文化保护和传承下去的希望。二是翡翠稀有、美观、持久的特性吸引着人们，具有极高的审美价值和艺术价值，尤其是其深邃的绿色，符合中国人内敛、仁厚的精神特质；而其细腻的材质、丰富的色彩，更贴近东方人的肤质，作为贴身饰品，更能彰显人文气质，提升身价。三是人们已经认识到翡翠的财富价值，由于其绝对的稀缺性，翡翠成为保值、增值的财富象征；"乱世黄金，盛世玉"的说法极具时代意义，在动乱的世道，储备黄金、利用黄金的货币功能，可以解决实际困难，而在当下的太平盛世，收藏玉器更能保值、升值。

(三) 稀缺性对翡翠价格的影响

基于翡翠的绝对稀缺与相对稀缺的独特性能，加上人类对翡翠的需求与欲望的无限性，翡翠作为资源的稀缺性是不容忽视的，其稀缺程度随着时间的推移会越来越高，而珍稀资源的供给是随着珍稀程度而不断下降的。无论是西方经济学还是政治经济学，研究问题的立场和方法都有着巨大的差别，但在对待稀缺资源的价格变动结论上是相似的，都承认价格随着商品的稀缺程度上升而上升。由比可见，长时间内翡翠的价格将呈随着翡翠资源的不断减少而不断上涨的趋势。

第四章 翡翠价格波动及价格影响因素

第一节 翡翠价格的历史与现状

一、翡翠价格的历史演进

翡翠的价格一方面随市场的兴盛、经济的发展、需求的增加而不断上涨；另一方面作为新兴的玉种，其在被人们不断认识的过程中逐步取代了和田玉、独山玉、岫玉、南阳玉等玉种，价格开始冠绝"四大名玉"。时至今日，高端翡翠价格已经达到了世界顶级宝石价格的水平。

2005 年，据杨伯达《勐拱翡翠流传沿革考》一文考证："纪昀《阅微草堂笔记》客观地记录了翡翠价格在民间飞速上扬的行情：云南翡翠玉，当时不以玉视之，不过如蓝田干黄，强名以玉尔。今则以为珍玩，价远出真玉上矣……盖相距五六十年，物价不同已如此，况隔越数百年乎。"[1] 文中，杨伯达还考证了《清代宫廷玉器》所记载慈禧太后传旨淮安关办理的一次绿玉活计"绿玉竹节式镯子三对、绿玉双喜字耳挖勺式小长簪一只、绿玉双喜字耳挖勺式长簪六只、绿玉双喜字钳子二对"，这四种 17 件绿玉制品共用银 39994 两，平均每件 2352.58 两，这个价格就算在今天的拍卖会上也属于天价了[2]。由以上记载可以看出，纪昀在乾隆年间见证了翡翠从以玉视之到以为珍玩，直至价格远出真玉之上的历程，翡翠价格随市场的发展、需求的增加而上涨，而到了晚清，翡翠价格已经上

---

[1] 杨伯达. 勐拱翡翠流传沿革考[J]. 中国历史文物, 2005 (3): 4-7.
[2] 戴铸明. 经济发展大势和市场规律决定翡翠价格走势[J]. 中国宝玉石, 2012 (2): 82-89.

涨到天价。

戴铸明（2012年）在《经济发展大势和市场规律决定翡翠价格走势》一文中概括了近30年来翡翠价格的上涨情况，可分为三个阶段：大幅上涨阶段，在20世纪七八十年代，随着东南亚及中国经济的崛起，翡翠价格大幅上涨，达过去的百倍之多；起伏期，20世纪90年代初，翡翠成品的价格一度下降30%左右，之后平稳上扬至21世纪初，2003年春遭遇非典，市场萎缩，翡翠成品价格下降20%；大幅上涨至飙升期，2004—2008年为大幅上涨期，2008—2011年为飙升期，一度显露出"疯狂的石头"的上涨势头。

吴烨（2017年）在《推进我国翡翠行业结构性改革的对策研究》一文中将翡翠的价格历史变迁总结为：在清中叶至晚清，翡翠价格为"皇帝、太后的翡翠"的价格，由于是宫廷用，选料考究，每一件都价值不菲，价格逐步赶超"四大名玉"；在民国时期，翡翠价格为"四大家族的翡翠"的价格，翡翠成为权贵们聚敛财富和炫耀的奢侈品，这一时期翡翠价格已经超越"四大名玉"；在新中国成立初期至改革开放前，在内地翡翠被称为"政府换取外汇的翡翠"，在港台及华人聚集地区被称为"发达地区华人专属翡翠"，翡翠价格呈现内地无市场，政府计划价格，港台价格不断上涨的二元价格结构；20世纪80年代到21世纪的2008年，被称为"人民的翡翠"，因为无序的边境全民买卖珠宝玉石及翡翠，价格大幅上涨；2008年以后被称为"资本炒作的翡翠"，价格急剧飙升，在2014年达到了历史的最高点[①]。

二、翡翠当前价格状况

1978—2000年间，翡翠的价格开始以每年10%的增幅上涨，其涨幅与我国经济增长速度大体相当；2000—2010年翡翠价格平均涨幅每年达到了惊人的15%，大大高于我国同期经济增长率，至2014年底达到顶峰，是1994年总体涨幅的约50倍。总体来说，若按照粗略的划分方法将翡翠划分为低档、中档、高档三个等级，低档翡翠40年来价格上涨了30～50倍、中档翡翠价格上涨了50～100倍，高档翡翠价格上涨了10～20倍。翡翠价格的惊人涨幅通过具体实例即可

---

① 吴烨. 推进我国翡翠行业结构性改革的对策研究[J]. 中国高校科技，2017（S1）：37-38.

见一斑。2015年5月8日《中国商报》报道，在广东省四会翡翠批发市场中一件低端的观音与玉佛雕件，2008年不过3～5元的批发价，到2010年已经涨到10元；2008年一件8000元的手镯，到2010年涨到了20000元。由此可以看出，2008—2010年两年间，翡翠年涨幅超过50%。

翡翠"公盘"历来是翡翠价格涨跌的风向标、晴雨表，从图4-1、4-2可以看出，2005—2012年间，除去2007年因美国次贷危机冲击，价格小幅下跌，2012因其他原因"公盘"停盘一年半外，一直处于大幅上涨的趋势，造成了2014年翡翠市场价格攀至顶峰。到2015年，由于中国经济增速放缓，翡翠"公盘"交易价格开始下跌，随之而来的是国内零售市场的疲软，经过2016、2017年的调整期，2018年交易量再次下跌，到2019年始有小幅上升。

表4-1　2005—2019年度翡翠"公盘"交易一览表

年度	全年产量（吨）	"公盘"次数	份数（份）	参与人数	交易额（亿欧元）
2005	14987.84	5	2140	8000	0.30
2006	20390.27	5	7740	11000	3.00
2007	20458.27	5	5858	15000	4.50
2008	20235.54	3	12844	9500	5.73
2009	32921.54	2	8921	4000	4.28
2010	25795.41	3	31157	11100	18.90
2011	46810.12	2	38426	21366	20.00
2012	43185.33	1	16000	2000	5.50
2013	19100.00	1	10300	10000	15.00
2014	13663.10	1	7454	5000	25.00
2015	11974.83	1	8943	2200	5.0
2016	—	2	9984	3000	8.25
2017	—	2	13246	4400	5.08
2018	—	1	6795	2500	4.23
2019	—	2	7811	4600	4.76

数据来源：根据历年来网络数据整理。

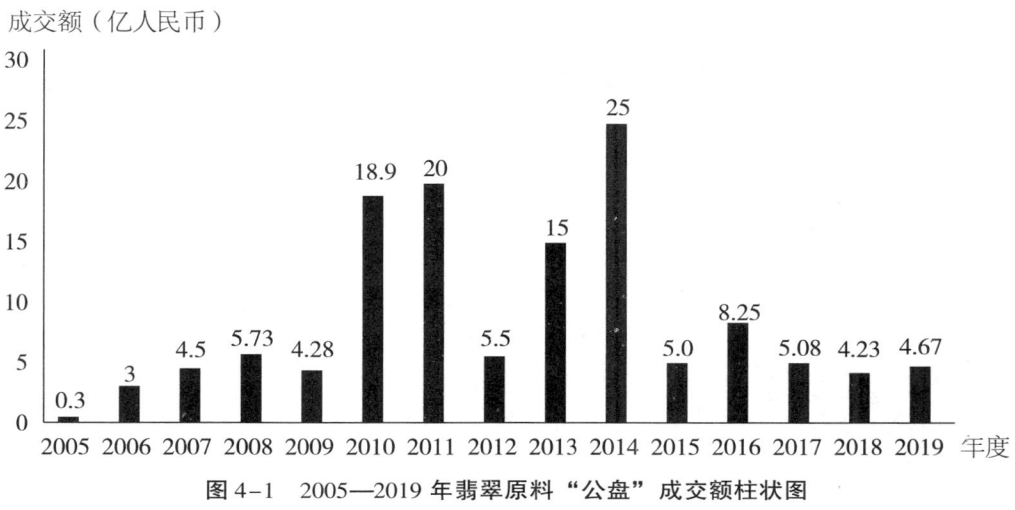

图 4-1　2005—2019 年翡翠原料"公盘"成交额柱状图

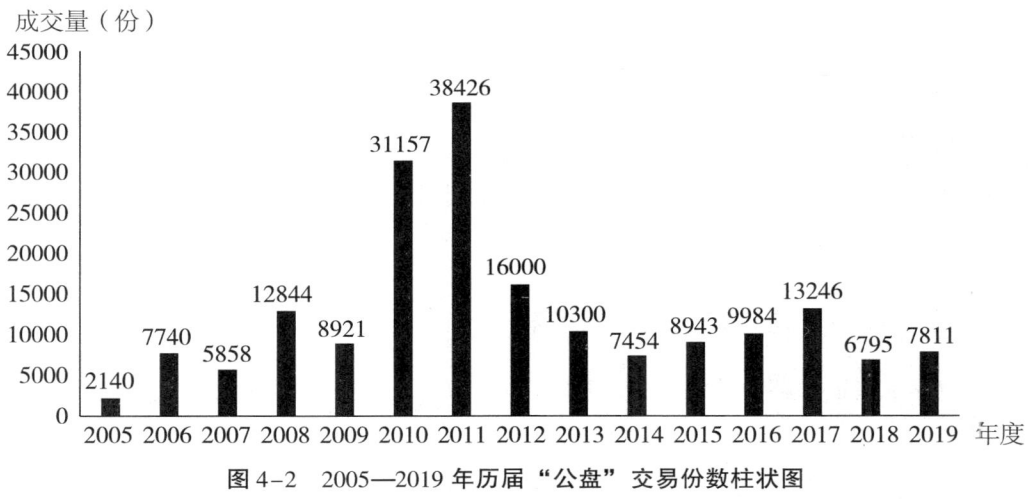

图 4-2　2005—2019 年历届"公盘"交易份数柱状图

第二节　翡翠价格的波动分析

一、翡翠价格长期波动情况分析

从长期来看，翡翠价格经历了四个波动周期。第一个高峰期出现在清中叶至晚清，翡翠属于皇室及达官贵人的专属用品，用料考究。从 20 世纪 80 年代腾冲人在当年抛弃的边角料中寻找到大量可用的玉料即可看出当年的用料之精,价格也达到了当时玉器的顶峰。但由于清朝的迅速灭亡,在战乱中"乱世黄金,盛世玉"的财富规律显现,黄金等硬通货迅速崛起,翡翠没有了市场,价格迅速下跌。

第二个高峰期出现在民国时期。由于抗战进入相持阶段,国民政府的战略重心南移,打通了连接缅甸的公路,翡翠贸易再度兴起。1927—1937 年被称为国民政府的"黄金十年",且不论这十年对国民经济的实际贡献,以"四大家族"为代表的官僚买办阶级从中攫取的巨额财富,转移到对翡翠的大肆消费,使得翡翠价格超越了传统"四大名玉",再次攀上顶峰。在新中国成立后,国内百废待兴,翡翠边贸一度中断,翡翠市场和价格迅速萎缩。

第三个高峰期出现在新中国成立初期至改革开放前。由于香港和台湾地区经济迅速崛起,成为"亚洲四小龙",产生巨大的消费需求,源于对中华玉文化的传承和偏好,翡翠迅速在港台地区占领市场,价格也巨幅攀升。

第四个高峰期出现在改革开放后,内地放开了市场,打通了与缅甸的边境口岸,加上内地经济的高速增长,对翡翠的需求大幅增加,翡翠价格再次迅速攀升,在 2014 年达到了历史的顶峰。随后慢慢趋于平稳,市场有价无市,整体陷入萧条。

二、翡翠价格短期波动情况分析

近 40 年来,翡翠价格的短期波动在总体上升的态势下也经历了四个周期。第一个阶段为大幅上涨期,在 20 世纪七八十年代的 10 多年时间内,翡翠价格平均上涨 100 倍之多;第二阶段为起伏期,自 20 世纪 80 年代末至 1994 年,翡翠价格由于缅甸政局不稳定、亚洲金融危机和非典疫情的影响,一度下跌,之后平稳上扬;第三阶段为大幅上涨和飙升期,2004—2008 年为大幅上涨期,2014 年为飙升期,其涨幅分别为 60% 与 120%;第四阶段为平稳期。

三、翡翠价格剧烈波动的后果分析

从 2000 年开始,由于国内翡翠市场的兴旺,加上 2007 年亚洲金融危机,货币贬值,大量国内"热钱""游资"投向翡翠行业,2000—2009 年翡翠原料及成品价格的平均年涨幅超过 20%,在 2010—2014 年的 5 年内,年均涨幅甚至超过了30%，上涨幅度之大超出了人们的想象。自2010年开始，缅甸政府进一步控制翡翠毛料出口，珠宝玉石交易"公盘"迁往新都内比都举行，垄断了翡翠毛料的出口。缅甸内比都的珠宝交易"公盘"高端翡翠原料每年都拍出价格超亿元人民币的"标王"，最高纪录高达约591万元人民币/千克。2012年，由于缅甸国内政治局势紧张，"公盘"交易暂停一年半，进一步加剧了原料供应的紧张，国内玉石商人开始借贷、融资，大量买入翡翠原料囤积，造成市场上翡翠原料短缺，一时间"一石难求"，业界戏称"疯狂的石头"。

市场管理混乱，价格机制不健全，不乏恶意炒作，导致价格虚高，这从2017年发生的案例中就可窥一斑：2017年6月27日，某知名旅游景点一游客失手将试戴的翡翠手镯摔坏，方知其价格为30万元人民币，后虽经评估其价格为18万元，而游客的心理价位仅为3万元，其标价和心理价位相差10倍，评估价格与心理价位相差6倍，以至于经当地司法部门介入后才调解成功，以具体责任划分不对外透露而结束，游客才得以脱身。

2014年底翡翠市场一反常态，价格出现下滑态势，截至2019年底仍然处于调整期。这一方面由于缅甸政府对翡翠原料的控制；另一方面由于我国经济增速的放缓。翡翠市场萎缩，大量翡翠企业经营规模扩张太快、发展不平衡（局部火爆、局部冷清），造成价格虚高：一方面消费者望而却步，另一方面经营者高价惜售（捂货），投资者（藏家）资产缩水，市场急剧萎缩，整个翡翠玉石产业遭遇"寒冬"①。

正常商品价格的形成受到多种因素的影响，包括价值、成本价格、供给、需求等因素，价格受国际贸易、汇率、货币发行量、收入等因素的影响围绕价值上下波动。然而资本的恶意炒作、市场管理的混乱、原材料的垄断等将导致盲目投资、肆意扩大规模、生产脱离市场等严重后果。

从以上分析可以看出，翡翠的供给由于资源的有限性、缅甸国内政局的动荡，呈现逐年减少的趋势，导致原料价格一涨再涨；在需求侧由于资本炒作、文化需求、炫耀性消费、替代乏力等因素，需求旺盛、价格飞涨。但翡翠毕竟不是消耗品，历年积存下来的翡翠将继续在市场中流通，最后将造成翡翠价格与实际

---

① 戴铸明. 经济发展大势和市场规律决定翡翠价格走势[J]. 中国宝玉石，2012（2）：82-89.

价值相去甚远的直接后果：一是价格居高不下；二是有价无市；三是随时有崩溃甩卖的危机。以上三个后果，基本符合经济泡沫破裂的特征，存在破坏局部经济的隐患。

任何一个行业，当产品价格过高，供需失衡时，产生的局部泡沫经济有可能给国家和地区经济安全造成严重后果。资产价值超越实体经济，行业极容易失去持续发展的能力，在有大量的投机活动支撑的时候，商品价格将越来越高，反而会吸引更多的资本参与进来，形成恶性循环，也就是人们常说的"击鼓传花"，直到鼓声停下来的时候，最后一批接受资产的人才发现没有人再来投资了，而手里捧着的资产就是一个泡沫。一个行业若定价机制缺失，就会出现两种情况：一种情况是无人问津，另一种情况则是大肆投资。由于翡翠价格不透明，翡翠行业就属于后者，当资本大量投资造成翡翠价格过高以后，价格调控机制没有有效发挥作用，造成的后果将对行业造成巨大的影响，也将波及整体经济的平稳增长。

第三节　翡翠生产价格与价格波动机制

一、翡翠的生产价格

政治经济学原理的经典论述总结起来可以这样表述："价值是凝结在商品生产过程中的一般人类劳动，价值的多少由价值量决定，而价值量的大小是依据平均的社会必要劳动时间来确定的。商品价格是商品价值的货币表现，商品的价值是在生产过程中形成，在交换过程中实现的，而商品交换过程中形成的价格除取决于商品生产过程所包括的价值的大小外，还受市场中诸多因素的影响。"[①] 这段话说明，翡翠价格是在交换过程中实现的，除了包含价值的大小外，还受市场因素的影响，当利润转化为平均利润，利润率转化为平均利润率，翡翠的市场价格就体现为生产价格，即

翡翠的生产价格 =（原料费+垄断利润）+加工费+营销成本+平均利润。

---

① 司明，王建中. 价值、价格与资产评估价值内涵研究[J]. 中国乡镇企业会计，2011(4)：23-24.

（一）原料费

翡翠原石的"赌性"是非常难以把控的，翡翠原料一般分为暗料和明料，暗料由于有氧化层皮壳的包裹，只能依据皮壳的矿物学特征和开的"门子"靠经验判断其价值；明料则是在暗料切割后依据所能做成的成品的数量和成色来判断。在"公盘"市场一般交易的是明料，依据行业内部人士根据市场经验估价，取得标底，再进行"公盘"市场竞拍，价高者得。由于没有量化的标准，竞价中的一些不确定因素，往往会使原料价格具有极大的不确定性。

举例来说，一块切割后体积较大的明料，估价的业内人士首先判断依照色和种的走向能做出多少件手镯，其次判断剩下的部分能取出多少颗戒面，再判断剩下部分能做出多少件挂件，最后依照成色计算价格，得出总价作为拍卖的标底；对于体积较小的明料，若种、水、色俱佳，则直接判断其能取出多少颗戒面，其中最好的一颗（头货）价值几何，最终计算该明料价格，得出标底；若判断只能做一件挂件和雕件，则其价格相对容易判断；若遇到种、水、色皆不出色的原料，则可以考虑通过花费大量的人力构思、设计，做成艺术价值较高的摆件，以人工弥补原料的不足，提高其价格，从而形成底价。

（二）垄断利润

由于翡翠原料具有垄断性，垄断价格高于翡翠原料价值的部分我们称翡翠利润，即垄断利润，这个利润在翡翠原料出口时就已经完成了。翡翠原料的垄断利润是几个环节的税收的加成。第一个环节，在翡翠从矿山挖掘出来时，就要缴纳估价的10%给政府。第二个环节，在"公盘"交易时，为鼓励成品出口，提高附加值，毛料按估价的15%计税，成品按5%计税，为减少税负，大多数玉商都将毛料切上一两刀，充作成品，按5%计税，此税负由买主承担。第三个环节，参展后成交的卖方玉石商人需要把成交额的10%交给珠宝业协会，5%交给缅甸珠宝展览中央委员会，共计15%，当然这15%的交易费用肯定是计入利润中的。综上所述，一块玉石原料，就算一个玉石商人从矿山将它挖出，估价为100000元，并亲自送到"公盘"拍卖，每个环节只获取20%的利润率，整个过程的垄断利润计算如下：

$$\text{垄断利润} = 100000 \times 110\% \times 120\% \times 105\% \times 120\% \times 115\% - 100000$$
$$= 91268 \text{（元）}$$

可以说翡翠原料的垄断利润率最低为91.268%。

(三) 国内税率

翡翠原料进入国内后，还要征收高额税收，目的是抑制需求，包括3%的关税、17%的增值税、10%的消费税和3.9%的所得税，总税率达到33.9%，但这些最后也要纳入原料成本中。

$$总成本 = [原料价格 \times (1+91.268\%)] \times (1+33.9\%)$$
$$= 原料价格 \times 191.268\% \times 133.9\%$$
$$= 原料价格 \times 256.1\%$$

(四) 加工费

根据2019年度走访、问卷调研，得到各琢形的加工时间及费用，如表4-2所示。

表4-2　2019年各琢形手工加工耗费时间

(单位：小时)

工序 时间	选料	开料	设计	取料	初步雕刻	精细雕刻	抛光1	抛光2	后续工艺	合计
手镯	2	1	1	1	1	2	2	1	1	12
戒面	1	1	1	1	1	2	1	1	1	10
花牌	2	1	2	1	1	8	2	1	1	19
吊坠	1	1	1	1	1	5	1	1	1	13
耳钉（含镶嵌）	1	1	3	1	2	5	1	1	3	18
串珠（8颗以上）	1	4	1	2	4	2	5	5	2	26
胸饰（含镶嵌）	2	2	5	2	2	4	3	3	3	26
手把件	2	1	5	4	5	3	4	5	2	31
摆件	1	3	10	4	10	3	4	5	2	42
私人定制	10	1	8	2	5	3	4	5	2	40
大型雕件	2	5	20	8	20	80	10	20	10	175

表4-3 2019年翡翠加工从业人员平均工资

(单位：元/天)

身份 工价	从业 1~2年	从业 3~5年	从业 6~10年	从业 10年以上	获大师 级称号	其他加工者 （平均）
昆明	100	300	400	600	1000	300
腾冲	100	300	400	600	1000	300
广州	100	300	400	800	1000	300
其他地方	100	400	500	800	1000	300

综合分析表4-2、4-3，各种不同琢形加工耗费时间不同，各地区工资水平不同，未得到较有说服力的翡翠加工费用表，需进行综合加权计算，其加权原则如下：①各雕刻企业、作坊为提高生产效率一般采取流水作业，即有经验的师傅负责设计，开料师傅负责多件原料开料、取料，学徒负责初步雕刻，师傅负责精细雕刻，多件产品同时进入抛光机抛光，所以计算时采取加权的方式折算。②串珠的取料耗时较长，但抛光时可同时抛光多件，加权系数略有变化。③私人定制一般为单独设计、雕刻，加权系数略有变化。④大型雕件耗时极大，且一般采用手工抛光，且一般为大师带学徒完成，故加权系数另行计算。⑤工资按加工者不同，按每天工作8小时折算，时薪普遍为30~40元/小时。⑥耗材按平均工资1.2加权系数折算。大致可以得出各琢形加工价格如表4-4。

表4-4 翡翠加工费用统计

(单位：件/元)

综合琢形	手镯	戒面	花牌	吊坠	耳钉	串珠	胸饰	手把件	摆件	私人定制	大型雕件
耗时（小时）	12	10	19	13	18	26	26	31	42	40	175
批量加工加权系数	0.6	0.6	0.6	0.6	0.6	0.5	0.7	0.7	0.7	1	1.1
平均工资（元/小时）	25	25	25	30	30	25	30	25	30	30	100
耗材加权系数	1.2	1.2	1.2	1.2	1.2	1.2	1.2	1.2	1.2	1.2	1.2
加工费用（元/件）	216	180	342	280	388	390	655	651	1058	1440	23100

(五)营销成本

1. 翡翠成品批发市场成本

无论是专业批发市场,还是品牌企业的加工部门和销售门店,均遵循同一标准,一般采用打包批发的形式,主要有如下几种方式:一是把一块原料做出的所有成品一次性卖出,成为"一手货",其中主要的一件或几件价格最高的称为"头货",价格要占原料价格与工费(成本)的一半以上,其余的占成本的70%~80%,综合利润率为20%~30%。二是将价位相当的一批成品如手镯、戒面、花牌、挂件、手把件等一次性批发,数量一般在两件至几十件不等,一般采用高、中、低批次搭配,综合利润率在20%~30%。三是摆件,价值稍高,一般是单件论价,也采用高、中、低档次搭配,综合利润率在30%~40%之间。四是大型雕件,采用单件论价,由于出货量少,一般是有实力的商家才可能进货,一般利润率要保持在150%~200%。私人定制没有批发的情况(见表4-5)。

表4-5 翡翠批发利润率统计

[单位:件(批)/%]

综合琢形	手镯	戒面	花牌	吊坠	耳钉	串珠	胸饰	手把件	摆件	大型雕件
出货量	1批	1批	1批	1批	1批	1批	1批	1批	1	1
利润率	20%~30%	20%~30%	20%~30%	20%~30%	20%~30%	20%~30%	20%~30%	20%~30%	30%~40%	150%~200%

2. 翡翠成品零售市场成本

按市场区分,一是普通零售市场,包括珠宝商场、品牌门店、旅游销售市场、批发市场个别零售;二是拍卖市场。

在普通零售市场,零售商进货后,售价按照进货成本+营销成本+利润进行出售。营销成本包括租金、员工工资、运输成本、提成、广告及宣传费用、工商及税收(个体经营无)、资金使用成本等,其中租金(包括门店租金、柜台租金)为最大支出,以上支出将平均分摊至每件货品上,按出货量计算。以昆明为例,访谈、问卷调查如表4-6所示。

表 4-6 营销成本

综合规模	珠宝城摊位（柜台）	综合商场（柜台）	门店（含品牌）	景区摊位（柜台）
单价	1000~3000（元/米/月）	2000~5000（元/米/月）	100~300（元/平方米/月）	300~1000（元/米/月）
一般规模（折算人均）	2~5 米	2~5 米	5~10 平方米	2~5 米
人工成本（每人）	—	5000~8000 元	5000~8000 元	—
出货量	50~100 件	100~200 件	100~200 件	100~200 件
月销售额（人均）	20 万元	40 万元	60 万元	20 万元
平均成本分摊率	10%	15%	20%	10%
平均利润率	30%~40%	40%~50%	50%~80%	40%~50%
批发利润率	20%~40%	20%~40%	20%~40%	20%~40%
生产成本基础上的溢价率（营销成本率+利润率）	60%~90%	75%~105%	90%~120%	70%~80%

由此，可以初步得出生产价格计算公式：

生产价格 = 成本价格 + 平均利润

= 原料价格 × 256.1% + 加工费 + 营销成本 + 平均利润

= [原料价格 × 256.1% + 加工费] × [1 + (60%~120%)]

= [原料价格 × 256.1% + 加工费] × (160%~220%)

= 原料价格 × (409.76%~563.42%) + 加工费 × (160%~220%)。

二、翡翠价格波动机制分析

通过对上述翡翠原料价格、国外垄断利润、国内税率、加工费、营销成本的计算和分析，笔者发现在翡翠生产价格的构成中，由于缅甸高额的垄断利润，垄断利润率最低时都达到了91.268%，而国内为了抑制翡翠的进口，采取高税收的方式，税率达33.9%，将翡翠的成本价格直接推高，再加上60%~120%的行业平均利润率，翡翠的价格是极其高的。

再来看翡翠原料的供给，由于缅甸政府意识到翡翠资源的有限性和稀缺性，同时出于对高额利润的追求，对翡翠资源进行最大限度的控制，但是缅甸国内的政治环境、经济环境、技术环境、汇率水平、国际贸易水平都倾向于以出口为主，这使得缅甸政府不得不对翡翠原料采取扩大出口的政策。为了保障较高的出口收入水准，又不得不控制和减少翡翠出口数量，不断推高价格。简单来说，翡翠供给的总体情况是，供给量呈总体减少趋势，但价格呈不断上升趋势。

随着中国经济的不断增长，翡翠市场不断扩大，需求极为旺盛。国内社会稳定，市场不断进化，技术环境、文化环境都有利于翡翠产业长远发展；传统玉文化对消费者偏好影响极大，消费者收入水平不断提高，直接决定了有效需求；消费者把翡翠作为投资品、收藏品，因其升值空间大。因此，翡翠的需求量巨大，促使价格提升。尽管我国政府以高税收率抑制翡翠进口，但也间接推升了翡翠价格。

总体来说，翡翠价格波动的机制主要体现在下面三个方面：

一是翡翠生产价格是翡翠价值的市场体现，原料供给与需求的变动将引发价格围绕价值发生波动，也就是说翡翠的生产价格是不断变动的，而引发波动的主要因素就是原料价格的变动。

二是不断变动的价格是翡翠供给与需求的信号器和调节器。理论上来说，价格高则供给旺盛，也因为价高需求就会降低，从而价格不得不降低以使供给的积极性降低，暂时达到均衡点；一段时间后由于价格低，需求开始旺盛，需求的刺激使价格开始上升，价格上涨导致供给开始增加，从而达到短暂的均衡点。

三是由于价格的信号器和调节器的功能，供给量与需求量不断变化，达到动态的长期均衡。

第四节 翡翠价格波动的影响因素分析

一、货币价值对翡翠价格的影响

翡翠的价格由价值决定,并随价值的变化而变化,但在特殊情况下,价格的变化不易被人察觉,也就是说商品价格的变动与价值的变动并不一致,这其中还与价格的表现形式(货币价值)有关。简单来说,货币价值与商品价格呈反比关系,货币价值高,商品价格就下降;货币贬值,商品价格就上涨,尤其是涉及国际贸易的商品,这种影响更为明显,主要关系两国间的汇率水平和国内物价总水平。

(一)汇率水平对翡翠价格的影响

由于国内翡翠原石均来自缅甸,因此中国与缅甸的货币兑换汇率的波动直接影响进口翡翠原料的价格。根据汇率与进口产品的价格关系,当进口国汇率相对于出口国汇率升值时,则进口产品价格下降;当进口国汇率相对于出口国汇率贬值时,则进口产品价格上升。

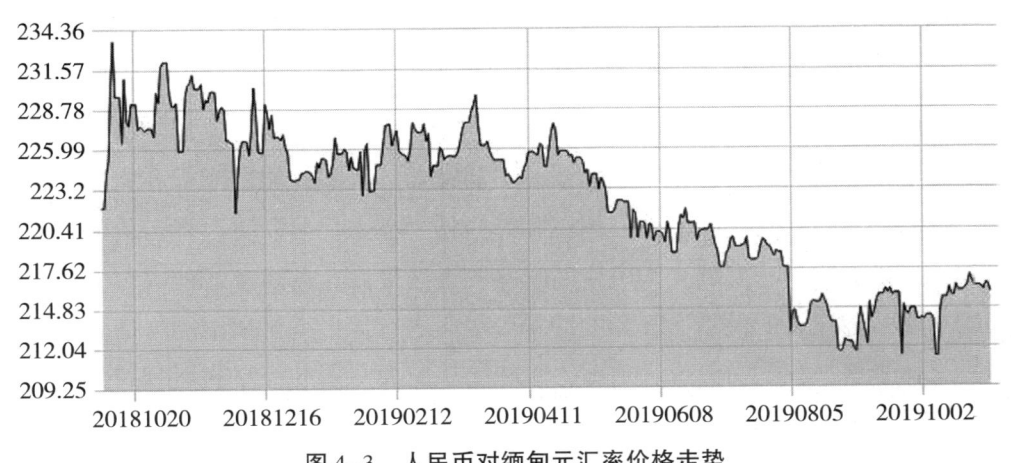

图4-3 人民币对缅甸元汇率价格走势

资料来源:中国纸金网网址,https://huilv.911cha.com/MMKCNY.html。

从图4-3看，自2018年10月—2019年10月期间，（人民币/缅细）汇率总体呈下降趋势。因此，在此期间，人民币相对缅币贬值。相应的，从缅甸进口翡翠价格呈上涨趋势。但在2019年4月，月平均汇率（人币币/缅币）为226.42，相较于3月的月平均汇率225.81，上升了0.27%。因此，在2019年4月翡翠进口价格曾小幅下跌。

（二）国内居民消费价格指数对翡翠价格的影响

一国的物价总水平属于宏观经济的范畴，由一国的劳动生产率、工资水平、社会总供给和总需求、通货膨胀率和商品储备等因素决定。其中居民消费价格指数（简称CPI）是反映通货膨胀率和物价水平的重要指标，如果CPI增速过快表明货币贬值较快，反之则表明货币升值。一般将CPI警戒线规定为3%，5%以上就达到了通货极度膨胀。从近几年的统计数据来看，我国的物价总水平稳中有升，作为非生活必需品的翡翠价格受此影响保持持续上涨的趋势。

二、市场供求关系对翡翠价格的影响

（一）经济发展水平对供求的影响

1. 经济增长扩大市场规模，需求量进一步增加

中国经济的高速发展，是中国成为世界上最大的翡翠进口国、加工基地和消费国的主要因素。抛开中国的传统玉石文化因素和消费者偏好，由于翡翠的升值空间而形成的巨大的投资市场也是不可忽视的重要因素，其中以广州市为中心形成的工、批发基地，北京、上海、杭州和香港等地形成的高档翡翠消费城市群，重庆、成都、昆明、大理、丽江、瑞丽、芒市、景洪、保山等旅游城市成为中低档翡翠主力消费城市群，带动了翡翠和玉器行业的发展，旅游观光和购物结合起来，收藏和佩戴翡翠结合起来，传统和时尚结合起来。可以说翡翠市场的蓬勃发展与中国经济的高速发展，人民生活水品的迅速提高，旅游市场的火爆，投资市场的升温有着直接的关系。旺盛的翡翠商品需求直接推高了翡翠的价格。

总体来看，我国的黄金、钻石、珍珠和其他类宝石的市场也呈现持续增长的势头，据中国珠宝协会数据显示（前瞻产业研究院整理），我国珠宝首饰行业销售市场规模自2008年突破2000亿元后持续增长，到2011年我国珠宝首饰市场销售额达3810亿元，创最大增幅28.85%，2013年突破5000亿元，2019年达到了7073

亿元，2020年受疫情影响，下跌至6154亿元，但12.99%的跌幅远低于同期黄金消费跌幅的18.13%，表明我国珠宝行业的消费需求稳健增长，未来需求可期。

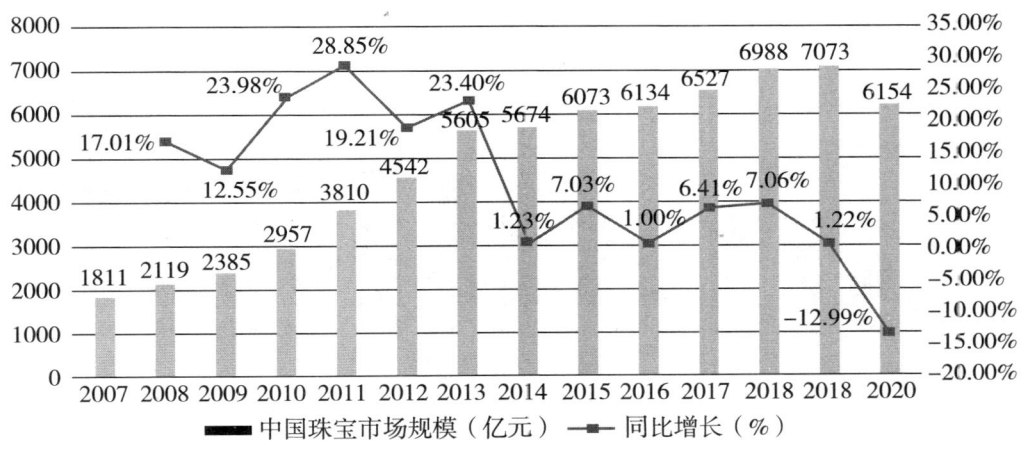

图4-4 2007—2020年中国珠宝首饰行业市场销售规模（单位：亿元 %）

数据来源：前瞻产业研究院，网址：https://bg.qianzhan.com/

2. 消费者收入水平不断提高，直接决定有效需求

世界经济发展的历史研究表明，一个国家的消费水平的升级，与该国人均收入水平的增加有着直接的关系。以美国为例，当人均GDP超过1000美元时，美国进入第一次的消费升级，其主要表现为对大宗商品如汽车、房屋和高档耐用消费品的消费需求增加；当人均GDP超过3000美元后，美国的工业化、城市化和人口集中化加速发展，形成第二次消费升级，居民消费类型发生较大的转变，人们开始关注品牌产品、旅游和享受型服务产品；当人均GDP超过3000~4000美元时，人们开始追求高端享受型商品，其中珠宝、名表和高档手机等时尚商品的需求急剧增长。对我国而言，在21世纪初的几年内，我国人均GDP超过了1000美元，房地产、汽车、家电等行业迎来快速发展的十年；自2010年我国人均GDP达到4000美元以后，由于消费升级的趋势，高端享受型消费开始进入普通家庭，由图4-4可以看出，2010—2018年的8年中，珠宝首饰的市场规模翻了一番。

另外，2008—2018年，中国城镇人均可支配收入年复合增长率达到10.93%。与收入的稳定增长形成对比，按国家统计局市场分类，2008—2014年金银珠宝类成交额的年复合增长率为16.27%，明显高于居民收入增速。未来随着居民可支配收入持续增长，尤其是消费能力较强的中产阶级人群增多，必然长期利好珠宝首饰消费。

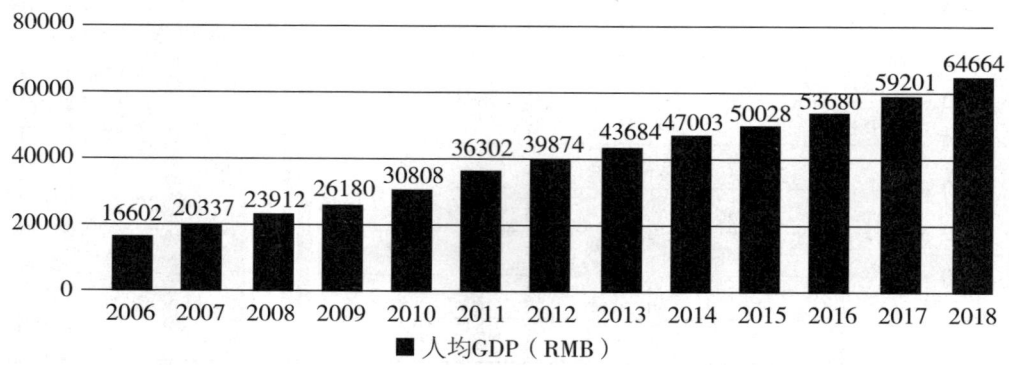

图 4-5　2006—2018 年中国人均国内生产总值（GDP）

资料来源：东方财富网. http://data.eastmoney.com/cjsj/gdp.html.

根据招商银行与贝恩公司联合发布的《2019 年中国私人财富报告》，2018 年，拥有 1000 万人民币财富以上的高净值人群已经达到 100 万人，为翡翠等高端消费品提供了坚实的消费基础。

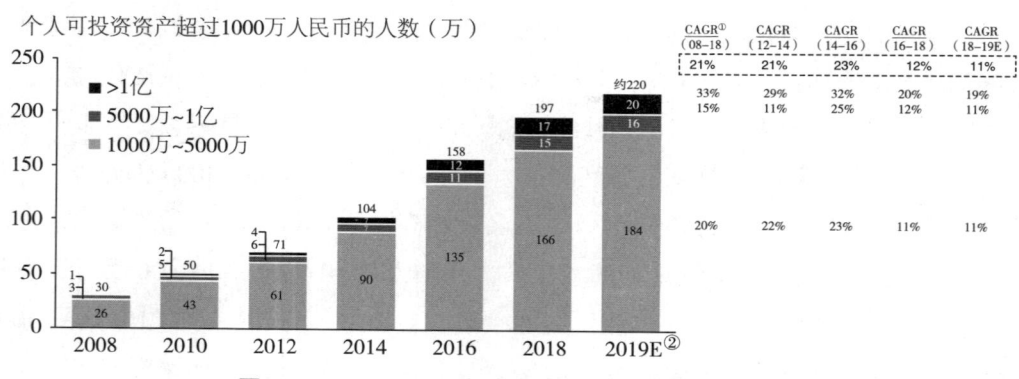

图 4-6　2008—2019 年中国高净值人群增长与构成

资料来源：贝恩公司高收入净值分析模型。

---

① CAGR 指复合年均增长率，是对表格中高净值人群增长率的不同类型人群的计算。
② 2019E 是 2019 年财务预算数。

未来中国经济，通过转变方式，调整产业结构，仍然具有广阔的发展空间，居民消费仍将呈现持续增长趋势。中国经济转型中已出现一种新的衡量经济再平衡的方式，即考量消费对 GDP 增长的贡献情况。消费对 GDP 的贡献由两个因素决定，即消费自身的增长速度以及其占 GDP 的比重。总体而言，近些年来，消费对我国 GDP 的贡献在逐年提升（见图4-7）。

图 4-7　消费对中国经济增长的贡献

资料来源：贝恩公司高收入净值分析模型。

（二）生产技术水平对供求的影响

1. 缅甸生产力落后，但有利于出口

一方面，由于缅甸将翡翠矿山承包给商人，获得采矿权的商人购入大量的现代化采矿机械，使生产技术获得了极大提高，产量也因此大幅增加，保障了翡翠原料的供给；另一方面，由于缅甸工业制造业的落后，也没有成熟的治玉技术的传承，其玉石加工技术是极其粗放的，仅能承担翡翠原料的前期切割，进行手镯、戒面这一类相对简单的加工，并且抛光技术也不成熟，更不能承担雕件、摆件的加工制作。另外，缅甸整体教育落后，不能培养玉石鉴定、设计、雕刻等高技术人才，至于技术标准、市场监管等人才更是缺乏，不足以承载翡翠产业发展的需求。

由此可以看出，由于翡翠原料的大量开采，而缅甸国内的技术水平不足以进行设计、雕刻、抛光等技术含量高的加工业，只能选择出口，获得原料销售产生的利润。

2. 中国治玉技术传承数千年具有比较优势

中国的治玉技术随中华玉文化的产生而产生，随着中华文明的灿烂而发展。

从历史的进程而言，中国的治玉技术起源于 7000 多年前的原始社会，人们就地取材，利用当地的玉种打磨各类饰品与器物，这些在诸多考古发掘中成为文明存在的重要物证。封建社会，玉器继续扮演着王权、朝廷象征的物质载体，随着生产力的不断发展，治玉技术也不断进步，出现了许多流传千古的佳品，如战国时期的"和氏璧"等。到了近现代，中国更出现了京、杭、沪、穗等加工基地和产业集群，治玉技术冠绝全球。

翡翠作为中国玉文化的杰出代表，不仅承载了数千年的中华玉文化的精髓，更促进了玉石加工技术的不断精进。

相比较而言，中国与全球不少国家同时拥有珠宝玉石工业，但中国丰富的人力资源、深厚的文化底蕴、成熟的工艺及技术无疑是具有比较优势的。进口翡翠原石进行增值设计与加工，更有利于翡翠产业的良性发展。

(三) 价格预期对供求的影响

1. 生产者价格预期刺激原料供应

影响供给最重要的因素就是商品自身的价格，商品价格高，供给增加，价格低则供给减少。翡翠价格近 20 年来一直呈上涨趋势，尤其是 2008 年以后，翡翠价格以每年 20% 的涨幅上涨，到 2014 年翡翠价格就达到了历史的顶峰，香港、北京、上海、杭州的拍卖会屡次拍出几亿元的单品。每年的翡翠"公盘"都有所谓的"标王"出现，比如：2014 年，编号 7308，重 233 千克，底价 6000 万欧元，成交价约 6200 万欧元，2.660 万欧元/千克。2015 年，编号 8935，中标价 1528 万欧元，约 1.13 亿人民币。2016 年，编号 5944，重 80 千克，底价 2000000 欧元，成交价约 1.18 亿元人民币。2017 年，编号 4884 号，底价 8.8 万欧元，开标价 1599.8899 万欧元，价差 182 倍，夺得标王；编号 2458 号，标底 1 万欧元，开标价 470 万欧元，价差 470 倍。2018 年，编号 1796，重 83 千克，底价 280000 欧元，开标价 9000099 欧元，人民币约 7200 万元。2019 年，编号为 5959 号，净重 21.5 千克，底价为 380000 欧元，成交价 16300000 欧元，折合人民币 127226390 元，价差 42.8 倍；编号 4996，重 1380 千克，底价 80000 欧元，中标价 10588888 欧元，约 8000 万人民币，价差 132 倍。高额的翡翠价格，在心理预期的作用下，不断刺激翡翠原料供给。

2. 消费者价格预期刺激需求

近年来国内拍卖市场异常火热,其中价格在 500 万元以上的高端翡翠拍品成交量保持在约 10%;5 万~500 万元的高档、中高档拍品占比合计达到 52%,并且以每年 10% 的涨幅持续上涨;而 0.5 万~5 万元的一般翡翠消费品分布于旅游市场,价格以每年 12% 的涨幅上涨,升值空间较大,成为翡翠消费的主力。就目前的消费预期,雕刻艺术品的翡翠玉石人文投资将成为翡翠市场的新热点。

(四) 消费者偏好和文化因素对供求的影响

1. 缅甸社会普遍信仰佛教,翡翠并不是主流饰品

缅甸民众普遍信仰佛教。受佛教文化的影响,佛教徒崇尚佛家七宝,分别是金、银、水晶、砗磲、玛瑙、珍珠、琥珀,七宝中并不包括翡翠。可以说缅甸尽管是翡翠的主产地,却没有玉文化的传承,翡翠在缅甸并不是主流饰品。因此,在经济利益的驱动下,缅甸民间积极支持翡翠出口。

2. 国内翡翠作为文化符号,需求量日益增加

从市场的角度来说,随着以珠宝文化为核心的翡翠制造与购销市场的建立,未来翡翠市场有很大的发展空间。从消费者文化需求的角度来说,人们对翡翠的价值有了新的认识,从大众化盲从性消费到个性消费,从普通了解到专业认识,从简单产品意识到品牌意识,从物质消费到精神消费。翡翠饰品已被看作是一种文化代表和身份象征,佩戴无论是传统文化题材还是现代题材的翡翠饰品都被视为一种时尚,一种对美好生活的向往,极大地满足了人们日趋多元化的精神需求。根据中国珠宝玉石协会对翡翠消费者的调查,不同年龄段的消费者对翡翠消费习惯如表 4-7、4-8 所示。

表 4-7 各年龄阶层翡翠消费习惯(统计基于昆明地区零售市场问卷调查)

消费者年龄分类	消费习惯
50 后	收藏、配饰、投资、纪念日、礼物
60 后	收藏、配饰、投资、纪念日、礼物
70~80 后	婚庆、收藏、配饰、纪念日、礼物
90 后	婚庆、配饰、纪念日、礼物
00 后	纪念日、配饰

表 4-8　各地域翡翠喜好习惯（统计基于昆明地区零售市场问卷调查）

地　域	中国				南　亚	日　本	欧美人士及华人
	东部沿海地区	北方及中原地区	西南地区	港台地区			
琢形	手镯、戒面、挂件	手镯、戒面、摆件、手把件、串珠、挂件	手镯、戒面、挂件	手镯、戒面、手（项）链	手镯、戒面	摆件、串珠、杂项	手（项）链、耳坠、摆件、杂项
种、水、色	玻璃种、冰种、金丝种	玻璃种、冰种、满绿	玻璃种、冰种、金丝种、无色	玻璃种、冰种、满绿、金丝种	玻璃种、冰种、满绿、紫罗兰	玻璃种、冰种、满绿、三彩	玻璃种、冰种、满绿

3. 国内婚庆需求旺盛

从表 4-7 看，在珠宝消费支出构成中，婚庆配饰消费占了很大的比例，约为 70%～80%，而以收藏、礼品为主的消费则占 20%～30%。其中地域差异也较为明显。在我国的北京、上海、广州、深圳等一线城市和二线城市，婚庆珠宝消费以钻石、铂金和黄金为主；三、四线城市在钻石、黄金和铂金的基础上，其他类型的宝石占据了一定数量，其中位于翡翠拍卖主力城市的北京、上海、香港、广州，据统计每 10 对新婚夫妇就有 4 对有购买翡翠的意愿，在旅游消费的主力城市如昆明、成都、重庆、大理、丽江、瑞丽和腾冲等，订婚、结婚纪念日和父母生日翡翠消费所占比例也接近 40%，尤其是 70、80、90 后甚至 00 后，每年结婚人数达 1000 万对以上，他们追求时尚，崇尚彰显个性，对珠宝个性化定制情有独钟，因此具有保值、升值潜力的翡翠将会越来越受青睐。

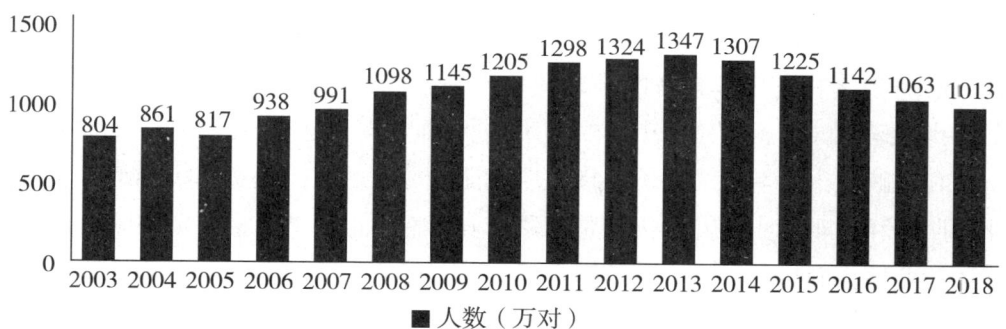

图 4-8 2003—2018 年全国登记结婚人数

资料来源：搜狐. 历年来全国结婚人数大数据，https://www.sohu.com/a/374795919_233766.

（五）翡翠供求关系对价格的影响分析

通过对经济发展水平对供求的影响、生产技术水平对供求的影响、价格预期对供求的影响和消费者偏好及文化因素对供求的影响分析，可以发现一方面中国近 40 年来经济发展迅速，人均可支配收入和高收入群体数量逐年增加和扩大，提供了较强的消费投资能力；另一方面由于消费者偏好和文化因素的影响，国内翡翠消费投资欲望较强。这两个方面共同促成了较强的翡翠商品需求。

在供给方面，虽然缅甸拥有翡翠原料，但由于缅甸翡翠加工技术较差，无法对翡翠进行深加工，且缅甸国内翡翠消费者偏好为负效应。因此，在原料出口创造经济利益的驱动下，缅甸保持了积极的翡翠原料供给。

基于上述分析可知，一定时期内，当翡翠商品需求严重超过供给时，翡翠价格必然急剧上涨。如果缅甸翡翠原料供给的增长速度跟不上需求的增长速度时，翡翠商品价格上涨就成为必然。

三、国家政策对翡翠价格的影响

（一）国内政策的影响

1. 国家为翡翠产业长远发展提供政策支持

为鼓励和发展珠宝首饰行业，我国政府相继制定了《珠宝玉石名称》《珠宝玉石鉴定》《翡翠分级》《珍珠分级》《金银饰品标识管理规定》《首饰贵金属纯度的规定及命名方法》等一系列标准和规定，对加强行业自律、提高行业国际竞争力奠定了基础，这对翡翠行业的影响是巨大的。据中国珠宝玉石首饰行业协会发布的《2018中国翡翠行业网络消费白皮书》，随着国民消费水平的日益提升，国内也迎来了珠宝玉石消费市场的繁荣时期，同时白皮书也对翡翠产业中存在的机遇和挑战做出了客观的评价，指出专业性的行业规范、消费市场的细分、精细化的服务和透明的消费环境仍然是翡翠行业面临的重要课题，希望中国珠宝玉石首饰行业协会利用其影响力，承担起促进翡翠行业发展的重担，积极争取政策解决以上难题，为翡翠产业长远发展打造好的市场环境。

2. 新兴流通渠道与传统流通渠道并存，保障市场活力

传统的翡翠销售模式通过经销商或者商场专柜进行，这样的销售模式需要大量的货物成本资金、租金等高昂费用，影响了翡翠销售规模的扩大。在国家政策的支持下，翡翠电子商务的兴起，降低了传统翡翠销售模式带来的高成本，再通过线上线下结合，既便于翡翠消费者选择，也增强了消费者的消费体验，已成为未来翡翠销售发展的主要方向。

3. 珠宝玉石行业规制与管理逐步健全，消费者权益有保障

以国家工商总局为主的监管机构，主要是从保护消费者的权益方面对行业进行监督，每年都会对珠宝玉石行业的产品质量进行抽检，由国家工商总局的珠宝专家小组对抽检样品进行考评，对抽检不合格的企业和个人予以重罚；监管机构还包括各级珠宝协会、商业协会等，这一类机构主要以促进行业自律为主，具有自发性。其中参照执行的技术标准有《透明翡翠（无色）分级》（GB/T 29155—2012）、《珠宝玉石鉴定》（GB/T 16553—2010）、《翡翠饰品质量等级评价》（DB53/T 302—2009）等。执行者为有评估资质的专业评估师，全国还建立了160多家实验室从事珠宝玉石质量的鉴定。

在消费者权益保护方面：一是国家工商总局每年对不同的地方市场进行产品的抽查。二是国家珠宝玉石质量监督检验中心（NGTC）配合国家工商总局和国家质检总局，常年设有消费者免费自选窗口，在3·15活动日开展现场咨询、检测和答疑活动，为消费者服务。三是针对当前市场行为的规范，在行业中开展零售企业、网络销售商和拍卖行等在内的自律公约，并按照自律公约和行业规范进行监督和检测，进一步保护消费者权益。

4. 珠宝人才培养政策支持力度加大，人才资源相对充足

我国的珠宝玉石首饰教育自1992年开始起步，至今已经从开始的4所院校

的相关专业发展到 60 多所，专业涵盖珠宝玉石鉴定、设计、营销、品牌管理和资产评估，办学层次从中等职业教育、高等职业教育、本科到硕士研究生，教学形式从短期培训、岗位培训、企业高管培训到全日制教育，教育体系日趋完善，政策支持也越来越完备。截至 2019 年 6 月，全国形成了以中国地质大学为主的北方高等珠宝教育联盟和以深圳职业技术学院为主的高职珠宝教育系统，为推动珠宝玉石首饰产业人才资源的培养奠定了基础。

（二）缅甸国内政策的影响

1. 缅甸调整出口税率，有利于成品出口

2015—2016 年缅甸联邦税收法规定，对 16 种出口商品的征收税率做出调整，其中珠宝玉石毛料出口税率为 15%，而成品只征收 5% 的税率。从税率的调整来看，这是有利于附加值较高的翡翠成品出口的，但由于缅甸的加工技术水平落后，许多翡翠原料只能简单地剥去表面的皮壳或者从中间剖开，使之成为"明料"出口，总体来说对价格的影响较小。

2. 支持相关商品出口，有利于扩大市场影响力

缅甸是世界上最大的宝石生产国之一，除了有翡翠玉石资源之外，还盛产红宝石、蓝宝石、黄金。其中，曼德勒东北的抹谷是出产宝石的中心，最名贵的是红宝石，属世界顶级珠宝之一。每年举办的缅甸珠宝交易会上，除翡翠交易之外，其他宝石的交易额年均约 10 亿欧元。相关商品价格的高涨对迅速占领市场、促进出口具有积极作用。

（三）国家政策对翡翠价格的影响评价

通过对中国国内政策和缅甸国内政策的分析，中国在翡翠产业的长远发展、从业人员的人才培养、市场监管和消费者利益的保障等方面的政策都有利于保持市场价格的稳定，而缅甸的出口政策导向也趋向于保持稳定的出口市场和价格。

综上，上述政策总体上是有利于翡翠价格的稳定的。

四、国际贸易趋势对翡翠价格的影响

缅甸矿石出口一直是缅甸的经济支柱之一，近 20 年来一直处于增长状态，因为其最大出口对象国中国的需求不断增加。其中，玉石的出口在缅甸整体出口额中所占的比重不断增加，在 2010—2011 年度达到顶峰，为 22.05 亿美元，说

明缅甸翡翠原料的供给是持续增加的。在短期需求稳定的情况下，持续增加的出口量会产生翡翠价格承压，从而降低缅甸的经济利益。2015年以后翡翠出口量逐年减少，从供给端拉升翡翠价格，说明翡翠国际贸易可以从一定程度上调控翡翠价格。

第五节 翡翠价格波动及影响因素的总体分析

通过分析翡翠价格的历史与现状、价格波动特征、翡翠生产价格、波动机理、价格影响因素，并结合本书第二章、第三章，可以得出如下结论：

一是翡翠价格波动呈现长期增长、短期巨幅飙升的波动特征。2014年翡翠价格飙升到历史高峰后，整体价格陷入暂时的平衡期，市场陷入有价无市的局面，已经呈现泡沫经济发生的前期特征。尤其是2020年初，新冠肺炎疫情使翡翠市场几乎陷入停顿，市场风险进一步加大。

二是翡翠市场存在的自发性、无序性等特征，市场监管乏力。我国自改革开放以来，已经建立起社会主义市场经济体系，但由于翡翠原料受制于人，价格机制不完备，以至于翡翠的价格问题成为制约产业发展的瓶颈，定价机制缺失造成税赋难题，进而使得市场监管问题突出，整体上制约了产业的良性发展。

三是通过对翡翠生产价格的量化分析，探究出整个翡翠生产过程中的价值构成。这一方面可以得出翡翠的生产价格是在原料价格基础上上浮4~5倍+加工费（工资）的1.6~2.2倍，由于各类型翡翠加工费用是基本稳定的，其中原料价格就成了决定性因素，要稳定翡翠市场价格必先稳定原料价格；另一方面企业可以据此核算成本，实现内部定价。

四是由于受资本主义地租、对稀缺资源的控制等因素影响，掌握资源的缅甸政府，一方面加大对资源的控制，攫取绝对地租和矿山地租，采取积极的出口政策；另一方面又受资源有限性的制约，要通过"公盘"等形式控制出口量，在扩大出口与控制出口量这一对矛盾的双重作用下，原料价格必然产生波动。

五是在市场供求关系方面，在国内经济增长、文化需求、符号价值、中缅汇率水平、消费者预期、政策供给等多重因素的综合作用下，国内需求旺盛，造成供需失衡，不断推高翡翠的价格；加上翡翠定价机制的缺失，翡翠税收、市场流通等问题日益突出,税赋的难以实现间接造成政府在市场监管、人力资源开发等方面难以为继,翡翠的财富功能难以体现,市场流通性难以实现。

综上,翡翠价格波动的主要因素是原料的供给与需求的变动,而货币价值、产业政策、消费者预期、技术因素、收入因素、国际贸易趋势等成为影响原料供求关系的次要因素。构建科学合理、具有可操作性的翡翠价格形成机制是实现翡翠价格可控的基础,构建具有实际应用价值的翡翠价格调控机制势在必行。

第五章 翡翠价格形成机制

第一节 价格机制基础理论

价格机制是指商品的供给与需求和价格之间的有机的联系和运动，是市场机制中最基本的机制，是调节生产、调节消费、进行宏观经济调节的重要手段；可以通过价格机制的作用传递信息、进行资源合理配置，还可以起到调节收入、增强竞争力的功能。

价格机制分为价格形成机制和价格运行机制两部分。价格形成机制包括商品价值、货币价值、市场商品供求关系、国内外相关价格等内容；价格运行机制即价格调控管理机制，如计划管理机制、市场运行机制、计划和市场相结合机制等内容。

价格形成机制的研究范围较广，包括资源类产品、土地与房地产类产品、农产品类、医药类产品、文化艺术类产品、信息技术类产品、工业制成品类产品、珠宝及贵金属类产品、烟草价格形成机制等9个方面，下文仅从与翡翠具有类似特征的产品的价格机制展开分析，以探求对翡翠价格机制的启示。

一、资源类产品的价格机制

资源类产品具有稀缺性和不可再生性，其开发使用对环境有破坏作用。水、煤炭、石油、天然气、土地、森林、稀土、珠宝玉石等都属于资源类产品，其价格机制需要政府强有力的干预与参与，计划化地使用、合理补偿，甚至需要加强国际联动，建立合理价格机制，既要保证合理有序的开发和使用，又要保证价格机制能反映市场供求状况，实现又好又快的发展。

二、文化艺术类产品的价格机制

文化艺术产品既有精神属性，也有物质属性，在其价格形成机制中，艺术品的艺术价值、文化价值、市场供求因素、偏好因素、投资及投机价值、炫耀性消费、社会整体文化教育水平的综合作用，成为重要因素。因此，艺术品价格形成机制是以市场配置资源为主体，受宏观经济发展状况、消费者的自我认同、投资需求、享乐需求等因素影响较大；而政府的引导作用是辅助性的，尤其是政策与法规对价格也有显著影响。所以艺术品的价格是以市场为主体，以政府合理引导而形成的。

三、钻石的价格机制

钻石是一类特殊的商品，其因特有的硬度和光彩，成为当今最为昂贵的装饰品之一，同时其因一些特殊的物理、化学性能，具有广泛的使用价值，成为集工业运用、高档饰品于一身的特殊商品。钻石的原料金刚石产地分布广泛，地壳储量丰富，澳大利亚、刚果、俄罗斯、博茨瓦纳、南非是非常著名的五大产地。钻石交易一直处于垄断状态，也因为垄断，钻石价格一直相对稳定。钻石的交易必须经过国家设立钻石交易所，上海钻石交易所是我国唯一的钻石进出口交易平台，通过钻石交易所交易，一是可以保障钻石的品质，二是可以控制交易量的稳定，从而保障钻石价格的稳定。

钻石的价值鉴定通常采用国际通行的 4C 检验标准，即克拉、颜色、切工、净度，实施严格的分级制度，通过检测的钻石即可进行国际定价，从而保证钻石的价格是国际通行价格。因全世界都遵循这一法则，才使得钻石成为世界范围内保值的珠宝。人工合成金刚石通常因粒度较小，不能作为首饰使用，大多作为工业品使用，价格按工业品定价。钻石的价格形成包含勘探、挖掘、加工、上市、储存、运输等环节，此外还涉及税收（含关税）。在生产环节即勘探、挖掘以及加工，每个环节均会增加相应的成本，并反映到最终价格上。在流通环节即上市、储存以及运输，每个环节也会增加相应的费用，并反映到最终价格上。因此，从本质上讲，钻石最终价格的形成决定于生产它的社会必要劳动时间。从经济学角度看，钻石最终价格的形成受到生产、流通等环节的影响，同时也受到国家政策、供需情况的影响。钻石价格运行机制则呈现出寡头垄断特征，世界最大的钻石公司——南非德比尔斯公司控制了世界产量约80%的原钻流通,剩余的约20%的原钻产量则由几个小寡头控制。当需求旺盛时,德比尔斯公司便出售库存钻石;当需求疲软时,德比尔斯公司就回购市场的钻石以减少供给从而拉升价格。全球钻石交易多在钻石交易所进行,目前全球有19家钻石交易所,钻石价格的波动主要由这些交易所的交易活动决定。

四、贵金属的价格机制

贵金属主要指金、银和铂族金属(钌、铑、钯、锇、铱、铂)等8种金属元素,其价格受到国家的严格管控。黄金、白银曾经作为货币直接流通,纸币系统运行成熟后,黄金仅作为储备货币,黄金还一度作为纸币发行量的依据。目前贵金属除作为工业原料使用外,一般作为投资用,分为实物投资和电子盘交易投资,交易场所则由国务院、央行等监管部门批准设立。作为首饰制品使用的贵金属,其销售、定价同样受到严格的管控,其价格基本与国际价格保持一致。

五、专卖规制下的烟草价格机制

烟草属于高附加值的特殊行业,各国政府均对烟草行业采取管制的政策,并把烟草作为创造税收的龙头产业之一,实行专卖制度。

我国自新中国成立到20世纪80年代初,一直采用计划经济的方式规制烟草行业,这一时期的价格机制是计划定价;到1988年前后国内生产部分品种香烟的烟厂获得自主定价权,但到1989年,国家开始实行烟草专卖制度,对原料种值和收购进行了严格控制,成品价格由国务烟草专卖单位(烟草专卖局的前身)和物价主管单位联合制定,从而对烟草原料和成品价格两个环节实现了控制,到1998年国家出台了《卷烟价格宏观调控和管理暂行办法》《卷烟定价规范》等文件,在烟草行业实行税务部门核定的计税出厂价,在消费市场实行按调拨价计征的消费税,从而实现了烟草市场的价格控制与稳定。

六、各类型产品价格机制的启示

总的来说,资源类产品、文化艺术类产品、钻石、贵金属与烟草的价格机制的形成都离不开"市场主导,政府引导",具体而言有如下启示。

(一) 企业应当拥有商品定价权

第一，企业作为价格决策主体，实现有效供给。翡翠生产经营企业对成本价格涉及的原料价格、加工费用、营销费用、行业平均利润率有着最直观的感受，对市场环境信息的变化最为敏感，所以企业定价准确度度高、时效性强，有利于实现有效供给。

第二，拥有产品定价权是企业自主经营权的体现，是增强企业活力的必要途径。企业自主定价，有利于企业实现经营目标，使经济效益最大化，也是实现企业稳定发展，行业良性竞争的有效途径。

(二) 政府进行宏观调控

在市场经济条件下，市场在资源配置中起决定性的作用，这一点在党的一九大报告中有明确的表述。然而翡翠市场自身无法克服的缺点，比如盲目性、自发性等，需要政府的宏观调控以弥补市场的不足，维持经济的整体良性发展；翡翠具有暴利、稀缺等特点，更需要政府的宏观调控以避免泡沫经济。

(三) 第三方机构监督发挥服务和监督职能

第三方机构包括媒体、行业协会、质检机构、价值评估机构等，各自具有监督、服务、维权等职能，充分发挥第三方机构的职能，有助于理顺企业、政府和消费者之间的关系，促进行业平稳发展。

(四) 消费者合理投资、理性消费保障自身利益

由于消费者对翡翠的需求非刚性，而是基于文化、审美、炫耀性、投资、保值、储值等产生需求，受经济增长、收入、文化等因素影响巨大。消费者应该以价格为信号器，当翡翠价格上涨幅度较大时，减少投资，缩减消费预算，使翡翠价格逐步降下来，慢慢达到合理的水平；当翡翠价格下降速度较快时应果断出手，大量购入，通过一段时间的消费，让翡翠价格将逐步回升，趋于合理。总的来说，消费者可以根据价格的信号器指示作用理性投资、合理消费、保障自身利益。

第二节　翡翠价格形成的机制

一、以市场配置资源为基础

让企业、市场、消费者成为有机的整体，企业发挥对市场信息最为敏感的优势，结合企业生产经营的环境，不断创新；根据价格涨落信息，确定生产消费者最为迫切需要的产品，避免产品同质化和恶性竞争。企业合理配置资源，准确掌握市场需求，适度调节产量，避免产品和资金的积压，实现有效供给；掌握区域经济发展的现状，瞄准具有有效需求的目标群体，进行有针对性的生产，目前出现的个性化定制、网络销售等形式，即为谁生产的极好证明。

企业有效运用翡翠定价机制，实现自主定价，以价格为信号，通过市场的调节功能，实现调节分配，兼顾多次分配的目标；实现与消费者行为同步，让价格透明化，让消费者感觉物有所值，在具备一定消费能力的情况下形成有效需求；实现供需有序，价格向价值趋近，有利于化解市场风险，消除翡翠泡沫经济的隐忧。

二、以政府宏观调节手段为辅助

（一）采用经济调控手段

①税负手段。调节分配，鼓励公平竞争，调节产业各环节利润率变动，实现各环节利润总体基本均衡。②政策扶持手段。在翡翠行业对具有品牌效应、文化带动提供示范效应、信誉良好的企业予以投资、政策扶持，增强竞争能力，保障消费者利益。③进出口政策。针对翡翠原料的供给端受到国际出口的垄断，而国内原料需求较大的情况，应当适当降低关税，鼓励进口，以缓解市场供不应求的现状。④稀缺商品生产要素交易市场。例如，上海钻石交易所属于国家级要素市场，按国际交易规则进行交易，其目的是控制交易量，保持价格基本稳定。⑤价格调节基金制度，对于一些影响国际民生的商品，设立价格调节基金，扶持商品生产，对一些企业进行补贴，支持市场建设，有利于调控价格，稳定价格。

（二）采用法律法规调控手段

针对翡翠市场具有的高度自主性、开放性、竞争性、公平性等市场特征，同时也具有自发性、盲目性、滞后性等无序性，需要通过法律规范来调整价格关系。

（三）采用行政调控手段

利用政策行政命令的方式，对价格的形成、变动进行直接的管理，主要是限定价差率和利润率，限定最高限价和最低保护价格，设立准入门槛，引入竞争机制，一方面促进公平竞争，促进行业及产业链良性发展；另一方面增强企业国际竞争力。政府可在市场自主定价的同时，发布指导价格。

三、翡翠价格形成机制的形式

一是运用较为成熟的珠宝首饰价值评估理论，采用层次分析法，求解翡翠定价指标体系；二是运用市场比较法、现实成本法、预期收入法，总结出翡翠定价机制；三是构建翡翠投资者投资参照体系。

第三节 翡翠定价机制的构建

一、建立翡翠定价机制的目的和意义

翡翠商品的生产价格反映的就是翡翠的市场价格。然而，由于翡翠原料价格具有不确定性，只能通过市场比较法、现实成本法和预期收入法的合并使用，建立定价机制，计算出翡翠理论价格，从而反映市场供求关系的变化，及时调整市场的供需量，合理进行资源的有效配置，达到稳定市场的目的。翡翠定价机制的意义在于让企业拥有定价权、政府宏观调控有依据、保障消费者权益。

二、建立翡翠定价机制的原则

（一）全面性原则

翡翠定价机制具有多层次性，是多种因素交织的复杂系统，需要使用多个指标来反映评价对象的功能和效益,因此需要抓住主要因素全面反映系统功能,一方面要注意指标的代表性和系统的完整性;另一方面要注重全面提取指标,不能遗漏,还要注重指标彼此间的独立性和互补性。指标系统既要能反映系统内部的结构关系,还要能与外部环境相联系;既要能直接反映结果,还要能体现间接的影响情况,实现科学性、系统性和全面性,提升可信度。

(二) 科学性原则

翡翠定价机制的建立既要能实现翡翠的科学定价,还要能反映符合客观现象和客观规律,使主观判断与客观实际相符合。翡翠定价机制的建立必须建立在对大量价格现象的客观分析基础上,运用历史与逻辑相统一的基本方法,规范研究与实证研究相结合;运用科学缜密的数学计算,得到经得起科学验证的综合评价指标体系。

(三) 可比性原则

注重公平性原则,使每一个翡翠价格因素的评价方案都具有可比性:一是在时间上与历史数据具有可比性;二是使不同的地域的交易价格具有可比性;三是翡翠价格产生的不同环节具有可比性;四是具有动态功能,具有连续使用性。

(四) 可操作性原则

翡翠定价机制具有实用性。翡翠企业、消费者、物价部门和税务部门的从业者可以直接使用该指标体系实现翡翠定价、投资参考和价格指导,还要符合客观操作实际。

(五) 定量与定性分析结合原则

翡翠定价机制的构建以定量分析为主,定量分析与定性分析结合起来,纳入综合定价指标体系中,实现企业、消费者、政府相关管理部门和监督部门的有机统一。在选择数据时要注重指标的独立性,不可重复和相互影响,对指标数量要予以控制,还要注重可计量性。

三、建立翡翠定价机制的标准和依据

(一) 翡翠鉴定国家标准的主要指标

依照《翡翠分级》(GB/T 23885—2009),天然翡翠鉴定标准:摩氏硬度

6.5~7,密度3.34（+0.06,-0.09）g/cm³,折射率1.668~1.680（±0.008），点测1.65~1.67。紫外吸收光谱437nm,十倍放大镜观察有"橘皮"（波纹状表面凸起），肉眼可见"蝇翅"。

（二）以翡翠鉴定证书为依据

依照《翡翠分级》（GB/T 23885—2009），经检验后国家权威机构将出具翡翠鉴定证书，在其鉴定结果一项，必须标明该样品为"天然"或表明为"A"字样，并附样品照片，与样品一一对应，其他各项指标包括折射率、密度、放大检测、纤维交织结构、吸收光谱、滤色镜检测、光性外观描述、光泽等，还要注明检测机构和检测员签字，最重要的是钢印和防伪标志。

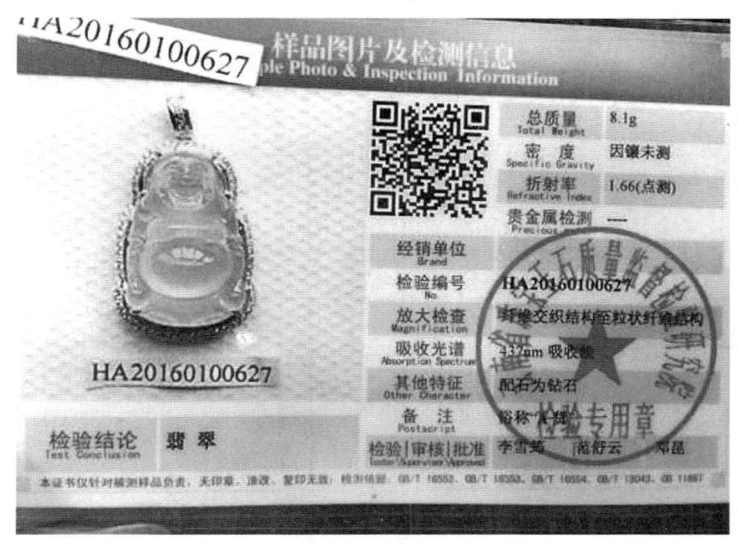

图5-1　翡翠鉴定证书（作者拍摄）

（三）运用云南省地方标准对翡翠成品进行分级

云南省地方标准《翡翠饰品质量等级评价》（DB53/T 302—2009），引入了权重概念，从量化的角度，用数据来评定翡翠的质量，规范了翡翠评价标准，具备客观性、可操作性，是目前国内较为科学且具有应用价值的分级标准，也是目前翡翠行业权威的分级应用标准。

该标准将质量等级的总分值设定为1000分，以颜色（色）、透明度（水）、净度（瑕）、质地（种）、工艺（工）及综合印象六个方面作为基本质量要素，被评翡翠饰品总分值由上述六项质量要素分别检验、评价的分值相加得到。"总分值由高到低将天然翡翠划分为上品、珍品、精品、佳品和合格品等'五档十二级'。在合格品外，每个档次又分三个级别，又从质地、透明度、颜色和工艺、综合印象五方面进行详细评价，采用千分制的'五加一评分法'，把翡翠的具体全貌归属到具体品质的区间。"①《翡翠饰品质量等级评价》见表5-1、表5-2。

表5-1 翡翠饰品质量等级评价评分权重构成②

项 目	颜色（色）	透明度（水）	净度（瑕）	质地（种）	工艺（工）	综合印象	总 计
权重（%）	40	26	12	6	6	10	100
分值（分）	400	260	120	60	60	100	1000

表5-2 翡翠饰品质量分级及表示方法③

质量等级（Quality grade）		等级代号	对应分值（分）
上品（Top Grade）	一级	TG1	900~1 000
	二级	TG2	800~899
	三级	TG3	700~799
珍品（Treasure）	一级	T1	650~699
	二级	T2	600~649
	三级	T3	550~599
精品（Very Good）	一级	VG1	500~549
	二级	VG2	450~499
	三级	VG3	400~449

----

① 钟亚杰，符涛，林宇菲. 翡翠"护照"诞生记[N]. 云南经济日报，2011-01-27.
② 云南省技术监督局. 翡翠饰品质量等级评价（DB53/T 302—2009）[S]. 北京：中国标准出版社，2009.
③ 云南省技术监督局. 翡翠饰品质量等级评价（DB53/T 302—2009）[S]. 北京：中国标准出版社，2009.

续　表

质量等级（Quality grade）		等级代号	对应分值（分）
佳品（Good）	一级	G1	350~399
	二级	G2	300~349
	三级	G3	250~299
合格品（Qualified Feicui）	不分级	—	—

四、翡翠定价机制基础理论

1. 珠宝首饰价值评估的基本原理

珠宝首饰价值评估就是运用价值规范或评价标准对珠宝首饰的价值进行评定和估算的过程。在珠宝首饰价值评估的基本原理中价值类型占据重要的地位，直接指导价值评估实践的开展。价值类型是指同一件珠宝首饰，相对于不同的所有人，在不同的市场条件下评估将得到不同的价值，主要与评估的目的和所评估的资产众多类型中的某一种类型有关。比如，在翡翠价值的评估中，对于收藏家来说，翡翠的艺术价值、收藏价值就成为价值评估的首选，而对于婚庆双方来说，其寓意、外观等文化价值、审美价值将成为价值评估的重要参考。所以，相对于不同目的和条件，所得到的评估结果将大为不同。

按照价值评估的标准不同，评估对象的价值评估可分为两类：一是市场价值；二是非市场价值。

（1）市场价值

珠宝首饰的价格是自愿买方和自愿卖方在完全自愿的情况下通过竞价而产生的双方都能接受的价格。其建立条件须包括买卖双方均为自愿，均掌握完全信息，为在某一特定日期的时点价值，资产在市场展示有足够的时间，以便引起潜在买家的足够注意，最后一点是通常以当地货币形式表示为资产所支付的价格。市场价值反映了各市场主体组成的市场整体对被评估珠宝首饰效用和价值的综合判断，即在评估基准日公开市场上有效使用状态下，最可能实现的交换价值估计数额。

(2) 非市场价值

"与市场价值相对应。非市场价值不是一种具体的资产评估价值存在形式，它是一系列不符合资产市场价值定义条件的价值形式的总称或组合。"① 主要包括在使用价值、持续使用价值、投资价值、保险价值、纳税价值、剩余价值、清算价值、特殊价值和合并价值等。

2. 珠宝首饰价值评估的理论基础

(1) 珠宝首饰的价值构成

珠宝首饰的价值构成是指构成珠宝首饰价值的各组成部分及组合状况，一般由三个部分组成。一是生产资料消耗后转移到珠宝首饰中的价值，这部分包括劳动对象的价值、生产磨损部分的价值，规定为 C；二是劳动者的工资报酬，规定为 V；三是劳动者为社会创造的价值，包括利润和税金，规定为 M。珠宝首饰的价值就是 $W=C+V+M$，其货币表现称为生产价格，其中 $K=C+V$ 为成本价格②。

(2) 珠宝首饰价值的影响因素

珠宝首饰价格的影响除了生产价格外，还受到资源丰富程度、供求关系、艺术价值、历史文化、生产技术、消费偏好等因素的共同影响。其中资源少、艺术性强、生产技术要求高的珠宝首饰必定具有较高的价值，反之则价值较低。

(3) 珠宝首饰价格的影响因素

珠宝首饰的价格是价值的货币表现，其影响因素具有市场的特征，主要有成本因素、供给与需求的因素、市场竞争因素、市场营销的销售方式及组合方式、消费者偏好因素、收入效应因素、消费者预期、技术环境因素、货币价格、行业发展状况等因素，若涉及国际贸易，还受汇率、关税、国际需求等因素的影响。

3. 珠宝首饰价值评估的主要目的和意义

珠宝首饰价值评估的主要目的是"对被评估的珠宝首饰即将发生的经济行为所衍生的价值提供科学的判断。这些经济行为包括，一是征收费用资产评估：法院判案及仲裁、遗嘱验证及遗产继承税评估、企业清算、资产变现、海关征收关

---

① 闫雪晶，王金菊. 市场价值与非市场价值探讨 [J]. 特区经济，2005 (11)：343-344.

② 王昶，申柯娅. 珠宝首饰的质量与价值评估 [M]. 武汉：中国地质大学出版社，2011.

税、海关和边检部门处理罚没品。二是企业行为资产评估：售前评估、抵押贷款、拍品评估、公司合作关系终结而进行的财产分割，保险评估（确定保险费、保险范围及理赔依据）。三是个人资产评估：离婚财产清算、典当品评估、收藏评估、捐赠评估、其他评估（如满足人们对珠宝首饰价值的好奇心）"[1]。

珠宝首饰价值评估的主要意义：一是为企业定价提供理论支持；二是为法院、海关、边检部门执法提供理论依据；三是通过融资、清算、抵押、拍卖等经济行为，实现个人使用珠宝首饰作为资产的财富功能。

4. 珠宝首饰价值评估的基本方法

（1）市场比较法

以最近出售的类似珠宝首饰作为参照物，与被评价珠宝首饰进行比较，建立相关指标体系，计算得出被评价珠宝首饰的理论价格。操作步骤如下：建立价格指标体系，一是收集一批近期出售的珠宝首饰进行分组编号、鉴定、分级，计算得出各项指标权重因素，并建立定价指标体系；二是计算出待测珠宝首饰的基础价格，并对待测珠宝首饰进行鉴定分级，代入定价指标体系，计算出被测珠宝首饰理论基础价格；三是需要考虑待测珠宝首饰的交易方式和附加增值价值。考虑对零售、拍卖、是否镶嵌等因素进行加权，利用定价指标体系的加权计算方法，得出加权系数，得到附加增值价值，计算出理论价格。

（2）现时成本法

计算一件珠宝首饰从原料采购到生产完成所耗费的所有成本和利润、税费，另外还要考虑时间成本，从经济学的角度来讲就是重置成本。这样的计算方法不考虑珠宝首饰的文物价值、品牌价值，也不考虑附加增值价值。

（3）预期收入法

将珠宝首饰的预期收入折算为现值，是对珠宝首饰价格的预测价格。该件珠宝首饰是用于经营或投资的，且价值能用货币体现，要承担价格预测所带来的风险。但首先还是要确定该件珠宝玉石的当前价格，并考虑经营中的各项支出，对未来的市场前景做出判断。

---

[1] 张蓓莉，陈华. 建立中国珠宝首饰评估体系的设想[J]. 宝石和宝石学杂志，2000（3）：30-32.

五、翡翠定价指标体系的构建

在明确翡翠定价机制的目的和意义、建立原则、克服建立难点、有标可依，参考相关文献的基础上，选取一定数量的样品，进行鉴定分级，获取充足数据，使用常用计量方法、层次分析法，建立包括颜色等6个一级指标与3个二级指标的翡翠定价权重指标体系，并通过定量与定性相结合的研究方法，推导出能实际运用的翡翠定价指标体系，从在理论上得出企业在翡翠在定价、融资、担保方面的应用方法。

（一）翡翠价值评估指标体系的构建与求解

1. 样品及各项指标数据的选取

综合所述，本文选用市场比较法，结合云南省的地方标准《翡翠饰品质量等级评价》（DB53/T 302—2009），建立全面、科学、可比、操作性强、定量与定性相结合的翡翠定价评价指标体系。一是选取2017年翡翠拍卖品105件，选取2017年昆明四个市场的213件翡翠零售品，包括戒指、手镯、串珠、挂件、耳坠、手（项）链、摆件、杂项等八种琢形，注明是否镶嵌。二是聘请专家按照云南省地方标准，对翡翠产品颜色（色）、透明度（水）、净度（瑕）、质地（种）、工艺（工）及综合印象六个方面进行评价打分并分级（上品、珍品、精品、佳品），获取基础研究数据。此外，拍卖会、是否镶嵌、不同市场等因素对价格有较大影响，因此，本指标体系以选取全国拍卖市场、昆明地区不同市场、不同档次翡翠为例进行构建，并求解各指标权重。

样品描述、各分项及综合评分、分级、琢形、销售形式、预估价格、成交价格详见附件。

2. 权重判定与计算方法

一是成立昆明市翡翠价值评价的专家组。聘请昆明市×公司、质检部门等10位具备高级以上技术职称的翡翠定价方面的专家组成专家组。二是由专家组成员进行专家评分。专家组成员独立依照各分项评分指标和综合评价指标进行打分，并用邮件等形式发回，特殊情况还需进行书面或电话问答。三是项目研究者对专家意见和评分进行汇总、分析、总结，根据专家打分结果，求得各指标的平均分数。四是运用数学方法计算得出各影响翡翠价格的指标权重，计算出昆明翡翠价值评价各指标总体得分,具体方法有层次分析法、市场比较法、现实成本法和预期收入法。

3. 翡翠判断矩阵的构建、归一化与权重计算

考虑到在翡翠定价实践中,不同琢形对价格的影响较大,因此,本书分别研究了戒指、串珠、手镯、挂件、耳坠、摆件和杂项的平均价格,其中色、水、瑕、种、工、综合印象各自的价格贡献率继续使用层次分析法,根据专家打分求出各个琢形的平均价格以及不同琢形的评价指标的平均分值。

(1) 戒指判断矩阵的构建、归一化与权重计算

$$A_1 = \begin{bmatrix} 1 & 2 & 3 & 6 & 6 & 4 \\ 1/2 & 1 & 2 & 4 & 4 & 3 \\ 1/3 & 1/2 & 1 & 2 & 2 & 1 \\ 1/6 & 1/4 & 1/2 & 1 & 1 & 1/2 \\ 1/6 & 1/4 & 1/2 & 1 & 1 & 11/4 \end{bmatrix}$$

根据计算结果,权向量 $W_1 = [0.40, 0.25, 0.12, 0.06, 0.07, 0.10]^T$

$$\lambda_{1max} = 6.067$$

一致性指标计算公式如下:

$$CI_1 = \frac{\lambda_{1max} - n}{n - 1} = 0.01$$

$$CR_1 = \frac{CI_1}{RI_1} = 0.011 < 0.1$$

由上式可知,判断矩阵 A_1 具有满意的一致性。

戒指的价值评估指标权重计算结果表明,在影响平均价格的特征因素中,从高到低分别为颜色、透明度、净度、综合印象、工艺、质地,其权重分别为 0.4、0.25、0.12、0.1、0.07、0.06。

表5-3 戒指平均价格影响因素与权重

指　标	颜　色	透明度	净　度	综合印象	工　艺	质　地
权　重	0.4	0.25	0.12	0.1	0.07	0.06

（2）串珠判断矩阵的构建、归一化与权重计算

$$A_2 = \begin{bmatrix} 1 & 2 & 3 & 7 & 5 & 5 \\ 1/2 & 1 & 2 & 5 & 3 & 3 \\ 1/3 & 1/2 & 1 & 2 & 2 & 2 \\ 1/7 & 1/5 & 1/2 & 1 & 1 & 1/2 \\ 1/5 & 1/3 & 1/2 & 1 & 1 & 11/5 \end{bmatrix}$$

根据计算结果，权向量 $W_2 = [0.41, 0.24, 0.14, 0.06, 0.07, 0.08]^T$

$$\lambda_{2max} = 6.178$$

一致性指标计算公式如下：

$$CI_2 = \frac{\lambda_{2max} - n}{n - 1} = 0.04$$

$$CR_2 = \frac{CI_2}{RI_2} = 0.029 < 0.1$$

由上式可知，判断矩阵 A_2 具有满意的一致性。

串珠的价值评估指标权重计算结果表明，在影响平均价格的特征因素中，从高到低分别为颜色、透明度、净度、综合印象、工艺、质地，其权重分别为 0.41、0.24、0.14、0.08、0.07、0.06。

表 5-4　串珠平均价格影响因素与权重

指　标	颜　色	透明度	净　度	综合印象	工　艺	质　地
权　重	0.41	0.24	0.14	0.08	0.07	0.06

（3）手镯判断矩阵的构建、归一化与权重计算

$$A_3 = \begin{bmatrix} 1 & 2 & 3 & 7 & 6 & 4 \\ 1/2 & 1 & 2 & 5 & 4 & 3 \\ 1/3 & 1/2 & 1 & 2 & 2 & 1 \\ 1/7 & 1/5 & 1/2 & 1 & 1 & 1/2 \\ 1/6 & 1/4 & 1/2 & 1 & 1 & 1/21/4 \end{bmatrix}$$

根据计算结果，权向量 $W_3 = [0.40, 0.25, 0.12, 0.06, 0.06, 0.11]^T$

$$\lambda_{3max} = 6.198$$

一致性指标计算公式如下：

$$CI_3 = \frac{\lambda_{3max} - n}{n - 1} = 0.04$$

$$CR_3 = \frac{CI_3}{RI_3} = 0.032 < 0.1$$

由上式可知，判断矩阵 A_3 具有满意的一致性。

手镯的价值评估指标权重计算结果表明，在影响平均价格的特征因素中，从高到低分别为颜色、透明度、净度、综合印象、工艺、质地，其权重分别为 0.4、0.25、0.12、0.11、0.06、0.06。

表 5-5　手镯平均价格影响因素与权重

指标	颜色	透明度	净度	综合印象	工艺	质地
权重	0.4	0.25	0.12	0.11	0.06	0.06

（4）挂件判断矩阵的构建、归一化与权重计算

$$A_4 = \begin{bmatrix} 1 & 1 & 3 & 7 & 5 & 4 \\ 1 & 1 & 2 & 5 & 4 & 3 \\ 1/3 & 1/2 & 1 & 2 & 2 & 2 \\ 1/7 & 1/5 & 1/2 & 1 & 1 & 1/2 \\ 1/5 & 1/4 & 1/2 & 1 & 1 & 11/4 \end{bmatrix}$$

根据计算结果，权向量 $W_4 = [0.36, 0.29, 0.14, 0.06, 0.07, 0.09]^T$

$$\lambda_{4max} = 6.103$$

一致性指标计算公式如下：

$$CI_4 = \frac{\lambda_{4max} - n}{n - 1} = 0.02$$

$$CR_4 = \frac{CI_4}{RI_4} = 0.017 < 0.1$$

由上式可知，判断矩阵 A_4 具有满意的一致性。

挂件的价值评估指标权重计算结果表明，在影响平均价格的特征因素中，从高到低分别为颜色、透明度、净度、综合印象、工艺、质地，其权重分别为 0.36、

0.29、0.14、0.09、0.07、0.06。

表 5-6 挂件平均价格影响因素与权重

指 标	颜 色	透明度	净 度	综合印象	工 艺	质 地
权 重	0.36	0.29	0.14	0.09	0.07	0.06

（5）耳坠判断矩阵的构建、归一化与权重计算

$$A_5 = \begin{bmatrix} 1 & 1 & 3 & 7 & 6 & 4 \\ 1/1 & 1 & 2 & 5 & 4 & 3 \\ 1/3 & 1/2 & 1 & 2 & 2 & 1 \\ 1/7 & 1/5 & 1/2 & 1 & 1 & 1/2 \\ 1/6 & 1/4 & 1/2 & 1 & 1 & 1 1/4 \end{bmatrix}$$

根据计算结果，权向量 $W_5 = [0.40, 0.25, 0.12, 0.06, 0.07, 0.10]^T$

$$\lambda_{5max} = 6.081$$

一致性指标计算公式如下：

$$CI_5 = \frac{\lambda_{5max} - n}{n - 1} = 0.02$$

$$CR_5 = \frac{CI_5}{RI_5} = 0.013 < 0.1$$

由上式可知，判断矩阵 A_5 具有满意的一致性。

耳坠的价值评估指标权重计算结果表明，在影响平均价格的特征因素中，从高到低分别为颜色、透明度、净度、综合印象、工艺、质地，其权重分别为 0.4、0.25、0.12、0.1、0.07、0.06。

表 5-7 耳坠平均价格影响因素与权重

指 标	颜 色	透明度	净 度	综合印象	工 艺	质 地
权 重	0.40	0.25	0.12	0.10	0.07	0.06

(6) 手（项）链判断矩阵的构建、归一化与权重计算

$$A_6 = \begin{bmatrix} 1 & 2 & 3 & 6 & 6 & 4 \\ 1/2 & 1 & 2 & 4 & 3 & 2 \\ 1/3 & 1/2 & 1 & 2 & 2 & 1 \\ 1/6 & 1/4 & 1/2 & 1 & 1 & 1/2 \\ 1/6 & 1/3 & 1/2 & 1 & 1 & 1/2 \\ 1/4 & & & & & \end{bmatrix}$$

根据计算结果，权向量 $W_6 = [0.41, 0.22, 0.12, 0.06, 0.07, 0.12]^T$

$$\lambda_{6\max} = 6.031$$

一致性指标计算公式如下：

$$CI_6 = \frac{\lambda_{6\max} - n}{n - 1} = 0.01$$

$$CR_6 = \frac{CI_6}{RI_6} = 0.005 < 0.1$$

由上式可知，判断矩阵 A_6 具有满意的一致性。

手（项）链的价值评估指标权重计算结果表明，在影响平均价格的特征因素中，从高到低分别为颜色、透明度、净度、综合印象、工艺、质地，其权重分别为 0.41、0.22、0.12、0.12、0.07、0.06。

表 5-8 手（项）链平均价格影响因素与权重

指 标	颜 色	透明度	净 度	综合印象	工 艺	质 地
权 重	0.41	0.22	0.12	0.12	0.07	0.06

(7) 摆件判断矩阵的构建、归一化与权重计算

$$A_7 = \begin{bmatrix} 1 & 2 & 3 & 7 & 3 & 3 \\ 1/2 & 1 & 1 & 3 & 1 & 1 \\ 1/3 & 1 & 1 & 2 & 1 & 1 \\ 1/7 & 1/3 & 1/2 & 1 & 1/2 & 1/3 \\ 1/3 & 1 & 1 & 2 & 1 & 1 \\ & & & & & 1/3 \end{bmatrix}$$

根据计算结果，权向量 $W_7 = [0.38, 0.15, 0.13, 0.06, 0.13, 0.14]^T$

$$\lambda_{7\max} = 6.041$$

一致性指标计算公式如下：

$$CI_7 = \frac{\lambda_{7max} - n}{n - 1} = 0.01$$

$$CR_7 = \frac{CI_7}{RI_7} = 0.007 < 0.1$$

由上式可知，判断矩阵 A_7 具有满意的一致性。

摆件的价值评估指标权重计算结果表明，在影响平均价格的特征因素中，从高到低分别为颜色、透明度、综合印象、净度、工艺、质地，其权重分别为 0.38、0.15、0.14、0.13、0.13、0.06。

表 5-9 摆件平均价格影响因素与权重

指 标	颜 色	透明度	净 度	综合印象	工 艺	质 地
权 重	0.38	0.15	0.13	0.14	0.13	0.06

（8）杂项判断矩阵的构建、归一化与权重计算

$$A_8 = \begin{bmatrix} 1 & 2 & 3 & 8 & 6 & 5 \\ 1/2 & 1 & 2 & 4 & 3 & 3 \\ 1/3 & 1/2 & 1 & 3 & 2 & 2 \\ 1/8 & 1/4 & 1/3 & 1 & 1 & 1/2 \\ 1/6 & 1/3 & 1/2 & 1 & 1 & 11/5 \end{bmatrix}$$

根据计算结果，权向量 $W_8 = [0.42, 0.23, 0.14, 0.05, 0.07, 0.08]^T$

$$\lambda_{8max} = 6.054$$

一致性指标计算公式如下：

$$CI_8 = \frac{\lambda_{8max} - n}{n - 1} = 0.01$$

$$CR_8 = \frac{CI_8}{RI_8} = 0.009 < 0.1$$

由上式可知，判断矩阵 A_8 具有满意的一致性。

杂项的价值评估指标权重计算结果表明，在影响平均价格的特征因素中，从高到低分别为颜色、透明度、净度、综合印象、工艺、质地，其权重分别为 0.42、

0.23、0.14、0.08、0.07、0.05。

表 5-10 杂项平均价格影响因素与权重

指　标	颜　色	透明度	净　度	综合印象	工　艺	质　地
权　重	0.42	0.23	0.14	0.08	0.07	0.05

（9）所有样品翡翠判断矩阵的构建、归一化与权重计算

$$A = \begin{bmatrix} 1 & 1 & 3 & 7 & 5 & 4 \\ 1 & 1 & 2 & 5 & 4 & 3 \\ 1/3 & 1/2 & 1 & 2 & 2 & 1 \\ 1/7 & 1/5 & 1/2 & 1 & 1 & 1/2 \\ 1/5 & 1/4 & 1/2 & 1 & 1 & 11/4 \end{bmatrix}$$

根据计算结果，权向量 W = $[0.36, 0.29, 0.12, 0.06, 0.07, 0.10]^T$

$$\lambda_{max} = 6.078$$

一致性指标计算公式如下：

$$CI = \frac{\lambda_{max} - n}{n - 1} = 0.02$$

$$CR = \frac{CI}{RI} = 0.013 < 0.1$$

由上式可知，判断矩阵 A 具有满意的一致性。

翡翠的价值评估指标权重计算结果表明，在影响平均价格的特征因素中，从高到低分别为颜色、透明度、净度、综合印象、工艺、质地，其权重分别为 0.36、0.29、0.12、0.10、0.07、0.06。

表 5-11 翡翠平均价格影响因素与权重

指　标	颜　色	透明度	净　度	综合印象	工　艺	质　地
权　重	0.36	0.29	0.12	0.10	0.07	0.06

(二) 翡翠定价指标体系的建立与实证研究

1. 计算公式推导

运用德菲尔预测法，在判定指数权重的基础上，引入因素重要程度作为加权，最终通过各因素加权比值修正质量级别。丘志力等（2001）、孙静昱等（2008）均使用德菲尔法对翡翠价格量化进行过探究。

以挂件、手镯、串珠、耳坠、手链、戒指、摆件、杂项等八种琢形为主，已经通过专家打分、市场售价，计算出：①各琢形色、种、水、瑕、工、综合印象权重；②各琢形翡翠商品均选择"零售+不镶嵌"平均价格作为参照价格，设为$P_{参照}$。由此可以推导出每一件待测商品对应的质量级别K，进而得到待测商品的基础价格$P_{基础}$。

K = [（待估翡翠评分×待估翡翠质量权重）/（参照物翡翠评分×参照物翡翠质量权重）] = [（待估翡翠颜色评分×待估翡翠颜色权重）/（参照物翡翠颜色评分×参照物翡翠颜色权重）] × [（待估翡翠透明度评分×待估翡翠透明度权重）/（参照物翡翠透明度评分×参照物翡翠透明度权重）] ×……①,②,③

$$P_{基础} = P_{参照} \times K \quad \text{（公式5-1）}$$

为了探究不同销售形式以及是否镶嵌对最终价格的影响，设：$P_{参照}$=零售+不镶嵌翡翠平均价格；P_2=零售+镶嵌翡翠平均价格；P_3=拍卖+不镶嵌翡翠平均价格；P_4=拍卖+镶嵌翡翠平均价格。

以零售+不镶嵌翡翠为基础，推导出：零售+镶嵌对价格的影响为X_1，$X_1 = (P_2 - P_{参照})/P_{参照}$；拍卖+不镶嵌对价格的影响为$X_2$，$X_2 = (P_3 - P_{参照})/P_{参照}$；拍卖+镶嵌对价格的影响为$X_3$，$X_3 = (P_4 - P_{参照})/P_{参照}$。

---

① 丘志力, 等. 国内市场翡翠饰品的质量分级及估价[J]. 宝石和宝石学杂志, 2001, 3 (2): 15-22.

② 孙静昱, 等. 翡翠评估价的量化探索[J]. 资源调查与环境, 2009 (3): 72-78.

③ 徐璐琳, 李忠武. 基于未确知测度理论与市场法的绿色翡翠手镯定价模型[J]. 中国资产评估, 2019 (3): 32-37.

表 5-12 翡翠价格影响参数

类　型	价　格	不同销售形式及是否镶嵌对价格的影响
零售+不镶嵌	$P_{参照}$	—
零售+镶嵌	P_2	X_1
拍卖+不镶嵌	P_3	X_2
拍卖+镶嵌	P_4	X_3

为了整合上述公式，本文借鉴了 0-1 规划，0-1 规划是决策变量仅取值 0 或 1 的一类特殊的整数规划。0-1 规划的数学模型如下所示：

$$\text{Max } S = \sum_{j}^{n} c_j x_j$$

$$s.t. \begin{cases} \sum_{j=1}^{n} a_{ij} x_j = b_i \\ x_j = 0 \text{ 或 } 1 \end{cases}$$

通过对 0-1 规划的灵活应用，并引入了四个 0-1 变量——Y_0、Y_1、Y_2、Y_3，现将翡翠戒指的企业定价（用 $P_{企定}$ 表示）代入公式 5-1，得出：

$$P_{企定} = [Y_0 + Y_1(1+X_1) + Y_2(1+X_2) + Y_3(1+X_3)] \times P_{基础} \quad （公式 5-2）$$

$$s.t. \begin{cases} Y_0 + Y_1 + Y_2 + Y_3 = 1 \\ Y_0, Y_1, Y_2, Y_3 = 0 \text{ 或 } 1 \end{cases}$$

其中，Y_0、Y_1、Y_2、Y_3 分别表示被评估戒指为零售且不镶嵌翡翠、零售且镶嵌翡翠、拍卖且不镶嵌翡翠、拍卖且镶嵌翡翠。若被评估戒指为零售且不镶嵌翡翠，则 $Y_0 = 1$，$Y_1 = Y_2 = Y_3 = 0$，依次类推。

2. 实证研究

（1）价格参照系的选取

本书选取 2017 年拍卖会零售市场的 318 件翡翠样品中的 24 件戒指，计算得出不同销售形式的翡翠商品平均价格作为年度参照系，得到表 5-13。

表 5-13 不同销售形式翡翠戒指的平均价格

（单位：元）

销售形式	符 号	平均价格
零售+不镶嵌	$P_{参照}$	5000
零售+镶嵌	P_2	20800
拍卖+不镶嵌	P_3	361769
拍卖+镶嵌	P_4	122190

若设表 5-13 中"零售+不镶嵌"的翡翠价格为参照价格，$P_{参照}$ =5000 元、P_2 =20800 元、P_3 =361769 元、P_4 =122190 元，将这些数据代入上述公式可得：

X_1 =（20800-5000）/5000=3.16；X_2 =（361769-5000）/5000=71.35；X_3 =（122190-5000）/5000=23.44。

因此，在已知翡翠戒指的初始价格 $P_{参照}$ 条件下，通过公式 5-1 可得：

$$P_{基础} = P_{参照} \times K$$

不同销售形式下翡翠戒指的最终价格可估算为：零售+镶嵌翡翠戒指价格 P_2 =（1+X_1）×$P_{基础}$，其中 X_1 =3.16；拍卖+不镶嵌翡翠戒指价格 P_3 =（1+X_2）×$P_{基础}$，其中 X_2 =71.35；拍卖+镶嵌翡翠戒指价格 P_4 =（1+X_3）×$P_{基础}$，其中 X_3 =23.44。

表 5-14 参照系平均分值（不同销售形式翡翠戒指的平均分值）

指 标	颜 色	透明度	净 度	质 地	工 艺	综合印象	总 分
参照翡翠分值	250.12	164	84.83	39.37	44.83	58.54	641.70

（2）参照物质量权重引用

引用表 5-3 戒指平均价格影响主要因素与权重数据，如下：

表 5-15　戒指平均价格影响因素与权重

指　标	颜　色	透明度	净　度	综合印象	工　艺	质　地
权　重	0.40	0.25	0.12	0.10	0.07	0.06

（3）待测样品专家评分

表 5-16　翡翠价值影响因素的分值对照表

指　标	颜　色	透明度	净　度	质　地	工　艺	综合印象	总　分
待估翡翠分值	382	223	112	55	49	72	893

（4）待测样品价格影响因素与权重计算

根据专家打分，建立待估翡翠价格评估判断矩阵，如下所示：

$$A = \begin{bmatrix} 1 & 1 & 3 & 7 & 5 & 4 \\ 1 & 1 & 2 & 6 & 4 & 3 \\ 1/3 & 1/2 & 1 & 3 & 2 & 2 \\ 1/7 & 1/6 & 1/3 & 1 & 1 & 1/2 \\ 1/5 & 1/4 & 1/2 & 1 & 1 & 1 1/4 \end{bmatrix}$$

根据计算结果，权向量 W = [0.35, 0.29, 0.15, 0.05, 0.07, 0.09]^T

$$\lambda_{max} = 6.198$$

一致性指标计算公式如下：

$$CI = \frac{\lambda_{max} - n}{n - 1} = 0.04$$

$$CR = \frac{CI}{RI} = 0.032 < 0.1$$

由上可知，判断矩阵 A 具有满意的一致性。

参照物翡翠的价值评估指标权重计算结果表明，在影响价格的特征因素中，从高到低分别为颜色、透明度、净度、综合印象、工艺、质地，其权重分别为 0.35、0.29、0.15、0.09、0.07、0.05（见表 5-17）。

表 5-17　待测样品参照物翡翠价值影响因素与权重

指　标	颜　色	透明度	净　度	综合印象	工　艺	质　地
权　重	0.35	0.29	0.15	0.09	0.07	0.05

（5）待测样品最终成交价格计算

以待估价翡翠戒指为例,其专家评分与参照样品分值对照表如表 5-18 所示。

表 5-18　翡翠价值影响因素的分值对照表

指　标	颜　色	透明度	净　度	质　地	工　艺	综合印象	总　分
参照翡翠分值	250.12	164	84.83	39.37	44.83	58.54	641.70
待估翡翠分值	382	223	112	55	49	72	893

待估翡翠戒指与参照样品价值影响因素权重对照如表 5-19 所示。

表 5-19　翡翠价值影响因素与权重对照表

指　标	颜　色	透明度	净　度	质　地	工　艺	综合印象
参照翡翠分值	0.40	0.25	0.12	0.06	0.07	0.10
待估翡翠分值	0.35	0.29	0.15	0.09	0.07	0.05

$P_{参照}=5000$ 元,代入公式 5-1 可得:

$P_{基础}=P_{参照} \times K = 5000 \times [(382 \times 0.35)/(250.12 \times 0.4)]$
$\times [(223 \times 0.29)/(164 \times 0.25)] \times [(112 \times 0.15)/(84.83 \times 0.12)] \times$
$[(55 \times 0.09)/(39.37 \times 0.1)] \times [(49 \times 0.07)/(44.83 \times 0.07)] \times$
$[(72 \times 0.05)/(58.54 \times 0.06)] = 23940.98$（元）。

则该待估翡翠以零售的形式销售,且不镶嵌时的基础价格:$P_{基础} = 23940.98$ 元。

由公式 5-2 可知:$P_{企定} = [Y_1 \times (1+X_1) + Y_2 \times (1+X_2) + Y_3 \times (1+X_3)] \times P_{基础}$,$Y_1$、$Y_2$、$Y_3 = 0$ 或 1。

已知,$X_1 = 3.16$,$X_2 = 71.35$,$X_3 = 23.44$。因此,$P_{企定} = [Y_0 + Y_1 \times (1+$

3.16) $+Y_2 \times$ (1+71.35) $+Y_3 \times$ (1+23.44)] ×16448.36,Y_0、Y_1、Y_2、Y_3 =0 或1。

零售+不镶嵌时：$P_{企定1} = P_{基础} = 23940.98$ 元。

零售+镶嵌翡翠戒指价格：$P_{企定2} = (1+X_1) \times P_{基础}$，其中 $X_1 = 3.16$，$P_{企定2} = 99594.47$ 元。

拍卖+不镶嵌翡翠戒指价格：$P_{企定3} = (1+X_2) \times P_{基础}$，其中 $X_2 = 71.35$，$P_{企定3} = 1732129.9$ 元。

拍卖+镶嵌翡翠戒指价格：$P_{企定4} = (1+X_3) \times P_{基础}$，其中 $X_3 = 23.44$，$P_{企定4} = 585356.96$ 元。

六、翡翠定价机制的应用实例及构建

（一）翡翠定价机制的应用实例

通过定量与定性的分析，建立了翡翠定价指标体系。作为定价机制的核心，该体系可以计算出八种常见琢形的翡翠商品以及四种不同销售方式的理论价格，在一定程度上解决了翡翠估价的量化问题，实现了困扰翡翠业界多年的定价难问题，从而构建了具有科学性、全面性、可操作性的定价机制，具体应用方法见表5-20。

表5-20 翡翠价格计算方法及公式一览表

戒指参照系样品销售形式及平均价格					
销售形式	零售+不镶嵌	零售+镶嵌	拍卖+不镶嵌	拍卖+镶嵌	
基准价格（元）	5000	20800	361769	122190	
戒指参照系样品价值影响因素分值、权重					
颜色	透明度	净度	质地	工艺	综合印象	总分
250.12	164	84.83	39.37	44.83	58.54	641.7
戒指参照系样品价值影响因素分值、权重					
颜色	透明度	净度	综合印象	工艺	质地
0.40	0.25	0.12	0.10	0.07	0.06

续 表

待估价戒指样品分值、权重						
颜色	透明度	净度	质地	工艺	综合印象	总分
382	223	112	55	49	72	893
0.35	0.29	0.15	0.09	0.07	0.05	
公式一	$P_{基础} = P_{参照} \times K$					
公式二	$P_{企定} = [Y_0 + Y_1(1+X_1) + Y_2(1+X_2) + Y_3(1+X_3)] \times P_{基础}$ $Y_0、Y_1、Y_2、Y_3 = 0$ 或 1					
价格影响系数	$X_1 = 3.16$,$X_2 = 71.35$,$X_3 = 23.44$					
待估价戒指样品售价(元)						
销售形式		$P_{基础}$			最终售价	
零售+不镶嵌		23940.98			$P_{企定1} = 23940.98$	
待估价戒指样品售价						
零售+镶嵌		23940.98			$P_{企定2} = 99594.47$	
拍卖+不镶嵌		23940.98			$P_{企定3} = 1732129.9$	
拍卖+镶嵌		23940.98			$P_{企定4} = 585356.96$	

(二)翡翠定价机制的构建方法

表 5-21　各种琢形翡翠商品销售形式基准价格、平均分值、权重对照表

戒指参照系样品销售形式及平均价格					
销售形式	零售+不镶嵌	零售+镶嵌	拍卖+不镶嵌	拍卖+镶嵌	参照形式
参照价格(元)	5000	20800	361769	122190	零售+不镶嵌
颜色	透明度	净度	质地	工艺	综合印象	总分
250.12	164	84.83	39.37	44.83	58.54	641.70
颜色	透明度	净度	综合印象	工艺	质地	
0.40	0.25	0.12	0.10	0.07	0.06	
价格影响系数	$X_1 = 3.16$,$X_2 = 71.35$,$X_3 = 23.44$					

续 表

串珠参照系样品销售形式及平均价格					
销售形式	零售+不镶嵌	零售+镶嵌	拍卖+不镶嵌	拍卖+镶嵌	参照形式
参照价格(元)	388225.00	(缺少数据)	14317250	(缺少数据)	零售+不镶嵌
颜色	透明度	净度	质地	工艺	综合印象	总分
203.00	130.83	69.25	28.58	38.25	45.58	515.50
颜色	透明度	净度	综合印象	工艺	质地
0.41	0.24	0.14	0.08	0.07	0.06
价格影响系数	$X_1 = /$, $X_2 = 35.88$, $X_3 = /$				
手镯参照系样品销售形式及平均价格					
销售形式	零售+不镶嵌	零售+镶嵌	拍卖+不镶嵌	拍卖+镶嵌	参照形式
参照价格(元)	699109.68	(缺少数据)	4355088.88	(缺少数据)	零售+不镶嵌
颜色	透明度	净度	质地	工艺	综合印象	总分
231.21	147.94	77.23	32.90	39.85	62.15	591.28
手镯参照系样品销售形式及平均价格					
透明度	净度	综合印象	工艺	质地	
0.40	0.25	0.12	0.11	0.06	0.06
价格影响系数	$X_1 = /$, $X_2 = 5.23$, $X_3 =$				
挂件参照系样品销售形式及平均价格					
销售形式	零售+不镶嵌	零售+镶嵌	拍卖+不镶嵌	拍卖+镶嵌	参照形式
参照价格(元)	78950.81	203162.04	1561643.42	1511835.72	零售+不镶嵌
颜色	透明度	净度	质地	工艺	综合印象	总分
200.32	153.26	71.73	30.72	37.41	47.12	540.56
透明度	净度	综合印象	工艺	质地	
0.36	0.29	0.14	0.09	0.07	0.06
价格影响系数	$X_1 = 1.57$, $X_2 = 18.78$, $X_3 = 18.15$				
耳坠参照系样品销售形式及平均价格					
销售形式	零售+不镶嵌	零售+镶嵌	拍卖+不镶嵌	拍卖+镶嵌	参照形式
参照价格(元)	(缺少数据)	211257.14	(缺少数据)	1593185.33	零售+镶嵌

续 表

耳坠参照系样品销售形式及平均价格						
销售形式	零售+不镶嵌	零售+镶嵌	拍卖+不镶嵌	拍卖+镶嵌	参照形式	
颜色	透明度	净度	质地	工艺	综合印象	总分
316.46	208.92	97.23	46.85	51.08	71.77	792.31
颜色	透明度	净度	综合印象	工艺	质地	
0.40	0.25	0.12	0.10	0.07	0.06	
价格影响系数	$X_1 = /$,$X_2 = /$,$X_3 = 6.54$					
手（项）链参照系样品销售形式及平均价格						
销售形式	零售+不镶嵌	零售+镶嵌	拍卖+不镶嵌	拍卖+镶嵌	参照形式	
参照价格(元)	（缺少数据）	（缺少数据）	29325.00 元	12753479.2	拍卖+不镶嵌	
颜色	透明度	净度	质地	工艺	综合印象	总分
305.50	167.83	93.50	48.00	49.83	79.67	744.33
颜色	透明度	净度	综合印象	工艺	质地	
0.41	0.22	0.12	0.12	0.07	0.06	
价格影响系数	$X_1 = /$,$X_2 = /$,$X_3 = 433.90$					
摆件参照系样品销售形式及平均价格						
销售形式	零售+不镶嵌	零售+镶嵌	拍卖+不镶嵌	拍卖+镶嵌	参照形式	
参照价格(元)	378500	900000	4761111.11	（缺少数据）	零售+不镶嵌	
颜色	透明度	净度	质地	工艺	综合印象	总分
186.19	85.38	62.94	26.25	55.88	69.63	486.25
颜色	透明度	净度	综合印象	工艺	质地	
0.38	0.15	0.13	0.14	0.13	0.06	
价格影响系数	$X_1 = 1.38$,$X_2 = 11.58$,$X_3 = /$					
杂项参照系样品销售形式及平均价格						
销售形式	零售+不镶嵌	零售+镶嵌	拍卖+不镶嵌	拍卖+镶嵌	参照形式	
参照价格(元)	234533.33	36800	314760	（缺少数据）	零售+不镶嵌	
颜色	透明度	净度	质地	工艺	综合印象	总分
247.67	133.56	74.78	30.33	42.44	50.78	579.56

续 表

杂项参照系样品销售形式及平均价格					
颜色	透明度	净度	综合印象	工艺	质地
0.42	0.23	0.14	0.08	0.07	0.05
价格影响系数	$X_1 = -0.84$，$X_2 = 0.34$，$X_3 = /$				

注：表中 X_1、X_2、X_3 表示不同销售形式及是否镶嵌对价格的影响，"/" 表示不存在这种情况。

表5-22 最终价格计算公式

公式5-1	$P_{基础} = P_{参照} \times K$ $K = $ [（待估翡翠评分×待估翡翠质量权重）/（参照物翡翠评分×参照物翡翠质量权重）] = [（待估翡翠颜色评分×待估翡翠颜色权重）/（参照物翡翠颜色评分×参照物翡翠颜色权重）] × [（待估翡翠透明度评分×待估翡翠透明度权重）/（参照物翡翠透明度评分×参照物翡翠透明度权重）] ×……
公式5-2	$P_{企定} = (Y_0 + Y_1(1+X_1) + Y_2(1+X_2) + Y_3(1+X_3)) \times P_{基础}$ Y_0、Y_1、Y_2、$Y_3 = 0$ 或 1

表5-23 原料价格计算公式

	$P_{成本价格} = P_{原料价格} + 加工费（固定值）+ 营销成本 + 利润$ $= [P_{原料价格} + 加工费（固定值）] \times (160\% \sim 220\%)$
	$P_{成本价格} = P_{企定}$
	$P_{原料价格} = P_{终} \div (160\% \sim 220\%) - 加工费（固定值）$

第四节 翡翠投资参照体系的构建

一、基于各项指标与价格相关性曲线参照体系

消费者和投资者可以对照颜色、透明度、净度、质地、工艺、综合印象、不同销售形式和是否镶嵌等因素对价格的权重曲线，对所要投资和消费的翡翠商品

做出合理客观的判断，进而合理投资和理性消费。

（一）基于颜色权重的价格曲线及解析

通过研究不同级别颜色对价格的影响，用总的平均价格×颜色对价格的贡献权重，得出颜色权重下的平均价格，绘制了颜色—价格曲线，如图 5-2 所示。由于销售形式和镶嵌会对价格造成影响，因此在制表时，也将这两个因素考虑进去，以确保数据的可靠性，如表 5-24 所示。

表 5-24　颜色与价格关系表

颜　色	拍卖占比（%）	镶嵌占比（%）	权重价格（%）
S_1	40.90	50.60	787081.11
S_2	31.20	20.30	189076.79
S_3	24.20	25.20	36922.91
S_4	20	6.60	1213.92

据表 5-24 和图 5-2 可知：①随着翡翠颜色评级的下降，翡翠价格也随之下降。②颜色评级越高，在拍卖会上出现的概率越大，顶级颜色评级的翡翠在零售市场是不多见的。③颜色评级越高的翡翠 S_1，越喜欢用钻石、铂金、黄金进行镶嵌，以提高价格；颜色一般的，有望向中高档迈进的翡翠 S_3 用钻石、铂金、黄金进行镶嵌，已经提高价格的比例大于中高端 S_2。

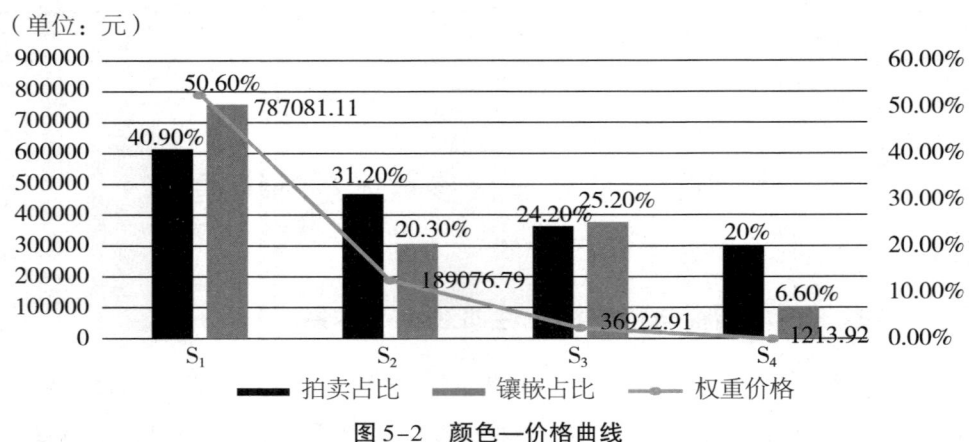

图 5-2　颜色—价格曲线

(二) 基于透明度权重的价格曲线及解析

为了研究不同级别透明度对价格的影响,本书用总的平均价格×透明度对价格的贡献权重,得出透明度权重下的平均价格,并绘制了透明度—价格曲线,如图5-3所示。由于销售形式和镶嵌会对价格造成影响,因此在制表时,也将这两个因素考虑进去,以确保数据的可靠性,如表5-25所示。

表5-25 透明度与价格关系表

透明度	拍卖占比(%)	镶嵌占比(%)	权重价格(元)
M_1	54.60	44.30	797372.71
M_2	27.40	36.60	167429.25
M_3	20.30	20.30	36251.8
M_4	0	21.40	32078.14
M_5	0	0	348

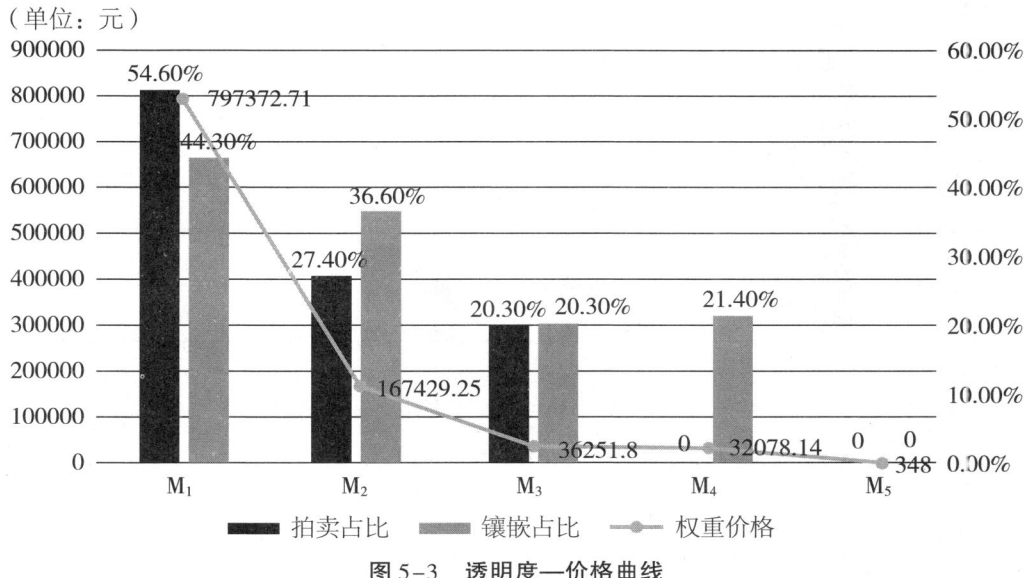

图5-3 透明度—价格曲线

据表5-25和图5-3可知:①随着透明度评级的下降,翡翠价格也随之下降。②拍卖会偏好一些透明度较高的翡翠。③透明度越差的翡翠镶嵌的比例越高。

（三）基于净度权重的价格曲线及解析

为了研究不同级别净度对价格的影响，本书用总的平均价格×净度对价格的贡献权重，得出净度权重下的平均价格，并绘制了净度—价格曲线，如图5-4所示。由于销售形式和是否镶嵌会对价格造成影响，因此在制表时，也将这两个因素考虑进去，以确保数据的可靠性，如表5-26所示。

表5-26 净度与价格关系表

净度	拍卖占比（%）	镶嵌占比（%）	权重价格（元）
J_1	53.40	52.00	260638.8
J_2	19.70	26.00	44221.43
J_3	11.20	14.00	9693.02
J_4	0	0	420

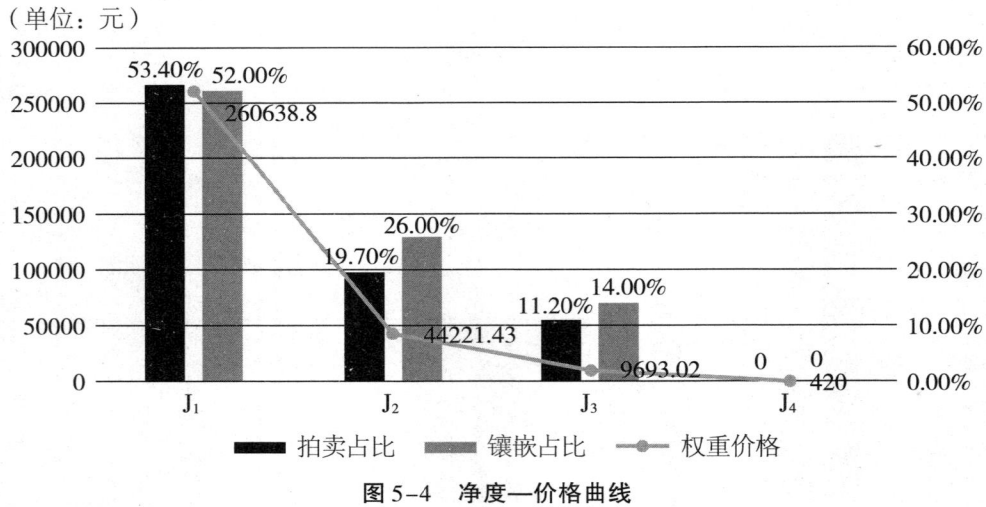

图5-4 净度—价格曲线

据表5-26和图5-4可知：①拍卖会偏好净度品级高的翡翠。②净度越差的翡翠，通过镶嵌遮瑕的概率越高。

（四）基于质地权重的价格曲线及解析

为了研究不同级别质地对价格的影响，本书用总的平均价格×质地对价格的贡献权重，得出质地权重下平均价格，并绘制了质地—价格曲线，如图5-5所示。由于销售形式和是否镶嵌会对价格造成影响，因此在制表时，也将这两个因素考虑进去，以确保数据的可靠性，如表5-27所示。

表5-27 质地与价格关系表

质地	拍卖占比（%）	镶嵌占比（%）	权重价格（元）
Z_1	45.70	43.80	99814.28
Z_2	9.70	19.50	5221
Z_3	4.00	12.00	4204.97
Z_4	0	0	168

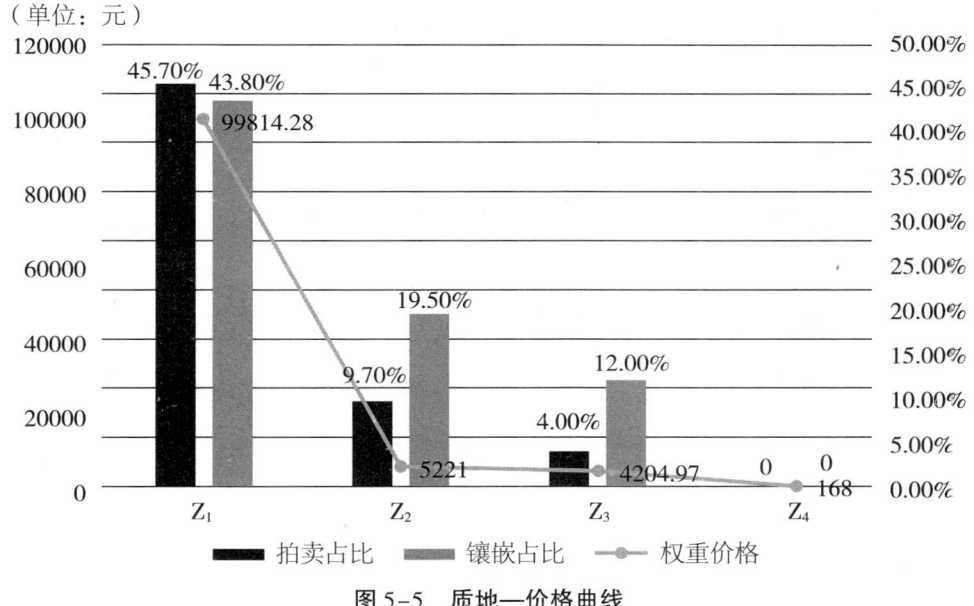

图5-5 质地—价格曲线

据表5-27和图5-5可知，质地评级高的翡翠基本都集中到了拍卖会上，质地越粗糙的越需要使用镶嵌的技术提高综合售价。

（五）基于工艺权重的价格曲线及解析

为了研究不同级别工艺对价格的影响，本书用总的平均价格×工艺对价格的贡献权重，得出工艺权重下平均价格，并绘制了工艺—价格曲线，如图5-6所示。由于销售形式和是否镶嵌会对价格造成影响，因此在制表时，也将这两个因素考虑进去，以确保数据的可靠性，如表5-28所示。

表5-28 工艺与价格关系表

工艺	拍卖占比（％）	镶嵌占比（％）	权重价格（元）
Q_1	59.50	49.30	158880.16
Q_2	14.60	29.30	16294.25
Q_3	3.40	12.00	1785.16
Q_4	0	0	140

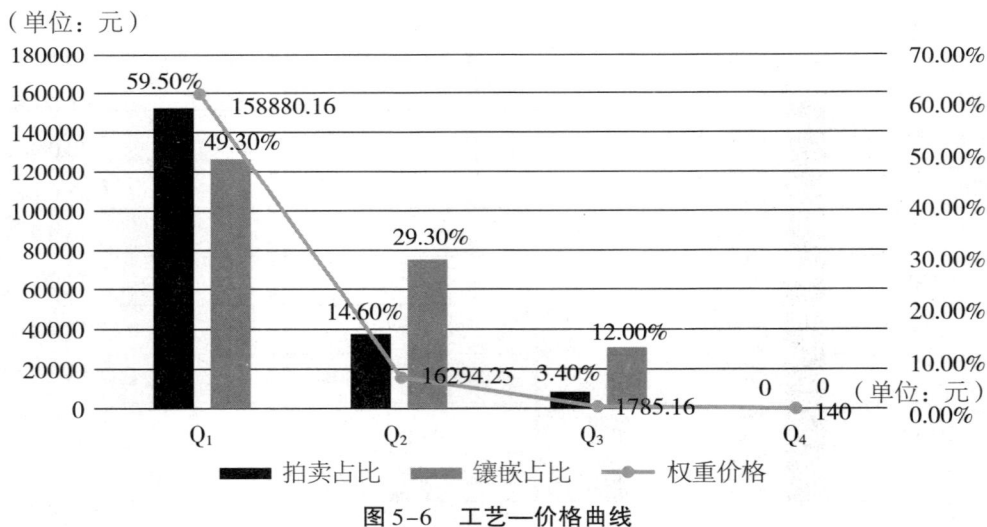

图5-6 工艺—价格曲线

据表5-28和图5-6可知：①拍卖会上的翡翠工艺评级都高。②工艺评级越低，镶嵌的比例越低。

（六）基于综合印象权重的价格曲线及解析

为了研究不同级别综合印象对价格的影响，本书用总的平均价格×综合印象对价格的贡献权重，得出综合印象权重下平均价格，并绘制了综合印象—价格曲线，如图5-7所示。由于销售形式和是否镶嵌会对价格造成影响，因此在制表时,也将这两个因素考虑进去,以确保数据的可靠性,如表5-29所示。

表5-29 综合印象与价格关系表

综合印象	拍卖占比(%)	镶嵌占比(%)	权重价格(元)
H_1	68.20	44.80	265707.59
H_2	28.10	37.20	64033.56
H_3	1.10	22.60	4097.83
H_4	0	17.60	317.65

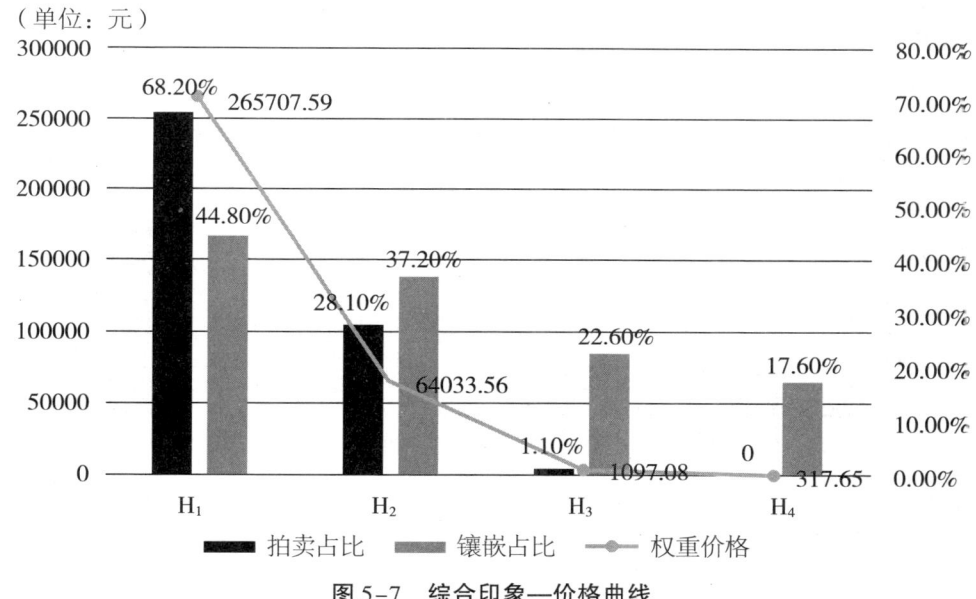

图5-7 综合印象—价格曲线

据表5-29和图5-7可知:①综合印象高的拍卖比例越高。②镶嵌并不能使综合印象提高。

(七)不同形式翡翠的平均价格及解析

由于不同销售形式以及是否镶嵌会影响平均价格,为了研究这两个因素对价格的影响,本书分别研究四种不同情况下的平均价格:拍卖的形式销售带有镶嵌的翡翠、以拍卖的形式销售没有镶嵌的翡翠、以零售的形式销售带有镶嵌的翡翠、以零售的形式销售没有镶嵌的翡翠，结果如表 5-30 和图 5-8 所示。

表 5-30　不同形式翡翠的平均价格

形　式	平均价格（元）
拍卖+镶嵌	2185935.55
拍卖+不镶嵌	3560606.34
零售+镶嵌	209486.72
零售+不镶嵌	238784.77

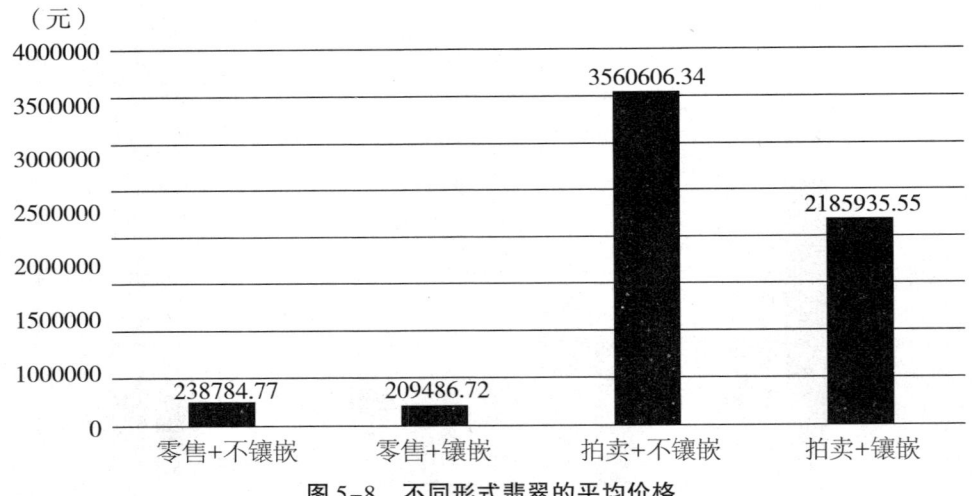

图 5-8　不同形式翡翠的平均价格

据表 5-30 和图 5-8 可知：①拍卖市场翡翠的价格远高于零售市场的价格，一方面是色、中、色、工、瑕、综合印象评级最高的翡翠都集中在了拍卖市场；另一方面是拍卖市场的交易成本较高，导致拍卖市场的价格较高。②采用镶嵌的翡翠一般是为了弥补某一方面的不足，或者提高整体的评级而实施的一种工艺手段，所以统计结果反映出采用镶嵌工艺的翡翠售价低于不必采用镶嵌工艺的翡翠。

二、"赌石"投资风险控制参照体系

投资风险控制（管理）方法主要是风险保留和风险转移（分担），对翡翠投资者而言，风险保留并不符合其自身利益，风险转移就成了其必选项。风险转移（分担）工具通常包括购买保险、引入期权期货等风险控制工具。由于翡翠价格波动巨大，保险公司难以提供相应的保险产品。期货则是标准化合约，在异质性明显的翡翠商品中难以适用，而交易灵活性较大、投资风险转移效率较高的期权则适用翡翠投资。因此，本书引入实物期权模型来探讨翡翠"赌石"投资风险控制。

大多数项目投资决策方法是利用净现值法对项目的投资价值进行评估，如果项目存在较大的不确定性，那么投资者会赋予较高的折现率，以此覆盖风险。这种投资风险控制策略会造成项目的长期投资收益折现后偏低，最终可能导致项目投资被放弃。此外，净现值法没有体现出投资管理的灵活性以及投资方案的可调整性，更没有体现出未来投资过程中的潜在投资机会。"因此，采用净现值法对存在不确定性较大的项目投资进行评价存在一定的不足。"[①]

实物期权是金融期权与实物资产相结合的产物，既能有效地反映出实物资产具有的不确定性，又能赋予未来投资灵活性。实物期权理论认为，较大的不确定性意味着更多的未来选择权，或有投资可能和潜在的收益获取机会。因此，不确定性尤其是较大的不确定性并非总是负面因素，净现值法中的高折现率并不一定科学。实物期权体现了项目投资的未来选择权，投资者能够通过付出一定的期权费获得某项实物资产在未来进行投资的机会或权利，也可以不执行期权，此时投资者只损失购买期权的费用。因此，与净现值法相比，实物期权法更适用于不确定性较大的项目投资分析。

翡翠"赌石"即翡翠原石价值评估与确定的过程。由于翡翠原石价值具有肉眼无法观测、不确定性极大、投资不可逆、投资者可以即时确定也可以未来确定、原石可以未来转换等特征，因此，翡翠"赌石"即翡翠原石投资具备了实物期权的基本特征。由此，本书认为在翡翠"赌石"中引入实物期权理论，通过实物期权方法评估翡翠原石的投资决策价值比用净现值法更科学。

翡翠原石期权的价值评估方法是将翡翠原石未来的投资收益现值、未来的投资成本、投资周期及价值的波动率分别代入金融期权中的标的资产价格、执行价格、行权期限及标的资产的波动率，从而计算出翡翠原石投资的期权价值。当前

---

① 高蓉．实物期权方法在新能源项目投资估值中的应用研究［D］．西安：西安电子科技大学，2019．

实物期权估值可借用金融期权估值模型进行计算,根据时间连续与否,金融期权估值模型可分为两种:B-S 模型和二叉树模型。B-S 模型适用于连续时间条件下的估值,二叉树模型适用于离散时间条件下的估值。由于翡翠原石价值波动较大,在离散时间条件下准确估计翡翠原石投资价值需要大量的数据,容易导致较大的误差,而 B-S 模型计算简洁,需要的相关数据也较少,因此可以避免大量计算引起的估计误差。鉴于此,本书选择 B-S 模型作为翡翠原石投资分析的基础模型。通过上述分析,本书将翡翠原石的投资过程看作欧式实物看涨期权,据此建立翡翠原石估值模型。假设:

①翡翠原石价值和投资成本均服从几何布朗运动。

②从翡翠原石购买至加工雕刻后上市销售的时间大于零。

则有以下投资估值公式:

$$C = S(t)N(d_1) - Ke^{-r_f(T-t)}N(d_2) \quad \text{(公式5-3)}$$

其中 $N(d)$ 是累计正态分布函数,且

$$d_1 = \frac{\ln(s(t)/K) + (r_f + \sigma^2/2)(T-t)}{\sigma\sqrt{T-t}}$$

$$d_2 = d_1 - \sigma\sqrt{T-t} \quad \text{(公式5-4)}$$

其中,C 为期权价格,即翡翠原石的期权价值;S 为翡翠原石投资预期收益的现值;K 为翡翠原石投资成本,也是行权价格;σ 为翡翠原石价值的市场波动率,体现了翡翠原石价值的波动程度。一般而言,波动率越大,期权价值越高,也就较难精确确定,通常采用类似资产收益波动率替代或专家评估法。对于翡翠原石而言,可参考钻石矿或黄金矿的价值波动率,也可采用专家评估法;T 为翡翠原石的加工上市周期,也是行权期限;r 为无风险利率。

假设在 t 时刻,投资者 m 购买了一块翡翠原石,预期该份原石经过雕刻、抛光等工艺环节后能够为他带来预期收益,经过折现后该预期收益的现值为 S_m,由于运输、加工、上市等环节分别存在相关风险,因此 S_m 发生的概率,即该现值实现的可能性为 $N(d_1)$。鉴于加工、上市、储存、销售等环节也会发生相关费用,与购买翡翠原石的费用一并形成投资成本,与 S_m 发生的逻辑一样,投资成本经折现后的预期现值为 $K_m e^{-r_f(T-t)} N(d_2)$。由此可知,只有当 $C>0$ 时,翡翠原石才有投资价值,否则投资者应放弃投资翡翠原石。

第五节　翡翠价格形成机制的应用

一、翡翠价格的决策主体及其关系

市场参与者涉及企业、政府、消费者三个主体,即和行业协会、评估公司等第三方机构。在社会主义市场经济下,价格主体在市场,定价权在企业,价格随着供求关系的变化而波动,是符合价值规律的良性价格机制,让市场这只看不见的手发挥作用;政府采用宏观调控的手段,合理配置资源,拉开同类商品的质量价差,调节不同商品的比价,发挥政府这只看得见的手的作用。

二、翡翠定价机制的应用

(一) 政府职能部门宏观调控的依据

社会主义市场经济体制下,政府的职能是宏观调控,实现资源的有效配置。政府职能部门在履行职责时要以市场价格的波动为信号,合理配置资源,实现供给与需求的动态均衡,促进产业的良性发展。其中,翡翠定价机制可作为政府管理和调控市场的理论依据,尤其是税收的依据。

(二) 翡翠企业市场定价参考

以往之所以长期出现翡翠价格不透明的情形,根本原因在于翡翠产品价格的影响因素众多,无论翡翠鉴赏专家还是普通消费者,对翡翠价格均难以给出定量化的价值评判,即便同为专家,对同样一件产品的估值也相去甚远。这无疑影响了翡翠的定价,使得翡翠的定价缺乏统一的、可广泛接受的标准。翡翠定价机制的建立能在一定程度上实现翡翠的量化定价,使翡翠定价具有较可靠的标准。

(三) 翡翠经营融资、经营担保的依据

翡翠行业属于资本密集型行业,翡翠高价值的特点决定了翡翠经营者往往需要巨额的启动资金实现翡翠产品的经营。一旦大量资金集中在翡翠产品中,无疑会减少资金的流动,不利于翡翠经营者扩大经营规模、提升经营能力。作为高价值资产,翡翠如果能够同房地产、汽车一样建立符合自身特点的价值评价指标体

系，那么翡翠价值评价难题将能得到解决，翡翠经销商可将翡翠产品进行抵押或者质押，根据评估的翡翠价值，向金融机构融资，解决经营中的资金难题。

翡翠经营中可能会出现经销商为其他经营者提供担保的情形。对翡翠经营者而言，翡翠产品是其主要资产，建立定量翡翠评价指标体系，能为翡翠的定价提供基准价格依据。翡翠经销商是否具有相应的担保能力，可通过评估其经营的翡翠产品价值进行判断。

（四）研究翡翠价格体系中的各种关系

翡翠价格体系中的各种关系可以反映影响价格变化的各因素间的相互关系，为产业调整提供依据，同时为进一步研究翡翠价格波动规律、翡翠价格调控管理机制奠定理论基础。

第六章 翡翠价格调节机制

第一节 翡翠价格调节的对象

根据本书第三章中翡翠价格的理论探析可知,翡翠价格由价值决定,其单位价值与生产效率成反比,较低的生产效率和高度复杂的劳动决定了单位翡翠的高价值,因此翡翠价格也居高不下。根据价值规律,价格围绕价值上下波动,翡翠价格的调控首先要从翡翠价值的影响因素入手。由于市场因素的存在,目前的翡翠价格偏离其价值,因此要从挖掘翡翠文化价值、塑造符号价值入手,使翡翠价格向价值趋近。

翡翠的价格以生产价格为基础,在市场上经由供需双方的博弈最终形成,因此翡翠价格的重要影响因素是供给与需求的基本均衡,其中翡翠原料的供给均衡是核心。这就要求建立起系统性的国际翡翠综合交易体系,以加强对翡翠原料交易量的控制,以稳定翡翠市场价格。

翡翠价格在长期内呈不断上涨的趋势,短期内有剧烈波动,市场监管乏力是造成该现象的重要原因。其中税赋贡献不足是造成市场监管投入不足的重要因素,由此造成恶性循环使翡翠行业负能量日益突出。

因此,稳定翡翠价格主要从原料要素市场的建立、成品流通市场的顺畅、文化价值和符号价值的塑造、税赋贡献的实现、监管机构和市场的进一步规范化等方面入手。

第二节 翡翠价格调节的目标

一、翡翠价值提升目标

(一) 加大品牌塑造力度,提升符号价值

优质的品牌不仅对企业的发展有利,其信誉和质量还是消费者利益的保障,其对市场的稳定作用更是行业发展必不可少的基础。塑造具有竞争力的品牌不仅能增强消费者的信心,保障行业稳定和良性发展,还能增强国际竞争力。尤其是当前新兴的网络市场,深受广大消费者,特别是年轻的消费主力军喜爱,加上许多具有相当实力的珠宝企业大力开发线上、线下结合销售的新型销售形式并创造出不俗的业绩,塑造快捷便利、具有品牌价值的明星企业,将成为影响行业发展的新趋势。

通过塑造知名企业品牌,在传播领域使用广告、包装、品牌等营销工具,借助翡翠"美丽、稀有、恒久、财富"的符号意义,提升翡翠的符号价值。

(二) 发掘翡翠文化价值

文化是社会精神财富的结晶,现代人的需求越来越受文化因素的支配。文化主要对人们认识事物的方式、行为准则和价值观念产生影响,最终影响人的消费方式和购买行为。翡翠首饰是一种具有很深文化内涵的饰物,消费者的受教育程度和背景也必然会影响其购买行为。因此,翡翠消费的实质是文化消费。不同时期和不同阶段的珠宝消费都有其文化背景的支持,大力发掘翡翠文化价值,对提升翡翠价值具有深远的价值和意义。

二、提升税赋贡献,加强市场监管的目标

实现翡翠行业市场的规范管理需要动力机制。这需要从再分配的角度来看待和处理问题,也就是说国家要培养人才、建立机构、管理市场,就需要投入,而资金的来源必须有造血机制,也就是在原料和成品销售的环节获得税收的贡献,再投入进行市场监管,形成良性循环。

(一) 增强翡翠税负需要解决的四个问题

一是成品税率问题,目前,《财政部 国家税务总局关于简并增值税征收率政策的通知》(财税〔2014〕57号)、《财政部 国家税务总局关于部分货物适用增值税低税率和简易办法征收增值税政策的通知》(财税〔2009〕9号)、《财政部 国家税务总局关于全国实施增值税转型改革若干问题的通知》(财税〔2008〕170号),适用增值税税率为13%,相对其他消费品较高,这是造成翡翠成品征税难的一大因素。全国工商联金银珠宝业商会于2010年、2011年连续两年通过全国工商联向两会提交相关翡翠行业税制改革的提案。2011年,全国工商联金银珠宝业商会《关于设立国家级翡翠进口交易保税区的建议》的提案,入选全国工商联团体提案,但目前仍未取得实质性进展。

笔者在本书第四章对翡翠的生产价格的分析中发现,翡翠生产价格可用公式4-2表示为:

生产价格=成本价格+平均利润
= 原料价格×(409.76% ~ 563.42%)+加工费×(160% ~ 220%)

其中,税收的来源就隐藏在生产价格中工资的浮动点上,因为在前面的调研中,每一类型的翡翠的加工费用,也就是工人的工资,基本是稳定的。在这里,工资的160% ~ 220%表现为行业平均利润率,这一部分事实上是资本家获得的剩余价值,被包装成了平均利润率,转嫁到了消费者的身上,应该作为税收部分报税。举例来说:一件翡翠手镯的原料费是1000元,加工费用是216元,按照公式4-2计算,则可得出生产价格为4435.6 ~ 6109.2元,而税金为345.6 ~ 475.2元,折合税率为5.65% ~ 7.77%,以此为征税基础税率是相对比较合理的,可以以此为依据通过全国工商联向全国两会提案,审议通过后执行。

二是关于成品计税价格,在以生产价格为确定基础,获得征税税率的基础上,应用第五章构建的翡翠定价机制,评估出不同销售形式翡翠的非市场价值,即可以此为计税价格。

三是利用"一带一路"倡议构建的区域合作平台,与缅甸建立起民心相通、贸易互通的机制,实现政策、设施、资金、信息的同联共通,进而建立起国际翡翠交易综合系统,实现翡翠原料进出口量的供求均衡,建立公平合理的关税征收机制。

四是在实现税率合理化调整、计税价格明晰、实现关税征收的基础上,通过包括行业协会、专业评估机构等在内的第三方进行评估与监督。

(二) 翡翠产业税收的再分配,推进行业治理体系和治理能力现代化

党的十九届四中全会通过的《中共中央关于坚持和完善中国特色社会主义制度 推进国家治理体系和治理能力现代化若干重大问题的决定》指出:"健全以税收、社会保障、转移支付等为主要手段的再分配调节机制,强化税收调节,完善直接税制度并逐步提高其比重。"[①]

税收再分配调节机制的政策取向主要集中在"调节国民收入在劳动者和资本所有者之间的分配;更好发挥所得税的再分配调节作用;发挥商品税公平收入分配的应有作用;推进财产税改革,调节财富和收入分配;完善横向税收分权体制,促进地区间税收分配公平与平衡"[②]。

通过税收的再分配职能,建立起完善的翡翠定价机制和价格调控机制体系,是促进翡翠产业健康良性发展的基础,是推进翡翠行业治理体系和治理能力现代化的物质基础。

(三) 政策的供给与优化

目前,翡翠行业最迫切需要的政策创新支持有如下三个方面:

一是建立要素市场的规划与实施方案,使目前呼吁的国内要素市场成为现实,解决翡翠原料供给不稳定的问题。

二是金融支持政策。主要解决企业发展资金、品牌塑造、投资者和消费者利益保障等问题;增强翡翠的金融属性,利用翡翠定价机制,确保翡翠在保险、担保、抵押等领域有价可依,从而进入流通市场;完善翡翠全产业链建设,增强国际竞争力。

三是资源配置和行业发展的国家战略级规划。把翡翠作为基础原材料,设计为期货交易,实现价格发现和规避价格风险。

---

① 习近平. 中共中央关于坚持和完善中国特色社会主义制度 推进国家治理体系和治理能力现代化若干重大问题的决定[N]. 新华社, 2019-11-05.

② 李建军, 冯黎明, 尧艳. 论健全税收再分配调节机制[J]. 税务研究, 2020 (3): 29-36.

（四）加大人力资源培养

人力资源是不可多得的财富，需要长时间的培养、完备的培养体系以及大量的资金支持，光靠市场的力量显然是不行的，还需要政府有计划地组织实施，久久为功。同时，也要把市场上经验丰富的从业人员，民间艺术大师，高校、科研院所的专家、学者调动起来，形成人才的规模效应。

（五）市场规范的调节目标

市场监管部门要联合行业主管部门和行业协会，严格执法，加强放、管、服，为企业营造法治、公平、文明、诚信的良好经营氛围，为消费者营造安全、和谐、理性、服务周到的市场环境，切实保障消费者权益。对新兴的翡翠珠宝网店、微商等电子交易平台，要与时俱进，采用大数据、区块链等新技术进行监管和服务，防范资金、质量、信息等安全事故的发生。具体来说，在保障市场良好运转方面，既要强力监管，又要提供周到的服务。在国家经济行为的规范方面，建立新型政商关系，切实推进国家治理体系和治理能力现代化，是实现市场公平竞争、合法竞争的前提条件。在建立健全企业内部管理法规、规范企业经济行为方面，企业要依法经营，避免特殊化，避免恶性竞争，守法诚信经营，合理设计进入和退出的行业门槛。在市场运行法规方面，加强市场监管，严厉打击制假、售假、以次充好、恶意炒作等行为。同时，保障消费者权益，坚持等价交换、自愿让渡的原则。加大生产经营、鉴定、文化发掘、知识产权等方面人才的培养，为培育繁荣有序的市场提供助力。

三、供求关系的调整目标

加快推进国际翡翠原料要素市场的建设，以取代当前的国内翡翠原料二级"公盘"。规范进行翡翠原料的二次交易：第一降低交易成本；第二实现资源的合理配置，控制翡翠原料的进口量，保持供需基本平衡；第三实现原料税负可控化。目前，我国仅在上海建立了钻石交易所，可有效控制钻石的进口量和国内生产量，实现国内钻石价格与世界钻石价格保持一致，为钻石首饰行业的稳定性和取得较好的经济效益奠定了市场基础。因此，可借鉴上海钻石交易所的成功经验，加快国内翡翠要素市场建设。

(一)对接好翡翠原料"公盘"供给

缅甸翡翠原料"公盘",是翡翠原料的主要出口渠道,近年来国内近60%的原料进口来源于此,行业主管部门和行业协会利用自身的资金、技术、人才优势,有效对接"公盘"主办方,适度调控出口规模和提货率,以保持原料供给量基本稳定;企业和个人依靠行业协会,有组织地参加"公盘"交易,避免恶性竞争、哄抬物价,避免造成翡翠原料价格飞涨的局面。

(二)发挥综合保税区功能,畅通翡翠原料的供给渠道

在靠近翡翠原料主产地缅甸的云南省,建有大型综合保税区,政府加强管理和规范使用,发挥综合保税区集出口加工区、保税物流区、港口功能于一身的优势,将"公盘"未成交或未提货的翡翠原料在综合保税区进行交易,以扩大和畅通翡翠原料的供给通道;企业应有效利用综合保税区的低税率优势,在出口加工区内建厂,实现就地生产,就地销售,降低因转运、二次交易等环节的增加而增加的交易成本。

(三)优化产业链结构

翡翠产业链主链涉及原料进口—雕刻加工—集散批发—旅游城市(景点)销售,其支链涉及原料及商品进出口产业链、旅游产业链、金融融资产业链、科研与教育产业链、艺术品拍卖产业链、文化产业链,只有与这些支链进行无缝衔接,才能使整个主链更加完整,更具效率。构建翡翠产业"全产业链"需要创新模式,既要避免大而全的"超级企业"因规模过大而增加管理成本,又要避免小而分散的中小企业上演"战国时代"无序竞争的戏码。此外,还需要培育具有较好信誉度和一定规模的"明星企业",建立行业标准,提高市场准入标准,规范市场;充分利用"一带一路"倡议带来的与周边国家互利互信的良好经贸合作关系,把控好翡翠原料进口的数量与价格,使之平稳有序;推进翡翠行业"供给侧"结构性改革,淘汰过剩产能、建立高效益加工基地、降低链内交易成本、加大金融支持、补全设计加工短板;加强市场监管,创新交易模式,扩大市场需求;整合主链与支链,实现互补共赢。

第三节　翡翠价格调节机制的功能和实现路径

一、翡翠价格调节机制的功能

价格调节机制的功能是运用价格的调节器、信号器功能，调节商品生产要素的供求关系，对生产、经营、消费和市场进行引导。价格调节机制是一种经济运行机制，是针对价格的外在机制。

为了实现价格调节机制的功能，企业作为对价格最为敏感的市场主体，应运用翡翠定价指标体系，形成翡翠理论价格，通过市场博弈形成最终成交价格。在这个过程中价格要发挥传递经济信息的作用，既包括消费信息，也包括生产信息；价格还要起到调节经济利益关系的作用，要使不同市场部门、区域、企业、消费者之间的经济利益分配基本合理，相互之间组合协调，调动各方面的积极性，避免由于价格剧烈波动而产生经济利益矛盾；价格还要发挥比较和核算的功能，行业经济效益的好坏可以通过价格的对比来判断，对于企业和消费者来说价格可以核算投资效益，从而决定采用何种投资策略。

二、翡翠价格调节机制的实现路径

（一）构建翡翠国际综合交易系统

1. 构建翡翠国际综合交易系统的必要性

翡翠国际综合交易系统是集翡翠原料进出口贸易、翡翠价值挖掘和提升、人力资源开发和优化、政策供给和保障、市场规范管理、金融平台和信息传输为一体的功能完备的综合性交易系统，其目的就是实现供求关系的基本均衡，从而实现价格调控的最终目的。

（1）提升翡翠产业链信息供需效率，抑制供需失衡

翡翠国际综合交易系统的独特优势在于，其开放性有利于翡翠资源自由流动和聚集，与地域条件进行协调、配置和组合，通过交易媒介向中心以外的地区输送市场资源，高效服务于翡翠整个行业的运行。此外，大量翡翠交易商的聚集和

集中式的交易设施配置为翡翠交易提供了充分的供需信息，从而降低了交易信息不对称的程度，促进了翡翠资源的高效配置。

（2）提升翡翠资产流动性，实现翡翠的金融属性

翡翠国际综合交易系统不仅为翡翠的买卖双方提供了交易场所，更为社会资本提供了广阔的投资渠道和融资空间。具体而言，交易中心能够汇集大量各式各样的翡翠原料、翡翠艺术品。从金融角度看，这些原料和艺术品无疑具有金融资产属性，可进行翡翠艺术品的证券化，将翡翠艺术品推向金融市场，从而实现扩大社会资本的投资渠道，解决翡翠有价无市的困局以及扩大资金需求方的融资担保品的范围等诸多问题，最终支持实体经济发展，切实提升翡翠交易效率。

（3）翡翠产业创新和分散投资风险

翡翠国际综合交易系统汇聚了大量的翡翠经营机构，有助于在行业交流、工艺升级等方面发挥交易中心的集聚效应，促进翡翠产业创新，进一步拓展翡翠产业的增值空间。此外，众多创新型翡翠产品的上市也有助于分散翡翠投资分散，比如，科学利用翡翠期货或翡翠期权，就能在翡翠实物投资中有效分散投资风险，同时也有助于抑制翡翠价格大起大落，确保投资的稳定与安全。

（4）实现翡翠产业税赋贡献，促进产业良性循环

翡翠产业规模巨大，然而，由于产业定价机制和体系的不完善，导致其税赋贡献率与自身体量极不匹配，对区域经济的产业先导作用不明显，产业野蛮发展。构建国际翡翠综合交易系统可以从原料进口和成品销售两个环节入手，找到最佳税赋征收点，进而加大治理和服务的投入意愿和能力，促进产业良性循环。

（5）逐步消除翡翠行业局部泡沫经济隐忧

要局部泡沫经济隐忧的消除，首先，应建立起规范的综合交易系统，使投资需求和从众心理在获得足够的信息后"降温"，不再盲目投资；其次，在规范的信贷审核结合货币政策的基础上稳定投资，控制原料价格上涨过快，保持其总体价格基本平稳；最终，达到供需基本均衡，逐步消除翡翠行业局部泡沫经济隐忧。

2. 构建国际翡翠综合交易系统的可行性

（1）强劲的需求量有助于保障交易中心持续运营

改革开放以来，随着居民收入持续增长和消费升级，叠加国内特有的玉文化

影响，翡翠需求也逐年增长，有关研究表明"翡翠国内消费量占国际消费量90%以上"①。这为建设交易中心提供了现实需求基础。

（2）健全的基础设施有助于保障交易中心安全运营

随着互联网等技术的快速发展，近些年来，我国成立了众多商品交易中心（所），积累了丰富的管理经验和技术。同时，在社会主义市场经济体制下，我国的法律法规体系日益健全，能够保障交易中心安全运营。

（3）日益完善的金融体系有助于拓展交易中心的产品种类

近些年来，我国大力深化金融业改革，持续推进金融开放，尤其在丰富投融资产品种类、健全风险管理产品体系等方面发力甚多，为交易中心创新产品和类和交易机制提供了丰富的借鉴经验。

3. 综合交易系统的核心功能设计

综合交易系统的功能主要在于为翡翠行业上、中、下游提供市场资源，包括原料交易、生产设施交易、生产技术交易、产品种类拓展、行业信息发布、行业交流、交易规则等，最大可能发挥集聚效应，维护市场稳定运行。

目前，市场上存在众多珠宝交易场所，几乎每个云南的边境口岸城市和广东加工基地市镇都有至少一家珠宝交易城，这不仅加剧了珠宝资源的争夺，而且这些交易场所中不乏盲目建设甚至重复建设的，可持续性较差。为此，翡翠综合交易系统首先要避免陷入同质化竞争，要将着力点放在打造特色优势、打造核心竞争力和增强可持续性上。借鉴现有的黄金交易所、钻石交易所等，可将翡翠交易中心的设计分为两个发展阶段：第一阶段建设应主要围绕翡翠交易环节以及基础设施配置，内容包括翡翠原石评估、翡翠原石储存、翡翠成品供需对接、翡翠成品储存、交易中心择址、交易中心运营架构、交易机制、内部纠纷仲裁中心、翡翠行业协会以及风险应对机制等。交易中心核心功能的实现需要依托多种类型的市场机构，在建设过程中应及时引进翡翠级别鉴定机构、法律事务机构、仓储机构、商业银行、保险机构、支付体系、计算机设施供应及维护机构等。至此，综合交易系统已具备完善的现代交易体系，能够为翡翠供应商、加工商、中间商和消费者提供多种翡翠交易服务，并能够借助基本的金融机构实现财富储存、风险

---

① 吴烨. 推进我国翡翠行业结构性改革的对策研究[J]. 中国高校科技，2017（S1）：37-38.

管理的基本需求（见图6-1，第一阶段虚线椭圆内）。

在翡翠综合交易系统建设的第二阶段，系统应围绕提升翡翠资产的流动性和投资风险的管理水平引入或新增多种产品交易和服务，目的是丰富翡翠产品的增值保值渠道、拓宽翡翠产品交易范畴。建设内容包括翡翠原石成品资产证券化产品、翡翠原石期货期权产品、翡翠成品期货期权产品、风险投资中心、翡翠银行、金融科技中心、翡翠价格指数编写发布、翡翠工艺动态发布、行业峰会、翡翠资产创新中心等。至此，以翡翠原石和成品交易为核心的交易中心将形成特色鲜明、功能齐全、立足本土、服务全球的现代化翡翠交易中心。同时，也能为翡翠资产资本化提供特色化、定制化的金融服务与产品，实现翡翠资产的转化与利用，更好地服务于企业融资、家庭财富的增值保值等（见图6-1）。

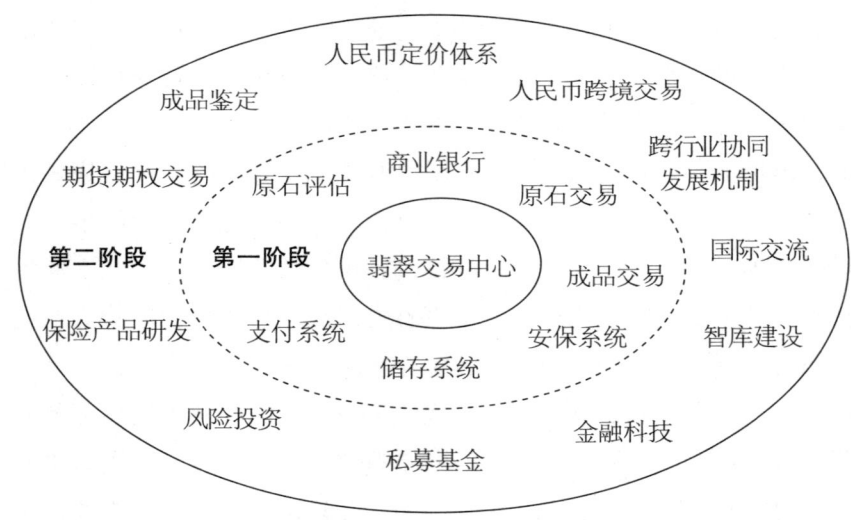

图6-1 翡翠综合交易系统建设第一、第二阶段建设重点内容

（二）构建政府干预下行业协会引导的企业自主定价机制和体系

1. 发挥政府干预作用，提供多层次的政策支持

从国内国际黄金和钻石交易中心的建设经验来看，政府在其中主要发挥了以下作用：一是进行交易中心的整体规划工作，指明发展目标与方向；二是通过撰写草案、直接立法来保障交易机制市场化和国际化改革等系统工程；三是出台创新政策和优惠政策，促进新的产品业务形成，吸引国际机构入驻；四是通过强有

力的监管维护交易市场的公平竞争,防范交易风险,使交易市场稳定和有序发展。鉴于翡翠交易中心实现的功能以及涉及的创新尝试,均需要强有力的政府引导和政策支持,因此采用政府推动的建设路径更为合适,这需要省、市、县等各级政府在建设过程中提供政策支持以及层层推动落实。建议具体路径为:

(1) 组建翡翠综合交易系统建设顾问团队

政府委托一家交易中心(所)建设经验丰富的企业主导开发建设,同时,综合交易系统的功能涉及金融产品创新与交易,这离不开国家层面的支持,因此,可邀请国家相关部门、省市金融监管部门相关专家组建顾问团队,并由顾问团队负责争取中央、省、市等各级金融政策支持及金融创新试点。在交易中心建设初始就要统一思路,明确金融中心的最终定位与实施路径,在规划、配套、实施方面既要高屋建瓴地意识到中心的核心价值与发展潜力,又要踏实细致地做好分工及落实工作。

(2) 统筹各相关部门和主要市场机构出台细化版的实施方案

召开专门会议,邀请相关专家、企业人员研究讨论综合交易系统规划设计方案;由建设、金融、工商等重点部门牵头进行工作内容的细化梳理,制订落实工作计划要点。要求设计单位和相关市场机构加强沟通对接,进一步补充和完善方案。总体来看,方案重点包括空间和平台规划、土地收储、招商引资、投资管理、要素流动、财税制度、人才引进、公共服务政策等方面。

(3) 提供多层次的政策支持

根据综合交易系统的设计,系统将在翡翠原石和成品方面进行产品创新,充分挖掘翡翠的金融属性,涉及的产品创新有翡翠资产证券化、翡翠产品期货期权、翡翠银行等。然而,在我国现行的金融监管制度下,上述部分金融事务的决策权在中央政府,地方政府直接介入的空间较为有限,特别是在翡翠银行等新型金融机构的设立和产品创新方面,需要中央政府的授权及政策许可。因此,领导小组的一项重要工作即与人民银行、国家发改委、银保监会等相关部门进行沟通对接,积极争取政策支持。支持政策主要有:支持开展翡翠金融产品即衍生品创新,并建立资产交易平台;支持符合条件的外资在交易中心设立银行、保险、融资担保等机构;支持交易中心对接国际市场,开展翡翠资产跨境交易等。

2. 行业协会专家引导的职能的发挥

(1) 翡翠行业协会的组成

在我国，从行业协会的组织来看，政府指定的产业协调主管单位一般是"××产业发展联席会议办公室"等机构，主管单位构成多元，有国资委、工信委、自然资源（部）局、宣传部、文产办、旅游局或者政协；全国知名的翡翠行业协会有中国珠宝玉石首饰行业协会、中国珠宝协会以及各省（自治区、直辖市）珠宝玉石协会；著名翡翠行业协会有云南省珠宝协会、云南省玉石产业促进协会、云南省珠宝玉石文化促进会、云南省黄龙玉协会、腾冲翡翠行业协会、广州市翡翠行业协会等。

（2）翡翠行业协会的职能

从翡翠行业协会的职能来看，翡翠行业协会一般需要具备如下六大职能：一是作为翡翠行业发展的顾问和指导者，研究产业市场供求、技术发展方向、价格指数提供交流的平台，引导行业健康良性发展。二是作为行业内沟通协作的纽带，建立行业内信息沟通、交流的机制，增强行业内企业分工协作的能力，提高生产效率，降低单个企业的运营成本。三是制定和推广行业标准，行业标准包括工艺操作标准、产品质量标准、环保标准、行业损耗标准等涉及行业准入和退出的标准。四是畅通行业与政府沟通的渠道，为政府制定相关政策提供专家咨询，如产业布局、产业聚居区域规划、产业转型升级等，为行业内厂商寻求资源、行业发展向政府提交报告等。五是维护行业厂商及消费者的合法权益，提供专家咨询和仲裁，行业协会的专家不仅要懂技术、懂政策，还要懂法律，为行业厂商争取合法权益，为劳资纠纷提供仲裁，为维护消费者权益提供专家咨询。六是与其他行业建立协调合作的桥梁，翡翠行业及其相关行业包括旅游业、加工制造业、服务性行业等之间存在共生关系，需要相互协调和合作。

（3）翡翠行业协会专家发挥引导职能

行业协会专家属于媒体以外的第三方，一般来说媒体发挥监督作用，专家利用权威性和专业性发挥教育引导、仲裁、信息发布和信息甄别作用。在发生消费前，专家通过信息发布和甄别，对产业进行信用和质量评级，树立消费者信心，引导消费者理性消费；在交易结束后，专家及时提供信息，为行业进一步发展指明方向，引导行业健康良性发展。

专家的引导职能尤其体现在翡翠价格方面。一是加强科普，介绍翡翠质量鉴定、等级评定、价值评估等相关知识；二是引导消费者树立正确价值观，明确翡翠价值的根源来自劳动，经文化价值、符号价值的提升，翡翠的价值表现为市场价格，引导企业提高翡翠文化价值和符号价值，引导消费者提升艺术鉴赏力和文化欣赏水平；三是引导企业合理定价，保持翡翠市场价格相对稳定，保持价格长期与经济发展同步增长，避免短期出现剧烈波动，以利于行业持久健康良性发展，消除经济风险。

3. 发挥企业自主定价的主体作用

（1）企业对翡翠生产价格的把握和理解

在前文对翡翠生产价格的分析中发现，由于缅甸政府对原料的垄断，其利润率最低都达到了 91.268%，而国内为了抑制翡翠的进口，采取高税收的方式，税率高达 33.9%，将翡翠的成本价格直接推高，再加上 60%~120% 的行业平均利润率，翡翠的生产价格达到了原料价格的 4.09~5.63 倍。因此，把握原料价格，成了决定企业生存与发展的核心问题。

（2）企业对翡翠定价指标体系的掌握

在企业内部，可以运用自身掌握的历年翡翠交易数据，根据专家评分，参照翡翠定价指标体系，采用市场比较法，结合现实成本法和预期收入法，形成翡翠基本价格。反过来也可以在原料采购时使用原料价格计算公式，把握进价。

（3）企业自主定价的主体作用的发挥

企业作为翡翠价格的决策主体，掌握定价权，可以实现有效供给，发挥自主经营权，实现经济效益最大化，这对于企业进一步发展及提高竞争力具有决定意义。

（三）完善市场交易、流通、监管服务机制和体系

1. 建设翡翠商品身份识别智慧监控平台

（1）平台建设

由政府主导，利用互联网、大数据、云储存等技术对中高档翡翠商品进行注册监管。

（2）商品身份证："一品一码"的注册信息

平台中的翡翠商品的信息包括但不限于产地、厂商、产品等级、销售指导价、实物 3D 图像等。

（3）税收与质量保险

①政府出台政策要求只有在该平台注册登记后的产品在交易过程中的权益才

能受到法律的保护。②厂商必须对自身产品信息的真实性进行投保，若出现虚假的产品信息，由保险公司进行理赔。③税务部门完善税率体系，根据不同的产品等级进行征税。消费者只能使用完税后的翡翠产品进行合法的融资抵押等。

2. 打造安全、便捷、专业的交易平台

（1）完善相关法律法规，保障交易中心的市场地位

建议地方政府通过法律法规设立并运营交易中心，并规定交易中心的法人性质、经费来源、享受的税收以及基本的业务范围。

（2）完善翡翠价值评估体系

建立专业的价值评估机构，组织该领域的权威专家开展研究，制定兼具科学性和操作性的知识产权价值评估体系，提升翡翠价值评估的透明度和权威性。推动行业建立评估自律机制，避免恶性竞争。

（3）加大科技投入，利用科技手段提升翡翠交易的安全性和便捷性

建议地方政府大力引进相关科技系统，从后勤服务、交易设施、报价系统、成交系统、资金监管系统、支付系统、安保系统等方面，全面运用相关科技手段，将交易中心打造成技术领先、效率极高的安全交易系统。

3. 构建功能齐全的翡翠行业发展服务体系

（1）建立多品种的翡翠资产交易中心

翡翠资产主要包括：借鉴对黄金、钻石等的金融属性的挖掘经验，基于翡翠资产的特征，对翡翠原石、翡翠成品等进行证券化；根据翡翠资产投资特性，研发不同风险、期限、保费、保价的投资保险产品；研发翡翠资产金融衍生品，并提供财务咨询、投资和风险管理等金融服务。

（2）打造民间资本投资中心

翡翠资产的证券化及相关交易市场的建立，既有利于创新型、初创型翡翠产品生产加工企业解决融资难题，又能为各类投资者提供较早期的退出渠道。可利用建设交易中心的机会吸引民间资本机构（如私募基金、风险资本）落户交易中心。建议通过在交易中心设立政府引导基金和翡翠资产路演中心等，撬动众多民间资本甚至国外资本支持实体经济发展。

（3）建立人民币资产定价、支付清算、跨境交易中心

鉴于翡翠产品的消费集中在国内的现实，借鉴石油、美元的建立及发展经验，建议交易中心打造以人民币进行翡翠资产定价、支付清算、跨境交易的市场

交易体系，借此推动人民币跨境使用，从而降低乃至消除国内企业和投资者面临的汇率波动风险，保障国内市场主体的利益。

（4）探索建立翡翠产品期货期权中心

根据期货期权的交易特性和功能，为有效抑制翡翠产品的价格大起大落，保障翡翠市场平稳运行，建议交易中心建立翡翠产品期货期权产品，这样既有利于价格风险的有效管理，也有利于拓展翡翠资产投资品种。

（5）设立翡翠交易中心智库

为有效把握翡翠市场的发展趋势，维护行业健康发展，建议交易中心设立翡翠交易中心智库，在项目论证、法律咨询、风险防范、行业前瞻、生产技术、员工培训等方面，为交易中心及相关企业、投资者提供咨询服务。同时，中心智库也可以通过国际交流合作、联合研究等，为翡翠市场与黄金、钻石市场协同发展发挥桥梁和纽带作用。

第四节 研究结论与前瞻

一、研究结论

一是翡翠定价机制缺失。翡翠行业存在着价格不透明、定价机制缺失等缺陷，翡翠代表的资本无法流动，直接导致边检、计税、企业评估、抵押、清算、融资等难题，造成资金积压、行业退出门槛极高等问题。

二是翡翠价格机制紊乱。现行翡翠价格机制没有起到信号器、调节器的作用，导致供给与需求失衡、原料短缺的假象，进而引发资本的炒作，致使资本价值超过实体价值。一方面翡翠产品价格居高不下，另一方面翡翠交易有价无市，随时面临甩卖崩盘的泡沫经济的隐忧，严重威胁翡翠行业、中国部分省份和周边国家的经济稳定性。

三是翡翠价高但税负低。由于翡翠产业的税负难题，国家调节分配的能力弱化，投入整顿市场的力量和资金难以保障，导致市场流通监管问题突出，不符合推进行业治理体系和治理能力现代化的时代要求。

四是翡翠价格畸形影响翡翠行业发展。翡翠原料交易的"赌石"行为游走于法律边缘的灰色地带，由此引发的商品拜物教思想导致翡翠价格暴涨、资源错配和竞争力弱等问题，严重影响翡翠行业的正常发展。

五是翡翠产业在国民经济发展中的定位不清。要实现翡翠产业的健康良性发展首先要解决定价问题，搞清翡翠价格的机制，实现再分配的优化，完善市场监管和服务，适应人民群众获得感、幸福感和安全感的需要，适应中国翡翠产业在"一带一路"倡议中的产业支撑的选择。

二、研究前瞻

翡翠定价难题长期存在，对以翡翠为代表的玉石产品如何定价，既是业界的难题，也是学术界的难题。本书以价值价格理论为基础，采用马克思主义政治经济学的分析范式，采用层次分析法模型分析，结合翡翠分级相关规范与研究文献，建立了翡翠定价体系，为企业、消费者和政府相关职能部门提供了翡翠定价的指标体系和调控管理建议。但仍有以下几点有待在今后的研究中完善。

一是受翡翠样品数量不足、企业样本数不足、市场调研参与度不够等客观条件限制，且由于翡翠产品类别众多、影响因素多样性的干扰，翡翠影响因素权重与价格指标体系的全面性还有待加强；二是国外市场实地考察不足，笔者仅在边境城市及缅甸靠近我国国境线的翡翠原料集散地考察调研，未能深入翡翠原料矿山做深入调研，获得的一手资料不多；三是关于缅甸翡翠"公盘"的资料未有权威部门做出统计，且涉及国家安全与保密，翡翠"公盘"的敏感信息只能通过访谈行业内参加"公盘"投标的中国商人获得。

翡翠的价格问题的出现，既有历史的原因也有现实的原因，既有市场的原因也有政府宏观调控的原因，既涉及国际贸易的因素也有国内市场的因素，既涉及本行业的问题也有其他行业的共性问题，既涉及经济学知识也涉及法律、工业、社会等多门学科。因此，研究还需要做到以下两点：一是为力求翡翠定价研究的精确性，在现有基础上，还需要积累更多的翡翠产品价格、质量评价数据，建立更为细化的翡翠分类价格模型，为翡翠更为精确的定价提供依据，同时也为同类型玉石商品定价提供借鉴；二是需要组织专业的研究队伍，给予课题立项的支持，长期跟踪研究，才能更加全面地把握翡翠价格问题，为相关产业和同类型商品的定价提供理论参考。

参考文献

[1] 习近平. 决胜全面建成小康社会 夺取新时代中国特色社会主义伟大胜利——在中国共产党第十九次全国代表大会上的报告[N]. 新华网, 2017-10-18.

[2] 习近平. 中共中央关于坚持和完善中国特色社会主义制度 推进国家治理体系和治理能力现代化若干重大问题的决定[N]. 新华社, 2019-11-05.

[3] 马克思. 资本论（第一卷）[M]. 北京：人民出版社，2004.

[4] 马克思. 资本论（第一卷）[M]. 郭大力，王亚南，译. 上海：上海三联书店，2011.

[5] 马克思，恩格斯. 马克思恩格斯全集（第23卷）[M]. 北京：人民出版社，1979.

[6] 马克思. 资本论[M]. 郭大力，王亚南，译. 北京：人民出版社，1953.

[7] 中华人民共和国国家质量监督检验疫总局，中国国家标准化管理委员会. 翡翠分级（GB/T 23885—2009）[S]. 北京：中国标准出版社，2009.

[8] 云南省质量技术监督局. 翡翠饰品质量等级评价（DB53/T 302—2009）[S]. 北京：中国标准出版社，2009.

[9] 全国人民代表大会常务委员. 中华人民共和国价格法[N]. 中华人民共和国主席令（第九十二号），1997-12-01.

[10] 孙浩. 习主席新年首访缅甸，这个独一无二的词再升级！[N]. 新华网，2020-01-17.

[11] 云南省商务厅. 云南省商务厅关于翡翠玉石珠宝产业发展工作调研的报告[R]. 2018.

[12] 洪远朋. 新编《资本论》教程（第一卷）[M]. 上海：复旦大学出版

社，1988.

[13] 鲁从明.《资本论》的思想精华和伟大生命力[M].北京：中共中央党校出版社，1998.

[14] 周俭初，孙耀武.《资本论》学习与探索[M].北京：人民出版社，2012.

[15] 朱方明，张衔.政治经济学[M].成都：四川大学出版社，2001.

[16] 逄锦聚，等.政治经济学[M].北京：高等教育出版社，2015.

[17] 汤秀莲.政治经济学[M].北京：清华大学出版社，2013.

[18] 石晶莹.政治经济学原理[M].北京：清华大学出版社，2015.

[19] 江激宇，项升，徐腾.玉米价格波动机制研究——以安徽省为例[J].江苏农业科学，2020，48（1）：282-288.

[20] 包德清.珠宝市场营销学（第二版）[M].武汉：中国地质大学出版社，2012.

[21] 摩伕.摩伕识翠：翡翠鉴赏、价值评估及贸易[M].昆明：云南美术出版社，2006.

[22] 王昶，申柯娅.珠宝首饰的质量与价值评估[M].武汉：中国地质大学出版社，2011.

[23] 刘自强.宝石加工工艺学[M].武汉：中国地质大学出版社，2011.

[24] 沈追鲁.中国玉雕[M].北京：经济日报出版社，1991.

[25] 袁心强.翡翠宝石学[M].武汉：中国地质大学出版社，2004.

[26] 郭新.珠宝首饰设计[M].上海：上海人民美术出版社，2009.

[27] 吴明隆.问卷统计分析实务：SPSS 操作与应用[M].重庆：重庆大学出版社，2010.

[28] 余平.翡翠商贸实务[M].武汉：中国地质出版社，2009.

[29]《拍卖年鉴》编辑部.2018 全球翡翠拍卖年鉴[M].北京：北京联合出版公司，2018.

[30]《拍卖年鉴》编辑部.2017 全球翡翠拍卖年鉴[M].北京：北京联合出版公司，2017.

[31]《拍卖年鉴》编辑部.2016 全球翡翠拍卖年鉴[M].北京：北京联合出版公司，2016.

[32]《拍卖年鉴》编辑部.2015全球翡翠拍卖年鉴[M].北京：北京联合出版公司，2015.

[33]《拍卖年鉴》编辑部.2014全球翡翠拍卖年鉴[M].北京：北京联合出版公司，2014.

[34][美]斯蒂格利茨.经济学[M].高鸿亚，等，译.北京：中国人民大学出版社，1997.

[35]米尔顿·弗里德曼.价格理论[M].蔡继明，苏俊霞，译.北京：华夏出版社，2011.

[36]约翰·康芒斯.制度经济学[M].赵睿，译.北京：华夏出版社，2013.

[37]温桂芳，张群群.中国价格理论前沿（1）[M].社会科学文献出版社，2011.

[38]温桂芳，张群群.中国价格理论前沿（2）[M].社会科学文献出版社，2014.

[39]杨自文.金融创新：解决高端翡翠流通的最佳途径[N].云南经济日报，2013-12-31.

[40]张子欣.翡翠毛料市场日趋规范化[N].中国黄金报，2011-06-14.

[41]刘威.学习贯彻十九大精神——新时代中国特色社会主义思想初探[J].兵团党校学报，2017（5）：17-21.

[42]罗伯特·S.平狄，丹尼尔·L.鲁宾费尔德.微观经济学（第八版）[M].李彬，高远，等，译.北京：中国人民大学出版社，2018.

[43]单克强.论住房资本化定价博弈及泡沫风险[J].河北金融，2019（4）：37-45.

[44][法]让·鲍德里亚.符号政治经济学批判[M].夏莹，译.南京：南京大学出版社，2009.

[45]花千树.萨缪尔森，影响一代人的钱袋子[J].西部广播电视，2009（12）.

[46]庄才钱，谢作渺.科技型小企业的成长理论综述[J].工业技术经济，2013（5）：141-152.

[47]张成虎，孙陵霞，王雪萍.复合型金融信息化人才及其培养[J].金

融教学与研究,2012（2）：60－64.

[48] 王磊,伍业君．我国价格改革的历程及展望[J]．价格理论与实践,2018（12）：22－28.

[49] 刘翔峰．缅甸的产业发展及中缅贸易投资[J]．全球化,2014（4）：111－123.

[50] 韩涧明．翡翠分级国标能否顺利推开[N]．中国商报,2007－07－12.

[51] 徐璐琳,李忠武．基于未确知测度理论与市场法的绿色翡翠手镯定价模型[J]．中国资产评估,2019（3）：32－37.

[52] 龙远宏．翡翠设计如何创新[J]．中国黄金珠宝,2010（6）：44－45.

[53] 柳箐,等．翡翠首饰设计新探索[J]．艺术科技,2017,30（8）：270.

[54] 张维,等．扩大云南陆路口岸翡翠原石进口的竞争策略研究[J]．科技和产业,2015,15（5）：19－21,25.

[55] 司明,王建中．价值、价格与资产评估价值内涵研究[J]．中国乡镇企业会计,2011（4）：23－24.

[56] 李建军,冯黎明,尧艳．论健全税收再分配调节机制[J]．税务研究,2020（3）：29－36.

[57] 闫雪晶,王金菊．市场价值与非市场价值探讨[J]．特区经济,2005（11）：343－244.

[58] 刘召峰．论马克思主义对货币拜物教性质的分析[J]．常熟理工学院学报,2010（9）：7－12.

[59] 赵伟．浅析马克思的商品拜物教理论——兼论齐泽克的拉康式解读[J]．黑龙江教育学院学报,2009,28（8）：30－32.

[60] 李志翔．云南省珠宝玉石产业可持续发展问题探讨[J]．宝石和宝石学杂志,2016.

[61] 李张镖．同业并购式"全产业链"模式竞争优势理论推导机理[J]．合作经济与科技,2014（18）：16－17.

[62] 邵洪波,等．全产业链商业模式的逻辑（下）[J]．现代国企研究,2014（21）.

[63] 徐振宇,李冰倩,王跃．"全产业链"战略与企业绩效提升的关系探

究[J]. 商业时代, 2014 (14): 93-96.

[64] 方开燕. 我国翡翠文化产业发展及国际市场拓展[J]. 中国市场, 2012 (52): 5-6.

[65] 陈蔚来. 缅甸玉石出口发展的策略研究[D]. 南宁: 广西大学, 2016.

[66] 孔富安. 中国古代治玉技术研究[D]. 太原: 山西大学, 2002.

[67] [波兰] 弗·布鲁斯. 社会主义的价格也应该反映稀缺性[J]. 价格理论与实践, 1985 (07).

[68] 徐莉. 基于产业集群内生效应的企业自主创新[J]. 现代财经, 2008, 28 (11): 48-52.

[69] 李新家, 尹世杰. 消费经济学研究评述[J]. 求索, 1990 (02).

[70] 胡红安, 杨波, 白暴力. 《价值与价格理论》评介[J]. 中国特色社会主义研究, 2002 (3): 93-94.

[71] 王振霞. 价格理论体系研究综述及其发展新趋势[J]. 价格月刊, 2008 (1): 21-23.

[72] 王俊燕, 徐强. 自然资源价格理论的补充思考——应用要素市场理论的新观点[J]. 价格理论与实践, 2005 (8): 37-38.

[73] 范晓. 我国价格预测方法文献研究[J]. 开发研究, 2014 (5): 105-109.

[74] 蒋和胜. 我国价格改革三十年的回顾与前瞻[J]. 天府新论, 2009 (3): 62-66.

[75] 杨伯达. 从文献记载考翡翠在中国的流传[J]. 故宫博物院院刊, 2002 (2): 12-24.

[76] 杨伯达. 勐拱翡翠流传沿革考[J]. 中国历史文物, 2005 (3): 4-7.

[77] 丘志力, 等. 从传世及出土翡翠玉器看我国清代翡翠玉料的使用[J]. 宝石和宝石学杂志, 2008, 10 (4): 34-38.

[78] 丘志力, 等. 国内市场翡翠饰品的质量分级及估价[J]. 宝石和宝石学杂志, 2001, 3 (2): 15-22.

[79] 丘志力. 宝玉石资源定价权形成及其价格传导机制——基于战略矿产资源及大宗商品研究视角的分析[J]//中山大学地球科学与地质工程学院, 中山

大学宝玉石研究鉴定（评估）中心．2015 中国珠宝首饰学术交流会议文集，2015：361-367．

[80] 丘志力．珠宝市场估价[M]．广州：广东人民出版社，2000．

[81] 孙静昱，等．翡翠评估价格的量化探索[J]．资源调查与环境，2009，30（1）：72-78．

[82] 王文景．滇西缅北宝玉石资源分布和开发现状[J]．中小企业管理与科技，2014（22）：118-119．

[83] 邹怀强．历史上腾冲与缅甸的翡翠开发和贸易关系[J]．学术探索，2005（6）：130-133．

[84] 施加辛．关于翡翠鉴别标准问题的讨论[J]．云南地质，2015，34（1）：22-32．

[85] 施加辛．当前翡翠产业发展有关问题的探讨及建议（一）[J]．宝石和宝石学杂志，2015，17（5）：63-69．

[86] 包德清．从翡翠原石交易看翡翠市场的发展趋势[J]．宝石和宝石学杂志，2014，16（5）：81-83．

[87] 戴铸明．行业瞩目的缅甸"公盘"[J]．宝石和宝石学杂志，2009，11（2）：55-57．

[88] 戴铸明．经济发展大势和市场规律决定翡翠价格走势[J]．中国宝玉石，2012（2）：82-89．

[89] 许世新．宝玉石成品与原料的价格关系[J]．矿物岩石地球化学通讯，1989（3）：201-202．

[90] 周维丽，高伟．翡翠的玉文化及行业文化特征对其分级的指向性[J]．中山大学研究生学刊（自然科学与医学版），2012（2）：22-29．

[91] 张丽萍．出台有力政策规范珠宝价格[N]．中国黄金报，2005-08-19．

[92] 孙丽丽，葛虹，冯玉强．在线拍卖成交价格影响因素的实证研究——以淘宝网现代翡翠手镯拍卖数据为例[J]．信息系统学报，2010（1）：34-42．

[93] 钱源源，漆华杰．从价格形成机制探究铂金黄金价格走势异化[N]．中国黄金报，2019-12-03．

[94] 张蓓莉，陈华．建立中国珠宝首饰评估体系的设想[J]．宝石和宝石

学杂志,2000(8):30-32.

[95] 吴烨. 推进我国翡翠行业结构性改革的对策研究[J]. 中国高校科技,2017(S1):37-38.

[96] 吴烨. 互联网+珠宝行业创新经营模式研究——以翡翠行业为例[J]. 吉首大学学报(社会科学学报),2017,38(S2):5-8.

[97] 吴烨. 炫耀性商品价格理论及应用研究——以高档翡翠的价格与需求定律的关系为例[J]. 云南社会科学,2013(5):91-95.

[98] 刘跃. 珠宝品质和价格的评估要素[J]. 珠宝科技,2001(3):4.

[99] 李济. 翡翠的鉴定与价值评估[J]. 山东国土资源,2010,26(1):11-14.

[100] 陈逸敏. 翡翠价值评估的重要性和方法[J]. 上海工艺美术,2011(3):52-53.

[101] 褚维彬,郑艳莹,穆穆. 关于翡翠手镯价值评价因素的探讨[J]. 科技资讯,2013(10):216-218.

[102] 左松林. 行为经济学对风险投资的启示[J]. 当代财经,2005(2):107-109.

[103] 张铁男,罗晓梅. 产业链分析及其战略环节的确定研究[J]. 工业技术经济,2005,24(6):77-78.

[104] 刘艳艳,马国胜. 云南珠宝玉石业现状的SWOT分析[J]. 宝石和宝石学杂志,2008(1):59-62.

[105] 白晨光,邓坤. 翡翠饰品质量等级评价[J]. 中国翡翠(专业版),2012(01).

[106] 张位及. 云南珠宝业发展的思考[J]. 宝石和宝石学杂志,2003,5(1):36-37.

[107] 王吕蓉. 资产评估行业存在的问题及原因分析[J]. 经济研究导刊,2013(13):191-192.

[108] 周永哲,等. 我国黄金珠宝首饰典当行业的现状及其影响因素分析[J]. 宝石和宝石学杂志,2012,14(1):56-62.

[109] 黄斌,等. 三种估价方法在钻石首饰评估中的应用[J]. 中国宝玉石,2013(2):160-163.

[110] 张蓓莉, 陈华, 孙凤民. 珠宝首饰评估[M]. 北京: 地质出版社, 2000.

[111] 周春喜. 珠宝首饰的价值理论及估价方法选择[J]. 价格理论与实践, 2003 (1): 34-36.

[112] 朱小春, 等. 农产品价格波动及其调控机制研究[J]. 当代经济, 2017 (28): 72-74.

[113] 杨松利, 张清华. 云南省珠宝玉石产业发展的 SWOT (优势、劣势、机遇、威胁) 分析及对策研究[J]. 经济问题探索, 2011 (5): 76-79.

[114] 朱哲, 祖恩东. 探析我国珠宝首饰的电子商务营销[J]. 中国商论, 2013 (9X): 93-94.

[115] 张晓, 任喜莹. 不确定条件下的决策——从行为经济学视角解析[J]. 生产力研究, 2008 (20): 21-23.

[116] 刘道荣, 郭春林. 翡翠赌石入门百科[M]. 北京: 化学工业出版社, 2014.

[117] 徐军. 翡翠赌石技巧与鉴赏[M]. 昆明: 云南美术出版社, 2006.

[118] 林彩云. 行为经济学发展历程综述[J]. 思想战线, 2009 (S2): 104-106.

[119] 史金艳, 李凯, 李亚宁. 行为经济学对经济人假设的重新审视[J]. 商业研究, 2006 (5): 31-33.

[120] 朱富强. 行为经济学的微观逻辑基础: 基本假设和分析维度[J]. 社会科学战线, 2011 (10): 39-51.

[121] 陈柳钦. 行为经济学的起源、萌芽、成长、繁荣及其发展趋势[J]. 创新, 2012, 6 (3): 51-59.

[122] 李树. 行为经济学的理论框架及其评析[J]. 探索, 2003 (3): 51-54.

[123] 马广奇, 张林云. 行为经济学的逻辑主线和理论贡献[J]. 重庆工商大学学报, 2009, 26 (3): 17-22.

[124] 金世斌. 彩票消费的行为经济学解释[J]. 体育与科学, 2009, 30 (2): 5-8, 27.

[125] 蒋和胜. 中国经济改革与发展的十大态势分析[J]. 理论与改革,

2004（6）：77-79.

[126] 张谐韵. 我国食糖价格波动趋势及预测——基于 GARCH 模型的分析[J]. 价格理论与实践，2012（10）：52-53.

[127] 孙成芳，孙博. 后凯恩斯框架下的垄断价格理论及启示[J]. 山西财经大学学报，2012，34（S1）：14-15.

[128] 孙颖. 我国生产者价格指数与消费者信心指数的关系研究——基于 VAR 模型的实证分析[J]. 价格理论与实践，2014（8）：78-80.

[129] 邓磊. 我国钢材价格波动趋势及影响因素的实证研究[J]. 价格理论与实践，2014（8）：78-80.

[130] 夏凡捷，夏新念. 农产品价格波动时的数理微分模型分析[J]. 统计与决策，2013（14）：58-61.

[131] 张艺山. 高级珠宝互动设计成因探析[J]. 艺术教育，2015（2）：250-253.

[132] 郭保平. 价格改革的宏观调整控制模型[J]. 价格理论与实践，1987（1）：11-13.

[133] 聂玮. 加强价格调研工作的思考[J]. 价格与市场，2002（12）：25-26.

[134] 白暴力. 新古典市场价格理论的缺陷与马克思市场价格理论基础的构建（上篇）[J]. 当代经济研究，2004（2）：3-8，73.

[135] 白暴力. 新古典市场价格理论的缺陷与马克思市场价格理论基础的构建（下篇）[J]. 当代经济研究，2004（3）：8-12，74.

[136] 王万山. 均衡价格理论演进的历史脉络[J]. 西安财经学院学报，2005（6）：16-21.

[137] 李卫华. 均衡价格理论剖析[J]. 科学经济社会，2012，30（3）：30-34.

[138] 胡进. 生产价格理论与均衡价格理论的比较研究[J]. 当代经济研究，2004（2）：46-50.

[139] 蒋朝胜. 我国价格改革和价格理论发展简析[J]. 市场经济与价格，2012（11）：21-24.

[140] 李世福. 世界价格理论研究成果综述[J]. 太原师范学院学报（社会

科学版），2007（1）：31-35.

[141] 王秀梅，马亚平. 试论劳动价值理论与均衡价格理论的融合[J]. 经济与管理，2007（10）：86-89.

[142] 余生福. 关于马克思的价格理论与均衡价格理论的比较探索[J]. 理论与改革，1994（11）：3.

[143] 汪建坤. 五种价格理论及其比较分析[J]. 数量经济技术经济研究，2001（1）：91-93.

[144] 伍世安，杨林枫. 西方价格理论的发展[J]. 当代财经，1992（7）：13-17，27.

[145] 冯一桢. 商品定价与价格传导理论的研究[D]. 杭州：浙江大学，2010.

[146] 申成霖，张新鑫. 策略性消费下的新产品定价模型研究[J]. 价格理论与实践，2011（9）：75-76.

[147] 袁文颂. 创新价格调研方式促进经济又快又好发展[J]. 中国价格监督检查，2009（10）：19-20.

[148] 王平. 珠宝价格战理性辨析[N]. 热点透视，2000-12-20.

[149] 华语. 翡翠的价格是怎样定的[N]. 中国老年报，2003-02-21.

[150] Russell Shor，李奇. 什么原因导致珠宝价格上涨[J]. 宝石与宝石学杂志，2003（2）：49.

[151] 陈杰. 翡翠市场呈现低端化走向[N]，北京商报，2010-05-14.

[152] 胡静. 玉石价格近期飞涨3成[N]. 消费日报，2010-07-16.

[153] 王秉杰. 翡翠精品十年涨数倍投资首看选材[J]. 中国拍卖，2005（11）：39.

[154] 何利. 高档翡翠今年涨幅50%[N]. 民营经济报，2007-10-30.

[155] 刘煜辉. 古玩珠宝价格一路飙升 翡翠玉石投资渐入佳境[J]. 中国经贸，2008（11）：86-87.

[156] 梁钟荣. 翡翠产业链上疯狂剧情[N]. 中国矿业报，2014-01-25.

[157] 蒋亮智，喻学惠. 我国珠宝行业发展现状与展望[J]. 资源与产业，2013，15（4）：87-91.

[158] 黄双. 广东省翡翠产业集群浅析[J]. 科技创新导报，2009

(4）：91.

[159] 李新英，刘晓亮. 高温高压人工合成翡翠研究[J]. 新疆有色金属，2010，33（S1）：81-84.

[160] 申绅. 翡翠的制作和鉴定方法[J]. 艺术市场，2005（7）：71.

[161] 沈才卿. 翡翠的高温超高压法人工合成实验[J]. 中国宝玉石，2006（1）：46-51.

[162] 龙远宏. 翡翠——"缅甸身，中华魂"[J]. 收藏界，2008（10）：70-73.

[163] 于波. 广东南海平洲翡翠业的产业集群研究[J]. 宝石与宝石学杂志，2005（1）：38-42.

[164] 马佳. 被扼住咽喉的翡翠生意[J]. 中国黄金珠宝，2013（18）：16-18.

[165] 中国黄金报. 中国翡翠业迅猛发展设计却300年没变[N]. 中国黄金报，2005-03-15.

[166] 姬万里. 资源几尽枯竭、需求旺盛翡翠投资演绎"疯狂的石头"[N]. 经济视点报，2013-08-22.

[167] 陈颖. 原始供应趋紧搅动翡翠业[N]. 深圳特区报，2013-02-26.

[168] 王宏坤. 四大瓶颈制约翡翠行业发展[N]. 中国矿业报，2006-08-26.

[169] 欧阳秋眉. 缅甸原料拍卖会结果能否成为成品价格的风向标？[J]. 中国宝玉石，2010（6）：128-131.

[170] 孙广勇，吴成良. 探访缅甸翡翠产区[N]. 人民日报，2011-02-24.

[171] 刘旦. 姐告早市淘翡翠[J]. 东方藏品，2014（4）：112-117.

[172] 施律. 云南腾冲翡翠交易内幕[J]. 阅读文摘，2008（1）：95-99.

[173] 曹原. "公盘"疯狂翡翠商冷眼旁观　下半年翡翠不会暴涨[N]. 上海证券报，2013-07-01.

[174] 冯莹. 从近几年缅甸翡翠"公盘"看翡翠市场发展[J]. 中国宝玉石，2014（6）：68-72.

[175] 雪冬. 翡翠国标能帮多大忙[N]. 中国矿业报，2010-04-03.

[176] 王雪冬. 翡翠分级有了"国标"　如何推广是关键[N]. 中国文化

报，2010-03-18.

[177] 雷俊峰. 翡翠分级意味着什么[N]. 民营经济报，2007-12-18.

[178] 许如彭. 珠宝的分级标准和评估[J]. 上海计量测试，2006（6）：9-14.

[179] 潘建强. 翡翠原石（赌石）的分类[J]. 宝石与宝石学杂志，2014，16（3）：12-23.

[180] 陈希琳. 南红玛瑙 收藏正当红[J]. 财经，2014（6）：70-71.

[181] 高蓉. 实物期权方法在新能源项目投资估值中的应用研究[D]. 西安：西安电子科技大学，2019.

[182] 国家发展改革委，外交部，商务部. 推动共建丝绸之路经济带和21世纪海上丝绸之路的愿景与行动[N]. 新华社，2015-03-28.

[183] 智研咨询. 2018年中国珠宝行业发展规模分析：珠宝首饰行业规模已达7000亿[EB/OL].（2019-11-20）. https://www.chyxx.com/industry/201911/807609.html.

[184] 穆晓菲. 2020年中国珠宝行业发展现状与前景分析：市场规模稳定增长[EB/OL]. https://qianzhan.com/analyst/detail/220/200323-3beqda52.html.

[185] 对庄翡翠，广东省翡翠产业协会. 2017中国翡翠消费白皮书[N/OL].（2018-01-29）. 网易新闻：https://www.163.com/news/18/0130/11/D9D4HII000018AOR.html.

[186] 对庄翡翠，中国珠宝玉石首饰行业协会. 2018中国翡翠行业网络消费白皮书[N/OL].（2019-05-15）. https://baijiahao.baidu.com/s?id=16330 6192326947 9347&wfr=spider&for=pc.

[187] 翡翠玉石网. 中国翡翠行业现状及发展趋势，行业进入理性经营平稳发展新常态[EB/OL]. https://www.vcys.cn/zgfcys/vip_doc/20127744.html.

[188] 云南省人民政府. 云南省人民政府关于加快石产业发展的意见[J]. 建材发展导向，2011（3）：10-13.

[189] 淘宝网. 中国珠宝行业分析和走势[N]. http://www.glgem.com/article/2012/03/22/577.html.

[190] 蔡荣均. 翡翠征税这个局永远无解[Z]. http://blog.sina.com.cn/s/blog_4adbcce90102vfv0.html.

[191] 瑞丽市税务局. 翡翠成品税款征收在这个地方公布了：多赚多交，少赚少交[N]. https：//www.sohu.com/a/401105281_100266200. 2020.06.05.

[192] 中国产业发展研究网. 2017年中国珠宝市场各产品结构分析[N]. www.chinaidr.com/tradenews/2017-05/112670.html. 2017.5.10.

[193] 搜狗百科. 消费者权益[Z]. https：//baike.sogou.com.

[194] 钟亚杰，符涛，林宇菲. 翡翠"护照"诞生记[N]. 云南经济日报，2011-01-27.

[195] H Leibenstein. Bandwagon, Snob, and Veblen Effects in the Theory of Consumers' Demand[J]. Quarterly Journal of Economics, 1950.

[196] JA. Brickley, R. Dark. The Choice of Organizationgal Form：The Case of Franchising[J]. Journal of Financial Economics, 1987 (18)：401-420.

[197] Miller, Anna M. Gems and Jewelry Appraising：Techniques of Professional Practice[M]. New York：Van Nost rand Rein2hold, 1988.

[198] CioniF. and Milleri M., "From Number of Sales to Market Share：The Determinants of the Market Position (Quantitative) of Supermarket", Seminar on Adding Value to Retail Offerings, Edinburgh (1989)：12-14.

[199] Susan A. Shaw, Donald J. Nisbet, John Dawson. Economics of Scale in U K Supermarkets：Some Preliminary Finding[J]. International Journal of Retailing, 1989, 4 (1)：12-16.

[200] B. Dubois, Gilles Laurent. Attitudes Towards the concept of luxury：an exploratory analysis[J]. Asia Pacific Advances in Consumer Research, 1994.

[201] Robert, Cervero. Rail Transit and Joint Development：Land Market Impacts in Washington, D.C. and Atlanta[J]. Journal of the American Planning Association, 1994, 60 (1)：83-94.

[202] Richard H Cartier. Professional Jewellery Appraising[M]. Canada：Fischer Presses, 1996.

[203] Stephen C. Graves, David B. Klettor, William B. Hetzel. A Dynamic Model for Requirements Planning with Application to Supply Chain Optimization[J]. Operation Research, 1998, 12 (3)：35-49.

[204] Vigneron Fraack. A Review and Conceptual Framework of Prestige-Seeking

Consumer Behavior [J]. Acadamy of Marketing Science Review, 1999.

[205] Ş. Selçuk Erengüç a, N. C. Simpson b, Asoo J. Vakharia C. Integrated production/distribution planning in supply chain: an invited review [J]. European Journal of Operational Research, 1999, 115 (24): 219 – 236.

[206] Simon Croom, Pitoro Romano, Mihalis Giannakis. Supply chain Management: an Analytical Framework for Critical Literature review [J]. European Journal of Purchasing&Supply Management, 2000, 6 (6): 67 – 83.

[207] Vickers, Jonathan S.. The Marketing of Luxury Goods: an exploratory study-three conceptual dimensions [J]. Marketing Review, 2003.

附件：

翡翠样品及评分表

序号	编号	品名	销售形式	琢形	镶嵌	色	分值	水	分值	跟	分值	种	分值	工	分值	综合	分值	总评分	定级	预估价	成交价（元）
1	Lot0126	18K白金镶钻石翡翠戒指	拍卖	戒指	镶嵌	S1	360	M1	210	J1	102	Z1	55	Q1	50	H1	75	852	TG2	38000港币	33820
2	Lot0104	天然翡翠配钻石吊坠戒指	拍卖	戒指	镶嵌	S1	368	M2	205	J1	90	Z1	40	Q1	50	H1	70	823	TG2	120000~250000港币	170880
3	Lot0015	天然翡翠配钻石戒指	拍卖	戒指	镶嵌	S1	368	M2	205	J1	90	Z1	40	Q1	51	H1	76	830	TG2	40000~60000港币	44856
4	Lot8540	缅甸天然紫罗兰翡翠配钻石戒指	拍卖	戒指	镶嵌	S3	80	M3	60	J1	86	Z2	18	Q2	36	H2	50	330	G2	无	5750
5	Lot2018	黄翡戒指	拍卖	戒指	镶嵌	S3	98	M2	198	J1	90	Z1	50	Q2	42	H2	52	530	VG1	17000~19000	19550
6	Lot2021	翡翠双色戒指	拍卖	戒指	镶嵌	S3	98	M2	180	J1	92	Z1	40	Q2	41	H2	55	506	VG1	25000~28000	28750
7	Lot1883	天然翡翠马鞍戒指	拍卖	戒指	镶嵌	S1	302	M2	170	J1	93	Z1	60	Q2	45	H2	50	720	TG3	80000~120000港币	139062

续表

序号	编号	品名	销售形式	琢形	镶嵌	色	分值	水	分值	瑕	分值	种	分值	工	分值	综合	分值	总评分	定级	预估价	成交价（元）
8	Lot0597	翡翠钻石铂金戒指	拍卖	戒指	镶嵌	S1	370	M1	220	J1	102	Z1	35	Q1	58	H1	82	867	TG2	22000~32000 港币	6236
9	Lot0426	天然老坑种翡翠配钻石戒指	拍卖	戒指	镶嵌	S1	380	M1	223	J1	103	Z1	40	Q1	56	H1	81	883	TG2	193000~250000	268986
10	Lot0198	天然翡翠配钻石戒指	拍卖	戒指	镶嵌	S1	388	M1	240	J1	100	Z1	38	Q1	52	H1	78	896	TG2	60000~90000 港币	90780
11	Lot0027	天然紫翡翠及钻石戒指	拍卖	戒指	镶嵌	S3	88	M2	80	J1	90	Z1	31	Q1	52	H2	53	394	G1	48000~98000 港币	64080
12	Lot3135	缅甸天然冰种翡翠配钻石蛋面戒指	拍卖	戒指	镶嵌	S3	78	M1	220	J1	90	Z1	22	Q1	53	H2	45	508	VG1	6000	8050
13	Lot2089	名家设计，缅甸天然翡翠配钻石戒指	拍卖	戒指	镶嵌	S1	382	M1	223	J1	112	Z1	55	Q1	49	H1	72	893	TG2	95000~150000 港币	92417
14	Lot1764	天然翡翠配钻石戒指	拍卖	戒指	镶嵌	S1	360	M2	202	J1	86	Z1	52	Q1	50	H2	60	810	TG2	600000~700000 港币	866415

续表

序号	编号	品名	销售形式	琢形	镶嵌	色	分值	水	分值	眼	分值	种	分值	工	分值	综合	分值	总评分	定级	预估价	成交价（元）
15	Lot1988	翡翠及钻石戒指	拍卖	戒指	镶嵌	S1	355	M2	206	J1	98	Z1	55	Q1	52	H1	73	839	TG2	200000~300000 港币	311500
16	Lot3058	马眼形翡翠配钻石戒指	拍卖	戒指	镶嵌	S1	340	M1	212	J1	90	Z1	52	Q1	55	H1	83	832	TG2	45000~65000	51750
17	Lot3073	翡翠马鞍配钻石戒指	拍卖	戒指	镶嵌	S1	320	M2	120	J2	70	Z1	40	Q1	52	H2	51	653	T1		2300
18	Lot5128	缅甸天然黄色翡翠蛋面配钻石戒指	拍卖	戒指	镶嵌	S3	50	M2	88	J2	65	Z1	36	Q2	45	H2	46	330	G2		25300
19	Lot1100	3.64克拉，天然紫罗兰帝王紫翡翠蛋面配钻石戒指	拍卖	戒指	镶嵌	S2	279	M1	220	J1	115	Z1	55	Q1	53	H1	80	802	TG2	40000~60000	46000
20	Lot1789	天然翡翠马鞍戒指	拍卖	戒指		S1	388	M2	200	J1	110	Z1	55	Q1	50	H1	85	888	TG2	500000~700000 港币	945625
21	Lot0056	翡翠戒指（一对）	拍卖	戒指		S4	20	M3	30	J3	55	Z2	15	Q2	30	H2	42	192	TG2	100~200 美元	620

续表

序号	编号	品名	销售形式	镶嵌	琢形	色	分值	水	分值	瑕	分值	种	分值	工	分值	综合	分值	总评分	定级	预估价	成交价（元）
22	Lot0967	清，翡翠手串配碧玺	拍卖		手（项）链	S2	188	M3	40	J3	16	Z2	40	Q2	25	H2	43	352	G1	3000~5000美元	29325
23	Lot1625	天然翡翠（怀古）配钻石手链	拍卖	镶嵌	手（项）链	S1	310	M2	187	J1	101	Z1	54	Q1	50	H1	88	790	TG3	220000~280000港币	289250
24	Lot1993	翡翠及钻石手链	拍卖	镶嵌	手（项）链	S1	360	M1	230	J1	108	Z1	52	Q1	56	H1	80	886	TG2	2500000~3500000港币	272340
25	Lot2135	翡翠天然紫罗兰翡翠手镯	拍卖		手镯	S2	240	M2	202	J1	98	Z1	35	Q2	32	H2	48	655	T1	480000~680000港币	504096
26	Lot2091	缅甸天然墨翠手镯	拍卖		手镯	S3	95	M2	100	J1	102	Z1	52	Q1	51	H1	73	473	VG2	40000~60000港币	21004
27	Lot0163	翡翠手镯	拍卖		手镯	S3	90	M2	200	J1	88	Z1	40	Q2	35	H2	46	499	VG2	8000	35000
28	Lot1195	天然冰种三色翡翠手镯	拍卖		手镯	S3	80	M3	70	J3	54	Z2	17	Q2	38	H2	46	305	G2	12000~16000美元	103500

续表

序号	编号	品名	销售形式	镶嵌	琢形	色	分值	水	分值	眼	分值	种	分值	工	分值	综合分值	总评分	定级	预估价	成交价（元）
29	Lot0639	糯种翡翠圆条手镯	拍卖		手镯	S1	340	M2	178	J1	108	Z1	45	Q1	50	H1	84	805	TG2	850000~1000000	931500
30	Lot2210	糯冰种翡翠圆条手镯	拍卖		手镯	S3	92	M2	203	J2	62	Z1	42	Q1	50	H1	75	524	VG1	75000	115000
31	Lot0644	冰种翡翠圆条手镯	拍卖		手镯	S1	372	M1	220	J2	62	Z1	52	Q1	52	H1	87	845	TG2	6000000~8000000	6670000
32	Lot2212	黄翡手镯	拍卖		手镯	S3	68	M3	70	J2	62	Z1	36	Q1	50	H2	42	328	G2	3000	4600
33	Lot2006	天然翡翠圆条手镯	拍卖		手镯	S1	320	M2	168	J1	88	Z1	45	Q1	52	H1	88	761	TG3	3800000~7600000 港币	4895000
34	Lot2160	缅甸天然翡翠圆条手镯	拍卖		手镯	S1	390	M1	240	J1	115	Z1	56	Q1	55	H1	98	954	TG1		53035100
35	Lot0063	天然翡翠手镯	拍卖		手镯	S1	370	M1	230	J1	110	Z1	52	Q1	50	H1	80	892	TG2	5000000 港币	4450000
36	Lot2057	天然甜花翡翠手镯	拍卖		手镯	S1	302	M2	100	J1	88	Z1	46	Q1	55	H1	90	681	T1	150000~218000	149500
37	Lot0793	红翡手镯	拍卖		手镯	S3	99	M1	210	J2	65	Z1	35	Q1	50	H1	72	531	VG1	4000~5000 港币	8010

续表

序号	编号	品名	销售形式	琢形	镶嵌	色	分值	水	分值	瑕	分值	种	分值	工	分值	综合	分值	总评分	定级	预估价	成交价（元）
38	Lot0430	天然玻璃种翡翠手镯	拍卖	手镯		S3	98	M1	255	J1	115	Z1	58	Q1	50	H1	90	666	T1	456000~625000	632909
39	Lot6931	清，翡翠绞丝手镯	拍卖	手镯		S3	80	M3	70	J1	105	Z1	48	Q1	56	H1	88	447	VG3	70000~120000	80500
40	Lot2089	红翡手镯	拍卖	手镯		S3	85	M3	30	J2	63	Z2	16	Q2	33	H2	55	282	G3	188235美元	2193792
41	Lot3704	清，翡翠贵妃手镯	拍卖	手镯		S1	335	M2	180	J1	90	Z1	45	Q1	55	H1	75	780	TG3	10000~30000	207000
42	Lot0013	天然翡翠配钻石项链	拍卖	手（项）链	镶嵌	S1	320	M1	210	J1	88	Z1	55	Q1	56	H1	89	818	TG2	78000~150000港币	160200
43	Lot0577	翡翠达设计，缅甸天然翡翠珠配钻石项链	拍卖	串珠		S1	368	M1	220	J1	105	Z1	50	Q1	52	H1	84	879	TG2		40250000
44	Lot0613	翡翠珠链	拍卖	串珠		S1	340	M2	190	J1	88	Z1	36	Q1	50	H2	55	759	TG3	3000000港币	9790000

续表

序号	编号	品名	销售形式	琢形	镶嵌	色	分值	水	分值	瑕	分值	种	分值	工	分值	综合	分值	总评分	定级	预估价	成交价（元）
45	Lot2046	天然紫罗兰翡翠珠项链	拍卖	串珠		S2	265	M2	165	J1	89	Z1	36	Q1	51	H1	72	678	T1	5000000~8000000 港币	5429000
46	Lot0125	18K 白金镶钻石翡翠（叶子）吊坠配项链	拍卖	挂件	镶嵌	S1	330	M1	210	J1	86	Z1	50	Q1	50	H1	72	798	TG3	400000 港币	356000
47	Lot0086	天然翡翠配钻石吊坠项链	拍卖	挂件	镶嵌	S1	368	M1	220	J1	100	Z1	55	Q1	52	H1	80	875	TG2	230000~350000 港币	245640
48	Lot0148	王国清及王凯设计，天然冰种翡翠"莲花度母"吊坠项链	拍卖	挂件	镶嵌	S1	283	M1	250	J1	110	Z1	55	Q1	53	H1	72	823	TG2	280000~480000 港币	288360
49	Lot2033	天然冰种翡翠配钻石项链	拍卖	挂件	镶嵌	S2	260	M1	240	J1	90	Z1	55	Q1	52	H1	73	770	TG3	35000~50000	40250
50	Lot2054	天然翡翠"豆荚"配红宝石、钻石项链	拍卖	挂件	镶嵌	S1	370	M1	220	J1	98	Z1	56	Q1	50	H1	78	872	TG2	200000~250000	203540

续表

序号	编号	品名	销售形式	琢形	镶嵌	色	分值	水	分值	瑕	分值	种	分值	工	分值	综合	分值	总评分	定级	预估价	成交价（元）
51	Lot1924	翡翠及钻石吊坠项链	拍卖	挂件		S1	290	M1	210	J1	86	Z1	48	Q1	50	H2	52	736	TG3	380000～580000 港币	422750
52	Lot1102	天然无色冰种翡翠"观音"配绿色翡翠及钻石吊坠项链	拍卖	挂件	镶嵌	S3	98	M1	256	J1	115	Z1	58	Q1	55	H1	89	671	T1	380000～600000	437000
53	Lot1841	天然翡翠环配钻石项链	拍卖	挂件		S1	310	M2	205	J1	90	Z1	45	Q1	50	H2	50	750	TG3	15000000～20000000 港币	13759400
54	Lot4620	18K 金镶钻翡翠福豆吊坠连项链	拍卖	挂件	镶嵌	S3	95	M1	255	J1	115	Z1	58	Q1	56	H1	95	674	T1	1000～2000	8050
55	Lot0184	天然翡翠"高山仰止"花牌吊坠项链	拍卖	挂件		S1	360	M1	212	J1	106	Z1	52	Q1	54	H1	89	873	TG2	100000～180000 港币	128160
56	Lot0235	冰种满绿翡翠如意挂件	拍卖	挂件	镶嵌	S1	386	M1	230	J1	109	Z1	52	Q1	55	H1	95	927	TG1	1000000～1500000	3000000

续表

序号	编号	品名	销售形式	琢形形式	镶嵌	色	分值	水	分值	瑕	分值	种	分值	工	分值	综合分值	总评分	定级	预估价	成交价（元）
57	Lot8539	缅甸天然紫罗兰翡翠蛋面配钻石及蓝宝石吊坠	拍卖	挂件	镶嵌	S2	256	M2	189	J1	87	Z1	40	Q1	50	H1	72	694	T1		13800
58	Lot5479	"宝宝佛"翡翠吊坠	拍卖	挂件		S1	368	M1	210	J1	90	Z1	48	Q1	51	H1	74	841	TG2	850000~1000000	10120000
59	Lot8566	缅甸天然冰种满绿翡翠"观音"配钻石吊坠	拍卖	挂件	镶嵌	S1	389	M1	250	J1	115	Z1	58	Q1	52	H1	78	912	TC1	1300000~1800000	1495000
60	Lot8542	缅甸天然冰种翡翠"佛公"配钻石吊坠	拍卖	挂件		S2	260	M1	255	J1	110	Z1	57	Q1	52	H1	72	806	TG2		25300
61	Lot2085	翡翠福禄寿挂件	拍卖	挂件		S2	270	M1	210	J2	80	Z1	38	Q1	55	H1	90	743	TG3	1370000 港币	1402195
62	Lot2089	18K金翡翠灵芝吊坠	拍卖	挂件	镶嵌	S1	265	M2	200	J1	87	Z1	49	Q1	50	H1	76	727	TG3	2200000 港币	2251700

续表

序号	编号	品名	销售形式	琢形	镶嵌	色	分值	水	分值	暇	分值	种	分值	工	分值	综合	分值	总评分	定级	预估价	成交价（元）
63	Lot2002	翡翠福瓜吊坠	拍卖	挂件		S1	285	M2	201	J1	86	Z1	39	Q1	50	H1	72	733	TG3	12000~14000	14950
64	Lot2135	天然满绿翡翠"玉叶"配钻石吊坠	拍卖	挂件	镶嵌	S1	370	M1	215	J1	108	Z1	55	Q1	51	H1	73	872	TG2	1500000~1800000	1725000
65	Lot8661	缅甸天然冰种满绿翡翠"佛公"配钻石吊坠	拍卖	挂件	镶嵌	S1	388	M1	240	J1	105	Z1	52	Q1	50	H1	74	909	TG1	4800~6000000	5520000
66	Lot1860	天然翡翠翎管吊坠	拍卖	挂件		S1	312	M1	210	J1	86	Z1	39	Q1	55	H1	74	776	TG3	30000~50000	37500
67	Lot2072	缅甸天然翡翠"如意聚爆"吊坠	拍卖	挂件		S1	390	M1	250	J1	113	Z1	57	Q1	56	H1	85	951	TG1	13000000~18000000 港币	12602400
68	Lot0355	K白金镶翡翠观音吊坠	拍卖	挂件	镶嵌	S1	380	M1	245	J1	102	Z1	52	Q1	52	H1	80	911	TG1	60000~80000 港币	62300

续表

序号	编号	品名	销售形式	琢形	镶嵌	色	分值	水	分值	瑕	分值	种	分值	工	分值	综合分值	总评分	定级	预估价	成交价（元）
69	Lot0048	冰种紫翡翠"弥勒佛"吊坠	拍卖	挂件		S3	89	M1	210	J1	86	Z1	32	Q1	50	H1	72	539	VG1		7565
70	Lot0162	18K白金镶钻石红翡翠吊坠	拍卖	挂件	镶嵌	S3	88	M2	200	J1	85	Z1	30	Q1	50	H1	72	525	VG1	3000 港币	4450
71	Lot0196	黄翡翠"招财进宝"吊坠	拍卖	挂件		S4	19	M2	150	J2	62	Z1	32	Q1	50	H1	71	384	G1	3000 港币	2670
72	Lot0125	天然冰种翡翠配天然钻石"鸳鸯"吊坠	拍卖	挂件	镶嵌	S1	310	M1	240	J1	110	Z1	55	Q1	53	H1	80	848	TG2	120000~180000 港币	138840
73	Lot0635	冰种翡翠观音童子挂件	拍卖	挂件		S1	365	M1	250	J1	110	Z1	58	Q1	56	H1	89	928	TG1	280000~400000	322000
74	Lot186	黄翡翠有余挂件	拍卖	挂件		S4	15	M3	30	J3	15	Z3	5	Q3	20	H3	30	115			890
75	Lot208	墨翠观音挂件	拍卖	挂件		S3	95	M2	120	J2	62	Z1	40	Q2	46	H2	50	413	VG3	4000~6000 港币	1335

续表

序号	编号	品名	销售形式	琢形	镶嵌	色	分值	水	分值	瑕	分值	种	分值	工	分值	综合分值	总评分	定级	预估价	成交价（元）
76	Lot2736	民国，翡翠"观音"勒子	拍卖	挂件		S2	220	M2	132	J2	62	Z1	26	Q2	32	H2	50	522	VG1	20000 港币	26700
77	Lot3074	天然翡翠配钻石吊坠（蓝水）	拍卖	挂件	镶嵌	S2	240	M1	210	J1	102	Z1	55	Q1	50	H1	88	745	TG3		9200
78	Lot0588	福瓜翡翠挂件	拍卖	挂件		S1	389	M1	220	J1	112	Z1	56	Q1	53	H1	91	921	TG1	360000～500000	437000
79	Lot0589	冰种圆圆满满翡翠挂件	拍卖	挂件		S1	310	M1	240	J1	86	Z1	52	Q1	50	H1	72	810	TG2	120000～150000	172500
80	Lot0428	天然老坑冰种翡翠配钻石弥勒佛吊坠	拍卖	挂件	镶嵌	S1	356	M1	215	J1	88	Z1	55	Q1	50	H1	72	836	TG2	1140000～1480000	1582273
81	Lot2122	缅甸天然翡翠配钻石"怀古"耳环	拍卖	耳坠	镶嵌	S1	380	M1	240	J1	112	Z1	55	Q1	56	H1	88	931	TG1	120000～180000 港币	63012
82	Lot0089	18K 白金镶钻石翡翠耳环（一对）	拍卖	耳坠	镶嵌	S2	160	M1	210	J2	65	Z1	30	Q1	50	H2	50	565	T3	30000 港币	26700

续表

序号	编号	品名	销售形式	琢形	镶嵌	色	分值	水	分值	瑕	分值	种	分值	工	分值	综合	分值	总评分	定级	预估价	成交价（元）
83	Lot1666	天然翡翠配钻石及红宝石"双喜临门"耳环（一对）	拍卖	耳坠	镶嵌	S1	356	M1	220	J1	105	Z1	55	Q1	56	H1	90	882	TG2	6000000~8000000 港币	7565000
84	Lot8638	缅甸天然绿翡翠"葫芦"配钻石耳环（一对）	拍卖	耳坠	镶嵌	S1	380	M1	250	J1	116	Z1	52	Q1	52	H1	80	930	TG1		32200
85	Lot2130	天然满绿翡翠配钻石耳环（一对）	拍卖	耳坠	镶嵌	S1	300	M1	210	J2	62	Z1	40	Q1	52	H1	81	745	TG3	28000~40000	32200
86	Lot1103	天然老坑种帝王绿翡翠"蛋面"配钻石耳环（一对）	拍卖	耳坠	镶嵌	S1	340	M1	248	J1	114	Z1	56	Q1	52	H1	82	892	TG2	1600000~2500000	1840000
87	Lot3951	清, 翡翠发簪	拍卖	杂项		S2	270	M2	150	J2	80	Z1	25	Q2	30	H2	42	597	T3	100000~200000 日元	6000

续表

序号	编号	品名	销售形式	琢形	镶嵌	色	分值	水	分值	瑕	分值	种	分值	工	分值	综合	分值	总评分	定级	预估价	成交价（元）
88	Lot0807	清，翡翠雕云蝠图寿字板指	拍卖	杂项		S2	200	M2	80	J2	62	Z1	23	Q2	30	H2	42	437	VG3	350000~650000	667000
89	Lot1785	清翡翠翎管	拍卖	杂项		S2	150	M2	81	J2	62	Z1	22	Q2	40	H2	55	410	VG3		2000
90	Lot0017	天然翡翠一百零八念珠	拍卖	串珠		S1	345	M1	212	J1	90	Z1	48	Q1	50	H1	80	825	TG2	1680000	1800000
91	Lot6935	翡翠山水牌	拍卖	挂件		S1	288	M1	210	J1	108	Z1	48	Q1	55	H1	88	797	TG3		13800
92	Lot0126	清，翡翠福寿玉佩	拍卖	挂件		S3	50	M3	50	J3	36	Z2	12	Q3	20	H2	15	183			5750
93	Lot2138	珍稀绝伦缅甸天然"帝王绿"翡翠蛋面配钻石项链及耳环套装	拍卖	手（项）链	镶嵌	S1	385	M1	220	J1	116	Z1	56	Q1	56	H1	90	923	TG1		63012000
94	Lot2032	缅甸天然翡翠胸针、戒指、耳环及吊坠套装	拍卖	手（项）链	镶嵌	S2	270	M2	120	J1	108	Z1	55	Q1	56	H1	88	697	T1	60000~120000 港币	33606

续表

序号	编号	品名	销售形式	琢形	镶嵌	色	分值	水	分值	瑕	分值	种	分值	工	分值	综合	分值	总评分	定级	预估价	成交价（元）
95	Lot1304	清，翡翠雕喜上眉梢纹盖瓶	拍卖	摆件		S1	282	M1	210	J2	65	Z1	48	Q1	56	H1	88	749	TG3	500000~800000 日元	216000
96	Lot0020	清，翡翠雕天鸡尊	拍卖	摆件		S2	140	M3	70	J2	45	Z1	25	Q1	55	H1	75	410	VG3	2000~3000	38000
97	Lot1299	翡翠螭龙福寿纹瓶	拍卖	摆件		S3	50	M3	40	J3	35	Z1	22	Q1	56	H2	60	263	G3	300000~450000 日元	72000
98	Lot0636	翡翠茶壶	拍卖	摆件		S2	120	M3	62	J3	40	Z2	14	Q1	54	H2	50	340	G2	230000~260000	345000
99	Lot0045	翡翠活环海棠式香炉	拍卖	摆件		S2	160	M2	98	J2	70	Z1	30	Q1	55	H2	60	473	VG3	9800000	9800000
100	Lot0634	连年有鱼翡翠把件	拍卖	杂项		S2	270	M2	180	J1	100	Z1	50	Q1	50	H1	75	725	TG3	480000~580000	747500
101	Lot3060	清，天然翡翠麻姑献寿雕件	拍卖	摆件		S1	290	M2	100	J1	100	Z1	40	Q1	55	H2	60	645	T2	6000~9000 美元	69000
102	Lot1700	满色翡翠观音摆件	拍卖	摆件		S1	358	M1	220	J1	90	Z1	50	Q1	52	H1	88	858	TG2		31000000
103	Lot0645	前程似锦翡翠摆件	拍卖	摆件		S3	98	M3	50	J3	50	Z2	15	Q1	55	H1	80	348	G2	600000~800000	920000

续表

序号	编号	品名	销售形式	琢形	镶嵌	色	分值	水	分值	瑕	分值	种	分值	工	分值	综合	分值	总评分	定级	预估价	成交价(元)
104	Lot0044	翡翠镂雕松鹤鼻烟壶	拍卖	摆件		S1	340	M2	150	J1	90	Z1	52	Q1	55	H1	80	767	TG3	390000	390000
105	Lot0014	民国,冰种翡翠狮钮印章(一对)	拍卖	杂项		S2	210	M2	200	J1	88	Z1	48	Q1	50	H2	60	656	T1	100000~150000港币	151300
106	201605壹001	绿晴水连中三元	零售	挂件	镶嵌	S2	153	M2	200	J1	113	Z1	45	Q2	43	H3	37	591	T3	88000	42000
107	201605壹002	浅水绿仕女玉牌	零售	挂件		S2	226	M2	98	J1	106	Z1	35	Q2	38	H3	30	533	VG1	56000	53000
108	201605壹003	糯冰种丝瓜绿玉佛	零售	挂件		S3	76	M2	201	J2	80	Z1	38	Q2	35	H2	46	476	VG2	53000	55000
109	201605壹004	翠绿如意	零售	挂件	镶嵌	S1	388	M4	10	J1	86	Z2	15	Q2	30	H2	42	571	T3	110000	60000
110	201605壹005	金丝绿佛瓜	零售	挂件	镶嵌	S1	352	M2	150	J3	58	Z1	25	Q3	20	H3	23	628	T2	99000	80000
111	201605壹006	浅绿年年有鱼玉牌	零售	挂件		S2	244	M2	155	J2	62	Z2	12	Q2	32	H3	20	525	VG1	66000	62000

续表

序号	编号	品名	销售形式	琢形	镶嵌	色	分值	水	分值	瑕	分值	种	分值	工	分值	综合	分值	总评分	定级	预估价	成交价（元）
112	201605壹007	葱心绿金枝玉叶	零售	挂件	镶嵌	S1	364	M2	85	J2	76	Z2	18	Q2	40	H2	53	636	T2	85000	58000
113	201605壹008	艳绿色金枝玉叶	零售	挂件	镶嵌	S1	376	M3	44	J2	80	Z1	40	Q1	48	H2	67	655	T1	115000	99000
114	201605壹009	艳紫罗兰手镯一对	零售	手镯		S2	136	M3	30	J2	78	Z2	9	Q2	25	H2	46	324	G2	220000	240000
115	201605壹010	艳绿色葫芦	零售	挂件	镶嵌	S1	370	M2	130	J1	113	Z1	55	Q2	40	H1	72	780	TG3	99000	120000
116	201605壹011	金丝绿手镯	零售	手镯		S1	350	M2	170	J2	61	Z1	20	Q2	23	H3	37	661	T1	98000	48000
117	201605壹012	冰种金丝绿玉观音	零售	挂件		S1	351	M1	244	J3	53	Z1	30	Q2	30	H2	42	750	TG3	55000	78000
118	201605壹013	橙黄色黄翡玉佩一对	零售	挂件		S3	36	M3	66	J3	43	Z3	6	Q1	49	H2	45	245		86000	88000
119	201605壹014	江水绿玉玉牌	零售	挂件		S2	190	M1	220	J2	75	Z1	20	Q1	51	H2	60	616	T2	66000	72000
120	201605壹015	豆青绿玉佛	零售	挂件	镶嵌	S1	280	M3	51	J3	43	Z2	7	Q2	31	H3	35	447	VG3	66000	65000

续表

序号	编号	品名	销售形式	琢形	镶嵌	色	分值	水	分值	跟	分值	种	分值	工	分值	综合	分值	总评分	定级	预估价	成交价（元）
121	201605壹016	紫罗兰平安扣	零售	挂件		S3	24	M3	27	J2	63	Z3	6	Q3	17	H3	40	177			49000
122	201605壹017	玻璃种浅水绿玉佛	零售	挂件		S2	226	M1	255	J2	82	Z1	41	Q2	47	H1	74	725	TG3	72000	72000
123	201605壹018	金丝绿扣金枝玉叶	零售	挂件		S1	351	M2	202	J2	63	Z1	20	Q2	35	H2	60	731	TG3	66000	36000
124	201605壹019	金丝绿连中三元	零售	挂件	镶嵌	S1	349	M2	200	J1	92	Z1	20	Q2	24	H2	50	735	TG3	52000	98000
125	201605壹020	翠绿猛虎下山玉牌	零售	挂件		S1	386	M3	41	J2	61	Z2	18	Q1	48	H2	65	619	T2	98000	100000
126	201605壹021	丝瓜绿菊花吊牌	零售	挂件		S3	77	M1	216	J2	62	Z1	20	Q2	35	H2	45	455	VG2	120000	38000
127	201605壹022	艳绿色手镯	零售	手镯		S1	374	M1	244	J2	82	Z1	21	Q2	25	H2	68	814	TG2	50000	200000
128	201605壹023	金丝绿手镯	零售	手镯		S1	350	M2	207	J2	66	Z1	20	Q3	40	H2	70	753	TG3	210000	100000
129	201605壹024	绿晴水平安扣	零售	挂件		S2	154	M2	101	J3	43	Z2	11	Q3	17	H2	42	368	G1	200000	36000

续表

序号	编号	品名	销售形式	琢形	镶嵌	色	分值	水	分值	眼	分值	种	分值	工	分值	综合	分值	总评分	定级	预估价	成交价（元）
130	201605壹025	翠绿佛瓜	零售	挂件		S1	384	M1	211	J1	110	Z1	48	Q2	38	H2	68	859	TG2	158000	142000
131	201605壹026	阳绿佛瓜	零售	挂件		S1	328	M2	133	J1	99	Z1	22	Q2	35	H1	66	683	T1	168000	128000
132	201605壹027	阳俏绿平安扣	零售	挂件		S1	304	M2	98	J2	68	Z2	16	Q3	20	H2	61	567	T3	68000	48000
133	201605壹028	阳绿琢猴献寿	零售	挂件		S1	327	M2	188	J1	95	Z1	22	Q2	43	H2	70	745	TG3	128000	64000
134	201605壹029	艳阳绿吊坠	零售	挂件		S1	376	M2	130	J1	98	Z1	22	Q2	25	H2	62	713	TG3	68000	42000
135	201605壹030	浅水绿玉观音	零售	挂件		S2	226	M1	229	J1	97	Z1	35	Q2	49	H1	72	708	TG3	88000	102000
136	201605壹031	葱心绿罗汉	零售	挂件	镶嵌	S1	365	M2	208	J1	113	Z1	50	Q1	51	H1	80	867	TG2	88000	89000
137	201605壹032	豆青绿紫罗兰双彩玉印把玩件	零售	杂项		S1	279	M2	90	J2	63	Z2	7	Q2	43	H2	48	530	VG1	90000	110000

续表

序号	编号	品名	销售形式	琢形	镶嵌	色	分值	水	分值	瑕	分值	种	分值	工	分值	综合	分值	总评分	定级	预估价	成交价（元）
138	201605壹033	阳绿佛瓜	零售	挂件		S1	326	M2	100	J1	92	Z1	21	Q2	30	H1	78	647	T2	88000	148000
139	201605壹034	紫罗兰飘花手镯	零售	手镯		S3	24	M2	98	J2	63	Z1	19	Q3	20	H2	50	274	G3	52000	49000
140	201605壹035	苹果绿手镯	零售	手镯		S1	290	M2	110	J2	62	Z1	10	Q3	17	H2	48	537	VG1	62000	42000
141	201605壹036	葱心绿满色手镯	零售	手镯		S1	362	M2	115	J2	72	Z2	15	Q3	22	H2	61	647	T2	300000	240000
142	201605壹037	江水绿满色手镯	零售	手镯		S2	190	M2	134	J2	76	Z1	20	Q3	22	H2	62	504	VG1	280000	270000
143	201605壹038	浅绿飘花手镯	零售	手镯		S2	248	M2	135	J2	61	Z1	28	Q3	22	H2	60	554	T3	128000	110000
144	201605壹039	翠绿玉佛	零售	挂件	镶嵌	S1	380	M2	155	J1	114	Z1	50	Q1	51	H1	81	831	TG2	118000	108000
145	201605壹040	玻璃种透绿吊坠	零售	挂件	镶嵌	S3	22	M1	210	J1	106	Z1	45	Q2	38	H2	47	468	VG2	78000	48000
146	201605壹041	玻璃种绿晴水瑞兽摆件	零售	摆件		S2	154	M1	208	J2	84	Z1	40	Q1	50	H2	50	586	T3	69000	58000

续表

序号	编号	品名	销售形式	琢形	镶嵌	色	分值	水	分值	瑕	分值	种	分值	工	分值	综合	分值	总评分	定级	预估价	成交价（元）
147	201605壹042	糯冰种透绿罗汉吊坠	零售	挂件	镶嵌	S3	22	M1	210	J1	106	Z1	26	Q2	46	H2	63	473	VG2	58000	60000
148	201605壹043	糯种透绿球面吊坠	零售	挂件	镶嵌	S3	22	M1	245	J1	115	Z1	40	Q2	35	H1	75	532	VG1	128000	150000
149	201605壹044	糯冰种金丝绿英武连中三元	零售	挂件		S1	348	M1	251	J2	82	Z1	45	Q2	38	H2	66	830	TG2	100800	90800
150	201605壹045	苹果绿佛吊坠	零售	挂件		S1	288	M2	130	J1	86	Z1	38	Q2	25	H2	61	628	T2	50500	49000
151	201605壹046	艳阳绿如意耳坠一对	零售	耳坠	镶嵌	S1	328	M2	205	J1	116	Z1	52	Q1	54	H2	70	825	TG2	200800	189000
152	201605壹047	苹果绿玉佛	零售	挂件		S1	291	M1	220	J1	116	Z1	48	Q1	55	H1	79	809	TG2	168000	142000
153	201605壹048	翠绿如意	零售	挂件	镶嵌	S1	380	M2	201	J2	82	Z1	25	Q1	53	H1	80	821	TG2	128000	118000
154	201605壹049	翠绿环环相扣耳坠一对	零售	耳坠	镶嵌	S1	363	M2	80	J2	68	Z2	15	Q1	51	H1	72	649	T2	188000	168000
155	201605壹050	翠绿如意耳坠	零售	耳坠	镶嵌	S1	381	M2	188	J2	84	Z1	47	Q1	54	H1	71	825	TG2	158000	172000

续表

序号	编号	品名	销售形式	琢形	镶嵌	色	分值	水	分值	瑕	分值	种	分值	工	分值	综合	分值	总评分	定级	预估价	成交价（元）
156	201605贰001	血红色吊坠	零售	挂件	镶嵌	S3	48	M3	33	J2	80	Z1	26	Q2	35	H3	35	257	G3	33000	28000
157	201605贰002	蓝晴水佛瓜	零售	挂件		S3	22	M2	140	J2	83	Z1	35	Q3	20	H3	36	336	G2	28000	32000
158	201605贰003	浅水绿吊坠	零售	挂件		S2	226	M3	61	J3	33	Z2	18	Q3	19	H3	28	385	G1	28000	16000
159	201605贰004	匀水绿佛瓜吊坠	零售	挂件		S2	208	M2	143	J2	61	Z1	24	Q3	20	H3	30	486	VG2	18000	18000
160	201605贰005	匀水绿吊牌	零售	挂件		S2	206	M2	208	J2	68	Z2	18	Q3	22	H3	20	542	VG1	12800	13800
161	201605贰006	波茉绿玉戒指	零售	戒指		S2	103	M3	66	J3	23	Z2	9	Q2	25	H3	25	251	G3	15800	8800
162	201605贰007	蓝晴水飘花兰花吊坠	零售	挂件		S3	23	M2	200	J2	60	Z2	17	Q2	26	H3	30	356	G1	11800	12800
163	201605贰008	蓝晴水如意吊坠	零售	挂件		S3	22	M2	130	J3	53	Z2	8	Q2	23	H3	26	262	G3	14800	13000
164	201605贰009	蓝晴水如意吊坠	零售	挂件		S3	22	M2	102	J2	61	Z2	8	Q2	28	H3	21	242	G3	16800	15800

续表

序号	编号	品名	销售形式	琢形	镶嵌	色	分值	水	分值	瑕	分值	种	分值	工	分值	综合	分值	总评分	定级	预估价	成交价（元）
165	201605贰010	金丝绿佛瓜吊坠	零售	挂件		S1	352	M2	205	J2	82	Z1	45	Q3	20	H2	55	759	TG3	25800	28000
166	201605贰011	金丝绿佛瓜吊坠	零售	挂件		S1	355	M2	188	J2	84	Z1	46	Q3	20	H2	58	751	TG3	28800	29800
167	201605贰012	紫罗兰串珠14颗	零售	串珠		S3	24	M4	18	J3	23	Z2	8	Q3	12	H3	20	105		36000	36000
168	201605贰013	艳绿色兰豆连中三元	零售	挂件	镶嵌	S1	376	M3	70	J2	80	Z1	46	Q2	40	H2	45	657	T1	49800	65000
169	201605贰014	阳绿蛋面耳坠一对	零售	耳坠	镶嵌	S1	328	M2	207	J1	106	Z1	55	Q2	48	H2	60	804	TG2	50000	100000
170	201605贰015	翠绿葫芦吊坠一组	零售	挂件	镶嵌	S1	388	M3	60	J3	43	Z2	35	Q1	50	H2	45	621	T2	49800	28900
171	201605贰016	橙黄色平安扣	零售	挂件	镶嵌	S3	36	M4	11	J3	20	Z2	7	Q3	22	H3	18	114		38000	10000
172	201605贰017	翠绿童镯	零售	手镯		S1	388	M4	25	J3	30	Z3	5	Q3	20	H3	35	503	VG1	42800	43000
173	201605贰018	阳绿如意吊坠	零售	挂件		S1	328	M3	44	J2	61	Z2	12	Q2	38	H3	40	523	VG1	50000	66000

续表

序号	编号	品名	销售形式	琢形	镶嵌	色	分值	水	分值	瑕	分值	种	分值	工	分值	综合	分值	总评分	定级	预估价	成交价（元）
174	201605贰019	葱心绿圆口手镯一对	零售	手镯		S1	364	M4	25	J3	31	Z3	5	Q3	22	H2	50	497	VG2	50000	40000
175	201605贰020	金丝绿如意吊坠	零售	挂件		S1	352	M2	170	J2	68	Z2	15	Q2	36	H3	35	676	T1	49800	42000
176	201605贰021	紫罗兰双彩手镯	零售	手镯		S3	25	M4	10	J3	20	Z3	6	Q3	18	H3	15	94		42000	6000
177	201605贰022	透绿玉佛吊坠	零售	挂件		S3	22	M2	201	J2	82	Z2	18	Q2	35	H3	40	398	G1	28800	25800
178	201605贰023	金丝绿云纹吊牌	零售	挂件		S1	354	M3	56	J3	21	Z2	8	Q2	35	H3	22	496	VG2	38800	28900
179	201605贰024	金丝绿桃心吊坠	零售	挂件		S1	353	M3	32	J2	61	Z2	10	Q3	18	H3	30	504	VG1	29800	13000
180	201605贰025	透绿玉佛吊坠	零售	挂件		S3	23	M1	220	J2	55	Z1	28	Q2	35	H3	38	399	G1	29800	16000
181	201605贰026	透绿玉佩	零售	挂件		S3	23	M2	90	J3	18	Z2	18	Q3	16	H4	10	175		19800	7000
182	201605贰027	阳绿葫芦耳坠	零售	挂件	镶嵌	S1	328	M2	143	J2	80	Z2	16	Q2	43	H2	48	658	T1	36800	32800

续表

序号	编号	品名	销售形式	琢形	镶嵌	色	分值	水	分值	瑕	分值	种	分值	工	分值	综合	分值	总评分	定级	预估价	成交价（元）
183	201605贰028	蓝晴水兰豆吊坠	零售	挂件		S3	22	M2	166	J2	58	Z2	13	Q2	30	H3	30	319	G2	12800	13800
184	201605贰029	翠绿英武吊坠	零售	挂件	镶嵌	S1	380	M3	41	J3	23	Z2	18	Q2	40	H3	28	530	VG1	18800	20800
185	201605贰030	瓜皮绿如意吊坠	零售	挂件		S3	82	M2	168	J3	43	Z2	18	Q3	21	H3	25	357	G1	13800	11800
186	201605贰031	阳绿胸针一组	零售	杂项	镶嵌	S1	320	M2	129	J2	80	Z1	33	Q2	48	H3	40	650	T1	39800	36800
187	201605贰032	阳俏绿佛瓜吊坠	零售	挂件		S1	304	M2	81	J2	58	Z1	25	Q3	22	H3	38	528	VG1	28800	25800
188	201605贰033	白底飘豆苗绿佛手瓜吊坠	零售	挂件		S2	102	M3	66	J3	33	Z2	7	Q3	20	H3	20	248		12800	10800
189	201605贰034	透绿观音吊坠	零售	挂件		S3	24	M1	243	J1	110	Z1	30	Q2	35	H3	38	480	VG2	26800	21800
190	201605贰035	豆苗绿玉佛吊坠	零售	挂件		S2	102	M2	81	J3	34	Z3	6	Q2	30	H3	30	283	G3	10800	6800
191	201605贰036	菠菜绿如意吊牌	零售	挂件		S2	103	M2	198	J2	81	Z1	36	Q2	26	H3	39	483	VG2	13800	14880

续表

序号	编号	品名	销售形式	琢形	镶嵌	色	分值	水	分值	瑕	分值	种	分值	工	分值	综合	分值	总评分	定级	预估价	成交价（元）
192	201605贰037	淡绿生肖印章	零售	杂项		S2	262	M2	81	J2	75	Z2	10	Q2	35	H3	30	493	VG2	15800	13600
193	201605贰038	透绿节节壹吊坠	零售	挂件		S3	22	M2	129	J2	63	Z2	17	Q3	18	H3	25	274	G3	10900	7800
194	201605贰039	紫罗兰佛瓜吊坠	零售	挂件		S3	24	M2	170	J2	63	Z1	26	Q3	22	H3	30	335	G2	19800	16300
195	201605贰040	绿晴水金枝玉叶	零售	挂件	镶嵌	S2	154	M1	230	J1	106	Z1	54	Q2	38	H2	68	650	T1	42800	36800
196	201605贰041	金丝绿戒面	零售	戒指	镶嵌	S1	352	M2	133	J2	76	Z1	45	Q3	17	H3	15	638	T2	21800	20800
197	201605贰042	翠绿如意吊坠	零售	挂件		S1	378	M3	61	J2	61	Z2	8	Q2	35	H3	38	581	T3	39800	32800
198	201605贰043	紫罗兰手镯	零售	手镯		S3	24	M3	70	J3	53	Z3	6	Q3	20	H2	30	203	T3	18800	8800
199	201605贰044	蓝晴水平安扣	零售	挂件		S3	22	M2	133	J2	82	Z2	15	Q3	16	H3	38	306	G2	18800	13600
200	201605贰045	金丝绿平安扣	零售	挂件		S1	350	M2	124	J3	43	Z2	17	Q3	15	H3	20	569	T3	19800	13500

续表

序号	编号	品名	销售形式	琢形	镶嵌	色	分值	水	分值	瑕	分值	种	分值	工	分值	综合	分值	总评分	定级	预估价	成交价（元）
201	201605贰046	透绿串珠108颗	零售	串珠		S3	22	M2	110	J2	63	Z2	12	Q3	15	H3	20	242		21800	11800
202	201605贰047	绿晴水玉佛吊坠	零售	挂件	镶嵌	S2	155	M2	160	J2	66	Z2	18	Q2	35	H3	38	472	VG2	19800	19800
203	201605贰048	飘翠透绿兰豆连中三元	零售	挂件		S3	22	M2	180	J3	53	Z2	17	Q3	20	H3	18	310	G2	11800	9800
204	201605贰049	冰种透绿金枝玉叶	零售	挂件	镶嵌	S3	23	M1	250	J1	85	Z1	48	Q2	43	H2	50	499	VG2	19800	16890
205	201605贰050	浅黄色葫芦	零售	挂件		S4	14	M2	120	J3	22	Z2	15	Q2	40	H3	30	241		10800	5800
206	201605叁001	血红色吊牌	零售	挂件	镶嵌	S3	48	M3	61	J3	18	Z2	16	Q3	16	H4	10	169		9800	3800
207	201605叁002	阳绿吊环	零售	挂件	镶嵌	S1	328	M4	20	J3	20	Z2	18	Q3	16	H4	9	411	VG3	5800	4800
208	201605叁003	油绿金猴献宝	零售	挂件	镶嵌	S3	54	M3	55	J3	22	Z3	6	Q3	18	H4	8	163		6800	5800
209	201605叁004	透绿飘花玉吊坠	零售	挂件		S3	22	M3	59	J3	43	Z2	10	Q3	18	H4	9	161		3800	3800

续表

序号	编号	品名	销售形式	琢形	镶嵌	色	分值	水	分值	瑕	分值	种	分值	工	分值	综合	分值	总评分	定级	预估价	成交价(元)
210	201605叁005	透绿飘花玉观音	零售	挂件		S3	22	M2	165	J3	25	Z3	6	Q3	22	H3	12	252	G3	5800	6800
211	201605叁006	透绿飘花玉观音	零售	挂件		S3	22	M2	120	J3	18	Z3	6	Q3	15	H4	8	189		6800	4200
212	201605叁007	橙黄色关公玉牌	零售	挂件		S3	36	M5	7	J4	6	Z3	3	Q3	20	H4	9	81		3980	1200
213	201605叁008	紫罗兰龙牌	零售	挂件		S3	24	M3	40	J4	6	Z3	3	Q2	30	H3	12	115		8800	6800
214	201605叁009	浅黄色佛主	零售	挂件		S4	14	M3	33	J4	6	Z3	3	Q2	35	H3	20	111		8900	4900
215	201605叁010	蓝花平安扣	零售	挂件		S4	19	M3	38	J3	7	Z3	5	Q4	12	H4	7	88		5900	2900
216	201605叁011	瓜青绿佛瓜	零售	挂件		S3	88	M3	70	J3	16	Z2	12	Q3	18	H4	8	212		3400	3400
217	201605叁012	油绿飘黄翡奔马	零售	挂件		S3	54	M3	40	J3	7	Z2	7	Q2	25	H4	10	143		3600	3200
218	201605叁013	飘蓝花玉环	零售	挂件		S4	19	M3	76	J3	26	Z2	8	Q3	20	H3	14	163		4800	4800

续表

序号	编号	品名	销售形式	琢形	镶嵌	色	分值	水	分值	瑕	分值	种	分值	工	分值	综合	分值	总评分	定级	预估价	成交价（元）
219	201605叁014	蓝晴水罗汉吊坠	零售	挂件		S3	22	M3	61	J3	15	Z2	18	Q3	22	H3	13	151		6800	6000
220	201605叁015	飘蓝花如意	零售	挂件		S4	19	M3	78	J3	22	Z2	18	Q3	20	H3	20	177		5800	5800
221	201605叁016	透绿兰豆龙牌	零售	挂件		S3	22	M3	78	J3	28	Z2	17	Q2	35	H3	20	200		4800	4600
222	201605叁017	飘蓝花佛足	零售	挂件		S4	19	M3	78	J3	10	Z2	18	Q3	22	H3	13	160		3500	3600
223	201605叁018	飘蓝花手镯	零售	手镯		S4	19	M3	68	J3	33	Z2	7	Q3	18	H3	20	165		6900	7800
224	201605叁019	飘蓝花黄翡牛头挂件	零售	挂件		S4	19	M3	35	J4	6	Z2	7	Q2	30	H3	13	110		3000	1800
225	201605叁020	豆苗貔貅	零售	挂件		S2	102	M2	202	J2	80	Z1	45	Q2	40	H3	35	504	VG1	4800	9800
226	201605叁021	豆青绿貔貅	零售	挂件		S1	282	M3	27	J3	33	Z3	6	Q2	29	H3	32	409	VG3	6800	5100
227	201605叁022	乳白貔貅一对	零售	挂件		S4	11	M4	25	J4	6	Z4	2	Q4	14	H4	6	64		3600	2800

续 表

序号	编号	品名	销售形式	琢形	镶嵌	色	分值	水	分值	瑕	分值	种	分值	工	分值	综合	分值	总评分	定级	预估价	成交价（元）
228	201605叁023	油绿平安扣	零售挂件			S3	53	M3	77	J3	18	Z2	17	Q4	12	H4	8	185		2800	1900
229	201605叁024	绿色金枝玉叶	零售挂件			S3	94	M2	144	J3	22	Z2	18	Q3	20	H3	18	316	G2	4200	4100
230	201605叁025	白底飘绿色罗汉	零售挂件		镶嵌	S4	11	M3	58	J3	25	Z3	6	Q2	30	H3	20	150		4600	3200
231	201605叁026	透绿蛋面耳钉一对	零售耳坠		镶嵌	S3	22	M1	230	J1	95	Z1	35	Q2	30	H3	40	452	VG2	6600	9800
232	201605叁027	豆苗蛋面吊坠	零售挂件			S2	102	M3	36	J3	7	Z3	7	Q3	20	H4	8	180		3600	3000
233	201605叁028	浅黄色小猪	零售挂件			S4	14	M3	44	J2	61	Z3	7	Q4	14	H4	8	148		1800	1200
234	201605叁029	阳绿兰豆耳坠	零售挂件		镶嵌	S1	328	M2	83	J2	83	Z1	34	Q2	30	H3	30	588	T3	8800	12800
235	201605叁030	透绿飘绿如意	零售挂件			S3	22	M2	205	J3	43	Z2	18	Q2	30	H3	30	348	G2	7800	5800
236	201605叁031	透绿飘绿玉佛	零售挂件			S3	22	M2	203	J3	45	Z2	16	Q2	30	H3	28	344	G2	6600	6180

续表

序号	编号	品名	销售形式	琢形	镶嵌	色	分值	水	分值	瑕	分值	种	分值	工	分值	综合	分值	总评分	定级	预估价	成交价（元）
237	201605叁032	透绿玉佛	零售	挂件	镶嵌	S3	22	M2	170	J2	66	Z2	8	Q2	30	H3	25	321	G2	5600	6680
238	201605叁033	透绿水种玉牌	零售	挂件		S3	21	M2	188	J2	68	Z2	8	Q3	22	H3	12	319	G2	4800	4800
239	201605叁034	蓝晴水玉佛	零售	挂件	镶嵌	S3	22	M2	206	J2	83	Z1	23	Q2	35	H3	38	407	VG3	9980	10800
240	201605叁035	绿晴水带紫罗兰玉观音	零售	挂件		S2	154	M2	144	J3	40	Z2	18	Q2	34	H3	26	416	VG3	8800	9800
241	201605叁036	绿色飘花寿桃	零售	挂件	镶嵌	S3	96	M2	176	J2	61	Z1	46	Q3	22	H3	35	436	VG3	5000	6600
242	201605叁037	蓝晴水玉牌	零售	挂件		S3	22	M3	72	J3	18	Z2	12	Q3	16	H3	16	156		5600	3890
243	201605叁038	紫罗兰小猪一对	零售	挂件		S3	24	M3	28	J3	53	Z3	6	Q2	36	H3	14	161		5800	3480
244	201605叁039	透绿串珠108颗	零售	串珠		S3	22	M3	55	J3	39	Z3	6	Q3	18	H3	14	154		6800	6200
245	201605叁040	蓝花手串10颗	零售	串珠		S4	19	M4	9	J3	8	Z3	5	Q3	18	H4	6	65		3000	1800

续表

序号	编号	品名	销售形式	琢形	镶嵌	色	分值	水	分值	瑕	分值	种	分值	工	分值	综合	分值	总评分	定级	预估价	成交价（元）
246	201605叁041	透绿小猴	零售	挂件		S3	22	M3	66	J2	61	Z2	10	Q3	18	H4	8	185		2800	2000
247	201605叁042	瓜青绿春带彩玉佛	零售	挂件	镶嵌	S3	88	M2	130	J2	61	Z2	8	Q2	30	H3	25	342	G2	9800	9680
248	201605叁043	丝瓜绿戒指	零售	戒指		S3	76	M4	25	J3	8	Z2	7	Q4	12	H4	6	134		3000	1200
249	201605叁044	丝瓜绿手镯	零售	手镯		S3	77	M3	50	J3	25	Z2	7	Q3	20	H3	16	195		6800	7800
250	201605叁045	瓜青绿平安扣	零售	挂件		S3	88	M3	36	J3	30	Z2	7	Q3	16	H3	15	192		3400	3100
251	201605叁046	浅绿金枝玉叶	零售	挂件	镶嵌	S2	244	M2	174	J2	61	Z2	18	Q2	28	H3	17	542	VG1	7800	9800
252	201605叁047	绿色飘花兰豆	零售	挂件	镶嵌	S3	94	M2	199	J2	80	Z2	18	Q2	28	H3	28	447	VG3	7200	8800
253	201605叁048	绿色飘花玉观音	零售	挂件		S3	94	M2	188	J3	60	Z2	16	Q2	30	H3	29	417	VG3	6800	7800
254	201605叁049	透绿玉佛	零售	挂件		S3	22	M2	173	J3	60	Z2	12	Q2	30	H3	30	327	G2	6900	6600

续表

序号	编号	品名	销售形式	琢形	镶嵌	色	分值	水	分值	瑕	分值	种	分值	工	分值	综合	分值	总评分	定级	预估价	成交价（元）
255	201605叁050	绿色钟馗	零售	挂件		S3	94	M3	28	J3	12	Z3	5	Q2	28	H3	18	185		4800	3000
256	201608精001	白金镶钻阳绿翡翠楔形吊坠	零售	挂件	镶嵌	S1	350	M3	70	J1	90	Z1	45	Q2	40	H3	38	633	T2	830000	500000
257	201608精002	白金镶钻阳绿翡翠蛋面吊坠	零售	挂件	镶嵌	S1	370	M2	200	J1	112	Z1	55	Q1	55	H2	55	847	TG2	600000	360000
258	201608精003	白金镶钻阳绿翡翠如意吊坠	零售	挂件	镶嵌	S1	360	M2	185	J1	98	Z1	52	Q1	50	H2	45	790	TG3	740000	450000
259	201608精004	白金镶钻阳绿翡翠王佛吊坠	零售	挂件	镶嵌	S1	365	M2	165	J1	97	Z1	57	Q1	50	H2	48	782	TG3	1800000	1100000
260	201608精005	双彩双福琵琶摆件"琴谢知音"	零售	摆件		S2	180	M4	25	J2	63	Z3	6	Q1	59	H1	75	408	VG3	900000	550000
261	201608精006	双彩俏雕摆件"江南别院"	零售	摆件		S2	160	M3	30	J2	64	Z2	15	Q1	59	H1	75	395	G1	1300000	800000
262	201608精007	三彩俏雕山子摆件"云端瑞霞"	零售	摆件		S2	110	M4	20	J3	58	Z2	8	Q1	59	H1	76	331	G2	910000	550000

续表

序号	编号	品名	销售形式	琢形	镶嵌	色	分值	水	分值	瑕	分值	种	分值	工	分值	综合	分值	总评分	定级	预估价	成交价（元）
263	201608精008	玻璃种飘花手镯	零售	手镯		S1	360	M1	220	J1	108	Z1	59	Q1	50	H1	80	877	TG2	700000	430000
264	201608精009	白金镶钻阳绿翡翠金枝玉叶	零售	挂件	镶嵌	S1	365	M2	188	J1	99	Z1	56	Q1	52	H2	56	816	TG2	580000	350000
265	201608精010	紫罗兰手镯吊坠戒指三件套	零售	手镯		S2	270	M2	120	J1	102	Z1	52	Q1	58	H1	88	690	T1	5500000	3500000
266	201608精011	玻璃种飘花手镯	零售	手镯		S1	340	M1	241	J1	86	Z1	52	Q1	50	H2	68	837	TG2	420000	250000
267	201608精012	玻璃种带春飘花手镯	零售	手镯		S1	300	M1	221	J1	86	Z1	30	Q2	45	H2	69	751	TG3	3300000	2000000
268	201608精013	冰种蓝水串珠手链	零售	串珠		S2	220	M2	202	J1	88	Z1	40	Q2	46	H3	38	634	T2	920000	550000
269	201608精014	冰种淡绿串珠项链	零售	串珠		S2	270	M2	189	J1	89	Z1	50	Q2	47	H3	37	682	T1	1660000	1000000
270	201608精015	糯种无色长条吊坠	零售	挂件	镶嵌	S3	100	M2	202	J1	110	Z1	25	Q2	48	H2	46	531	VG1	320000	200000
271	201608精016	糯冰种浅绿手镯	零售	手镯		S2	275	M2	200	J1	116	Z1	51	Q2	48	H2	51	741	TG3	1400000	880000

续 表

序号	编号	品名	销售形式	琢形	镶嵌	色	分值	水	分值	瑕	分值	种	分值	工	分值	综合	分值	总评分	定级	预估价	成交价（元）
272	201608精017	冰种无色母子平安挂件	零售	挂件		S3	99	M1	245	J1	112	Z1	52	Q1	52	H2	43	603	T2	200000	120000
273	201608精018	冰种淡绿玉佛挂件	零售	挂件		S2	272	M1	236	J1	114	Z1	57	Q1	52	H2	65	796	TG3	700000	600000
274	201608精019	冰种蓝水飘花手镯	零售	手镯		S1	288	M1	255	J1	89	Z1	55	Q1	50	H2	64	801	TG2	1500000	1050000
275	201608精020	18K金饰飘花翡翠玉环配吞色玉佛组件"莲心古佛"	零售	摆件	镶嵌	S1	282	M3	30	J3	55	Z3	5	Q1	58	H2	55	475	VG2	2000000	900000
276	201608精021	18K金镶嵌冰种无瑕金枝玉叶	零售	挂件	镶嵌	S2	266	M1	241	J1	103	Z1	49	Q1	50	H2	66	775	TG3	400000	330000
277	201608精022	金丝糯冰种手镯	零售	手镯		S1	298	M2	178	J1	86	Z1	50	Q2	47	H2	49	708	TG3	11000000	6000000
278	201608精023	白金镶钻阳俏绿佛瓜	零售	挂件	镶嵌	S1	355	M2	168	J2	62	Z1	49	Q1	53	H2	54	741	TG3	4100000	3200000

翡翠价格研究

续表

序号	编号	品名	销售形式	琢形	镶嵌	色	分值	水	分值	瑕	分值	种	分值	工	分值	综合	分值	总评分	定级	预估价	成交价（元）
279	201608精024	玻璃种艳花件玉牌	零售	挂件		S3	99	M1	255	J1	110	Z1	55	Q1	55	H2	68	642	T2	1400000	960000
280	201608精025	白金钻艳绿条形玉牌	零售	挂件	镶嵌	S1	388	M2	146	J1	88	Z1	31	Q1	52	H2	69	774	TG3	148000	86000
281	201608精026	江水绿佛瓜	零售	挂件		S2	279	M1	210	J1	115	Z1	53	Q1	53	H2	70	780	TG3	480000	300000
282	201608精027	金丝豆种翡翠手镯	零售	手镯		S1	320	M2	165	J3	55	Z1	26	Q2	45	H2	44	655	T1	1500000	800000
283	201608精028	白金钻艳绿镶阳如意	零售	挂件	镶嵌	S1	386	M2	205	J1	110	Z1	50	Q1	53	H2	69	873	TG2	240000	150000
284	201608精029	白金钻艳绿金枝玉叶	零售	挂件	镶嵌	S1	376	M1	211	J1	108	Z1	49	Q1	51	H2	54	849	TG2	80000	45000
285	201608精030	白金钻苹果绿楔形挂件	零售	挂件	镶嵌	S1	301	M2	167	J2	62	Z1	22	Q1	50	H2	49	651	T1	180000	110000
286	201608精031	白金钻阳绿葫芦挂件	零售	挂件	镶嵌	S1	355	M2	188	J1	89	Z1	54	Q1	50	H2	67	803	TG2	220000	180000
287	201608精032	白金钻阳绿如意挂件一对	零售	挂件	镶嵌	S1	366	M2	179	J1	85	Z1	51	Q1	54	H2	69	804	TG2	280000	236000

续表

序号	编号	品名	销售形式	琢形	镶嵌	色	分值	水	分值	瑕	分值	种	分值	工	分值	综合	分值	总评分	定级	预估价	成交价（元）
288	201608精033	白金镶钻鸭哥绿荷兰豆挂件	零售	挂件	镶嵌	S1	340	M2	169	J1	86	Z1	52	Q1	54	H2	66	767	TG3	100000	58000
289	201608精034	金丝糯种玉环挂件	零售	挂件		S1	330	M2	88	J3	49	Z1	41	Q1	51	H2	41	600	T2	610000	600000
290	201608精035	玫瑰金镶玻璃种蓝水观音	零售	挂件	镶嵌	S2	278	M1	256	J1	116	Z1	58	Q1	53	H2	68	829	TG2	1420000	850000
291	201608精036	白金镶钻苹果绿玉佛	零售	挂件	镶嵌	S1	358	M2	184	J1	89	Z1	57	Q1	51	H2	66	805	TG2	1330000	800000
292	201608精037	白金镶钻阳绿蛋面耳钉一对	零售	耳坠	镶嵌	S1	388	M1	220	J1	113	Z1	59	Q1	54	H1	75	909	TG1	800000	500000
293	201608精038	白金镶钻紫罗兰鸡心吊坠一对	零售	挂件	镶嵌	S2	256	M3	72	J1	90	Z1	29	Q1	55	H1	78	580	T3	68000	39000
294	201608精039	玻璃种飘花"富贵"印章	零售	杂项		S2	268	M1	211	J2	63	Z1	55	Q1	56	H2	65	718	TG3	1000000	580000
295	201608精040	金丝豆种手镯	零售	手镯		S1	289	M2	206	J2	83	Z1	27	Q2	48	H2	60	713	TG3	2500000	1200000

续表

序号	编号	品名	销售形式	琢形	镶嵌	色	分值	水	分值	瑕	分值	种	分值	工	分值	综合	分值	总评分	定级	预估价	成交价（元）
296	201608精041	白金镶钻阳绿耳钉一对	零售	耳坠	镶嵌	S1	388	M1	208	J1	108	Z1	58	Q1	55	H1	74	891	TG2	360000	340000
297	201608精042	玻璃种金丝绿花件玉牌	零售	挂件		S1	336	M1	254	J1	106	Z1	57	Q1	53	H1	75	881	TG2	520000	360000
298	201608精043	糯冰种豆青绿串珠手链	零售	串珠		S2	266	M2	132	J2	63	Z1	29	Q2	48	H2	42	580	T3	1000000	900000
299	201608精044	玻璃种江水绿平安扣	零售	挂件		S2	270	M1	251	J1	117	Z1	52	Q1	55	H1	76	821	TG2	380000	240000
300	201608精045	白金镶钻阳绿如意	零售	挂件	镶嵌	S1	386	M2	100	J1	109	Z1	51	Q1	52	H2	67	765	TG3	210000	130000
301	201608精046	玻璃种透明玉观音	零售	挂件		S2	266	M1	249	J1	118	Z1	58	Q1	50	H1	73	814	TG2	680000	450000
302	201608精047	糯冰种花件玉牌	零售	挂件		S3	98	M1	245	J1	102	Z1	50	Q1	51	H2	68	614	T2	240000	180000
303	201608精048	冰种透明花件玉牌	零售	挂件		S3	89	M1	248	J1	104	Z1	50	Q1	51	H2	67	609	T2	320000	200000
304	201608精049	三彩墨翠观音摆件	零售	摆件		S3	99	M3	33	J3	15	Z1	40	Q1	58	H1	71	316	G2	700000	280000

续表

序号	编号	品名	销售形式	琢形	镶嵌	色	分值	水	分值	瑕	分值	种	分值	工	分值	综合	分值	总评分	定级	预估价	成交价（元）
305	201608精050	冰种透明手镯	零售	手镯		S3	99	M1	242	J1	85	Z1	49	Q2	46	H1	73	594	T3	680000	380000
306	201608精051	玻璃种透明平安扣	零售	挂件		S3	96	M1	251	J1	116	Z1	59	Q1	50	H1	72	644	T2	320000	250000
307	201608精052	玻璃种透明观音	零售	挂件		S3	92	M1	251	J1	114	Z1	59	Q1	52	H2	62	630	T2	600000	450000
308	201608精053	糯冰种飘兰花观音	零售	挂件		S3	98	M1	248	J1	87	Z1	52	Q1	52	H1	72	609	T2	700000	500000
309	201608精054	糯冰种飘花手镯	零售	手镯		S1	345	M2	81	J3	51	Z1	31	Q2	46	H1	72	626	T2	480000	300000
310	201608精055	金丝糯种手镯	零售	手镯		S1	285	M1	178	J2	82	Z1	24	Q2	41	H2	60	670	T1	1200000	860000
311	201608精056	双彩玉瓶花枝"春色撩人"摆件	零售	摆件		S2	156	M4	20	J2	83	Z2	10	Q1	58	H1	71	398	G1	50000	33000
312	201608精057	糯冰种飘兰花手镯	零售	手镯		S3	95	M1	236	J1	115	Z1	51	Q2	46	H1	75	618	T2	420000	380000

续表

序号	编号	品名	销售形式	镶嵌	琢形	色	分值	水	分值	瑕	分值	种	分值	工	分值	综合	分值	总评分	定级	预估价	成交价（元）
313	201608精058	金丝糯种手镯	零售		手镯	S1	301	M2	175	J2	80	Z1	34	Q2	48	H1	73	711	TG3	2000000	1800000
314	201608精059	白金镶钻苹果绿人物玉牌	零售	镶嵌	挂件	S1	346	M2	102	J2	75	Z1	32	Q1	53	H2	59	667	T1	270000	180000
315	201608精060	金丝冰种手镯	零售		手镯	S1	358	M1	141	J1	112	Z1	52	Q2	48	H1	72	783	TG3	300000	220000
316	201608精061	豆种绿豆种手镯	零售		手镯	S2	198	M4	25	J2	83	Z2	18	Q2	49	H1	80	453	VG2	328000	210000
317	201608精062	豆青绿串珠项链	零售		串珠	S2	275	M3	68	J1	86	Z1	23	Q1	52	H1	79	583	T3	720000	600000
318	201608精063	白金镶钻翠绿"金枝玉叶"	零售	镶嵌	挂件	S1	342	M2	112	J2	80	Z1	41	Q1	53	H2	63	691	T1	330000	260000